Core Seminar

コア・ゼミナール
会社法

川村正幸・芳賀　良 編著

CORPORATE LAW

新世社

はしがき

　本書は，会社法の重要論点に関する 100 の設問とその解説から構成されている。主に大学の学部学生が，自学・自習のため，また，大学のゼミナールにおける教材などとして利用することを想定している。

　企業の日々のビジネス活動は法律と密接にかかわり，学生の皆さんが将来社会で活躍するためには，会社法を中心とした企業法に関する一定程度の知識と理解を在学中に身に付けることが望ましい。けれども，会社法は膨大な法律であるだけでなく，学生の皆さんにとって未知の企業社会を対象とした法律である。そのため，教科書を読み，講義を聴くだけでは，会社法を具体的イメージで捉えつつ，その全体を体系的に把握することはなかなか難しい。また，学生の皆さんが，興味を持ちながら学修を続けることも難しいかもしれない。そこで，本書は，学生の皆さんが教科書や講義を通して学んだ会社法のコアな論点について問いかける設問を通して，会社法をより正確にかつ整理して理解できるための演習用教材，独習用の自習教材として企画された。読者が，本書を通して会社法のコアをなす論点について，教科書の論述とは異なる視点，総合的視点から学ぶことにより，より一層深く理解することが可能となることを目指している。

　コアな論点を問いかける設問（Q）は 100 問で構成されている。Q は司法試験などの高度な資格試験を意識したレベルのものではないが，説明問題に加えて，多くの簡潔な事例問題が含まれている。説明問題に取り組むことにより，読者は，会社法に関する知識の確認，整理をすることができる。さらに，読者は，具体的な事例による問いかけに取り組むことにより，論点をその中から見つけ出し，その解答を考えることを通して，会社法をより一層具体的なイメージを持って理解できるとともに，事例から論点を抽出する力や具体的事例にあてはめて解答する力を養うことができる。

　本書の Q の作問にあたっては，公認会計士試験・旧司法試験などの過去問，重要判例，法科大学院コア・カリキュラムなどを参考にしているが，各種資格試験の過去問を参考にした Q においては，基本的に，論点を一部に絞ったり，論点を中心にして事例を単純化したりするなどの修正を行っている。なお，本書は，各

種資格試験の問題に対応した解答の書き方や解答の構成について指導を行うことを目的としたものではない。ただし，読者の勉学の便宜を考え，資格試験の問題を修正したり，重要判例を参照したりした Q については，「参照」としてそれを明示している。

　具体的な内容としては，各 Q について解説を加えたうえで，読者の自習に役立つように，参考判例と，Q のうち 40％以上に関連問題を付している。Q の解説は，教科書レベルを基本とするが，必要に応じて教科書レベルを超える解説に及んでいる。さらに，読者がより身近なものとして会社法を理解できるように，最近の学生の皆さんの興味関心にも配慮して，コーポレートガバナンス・コード，証券取引所への上場，企業買収と公開買付けの仕組みなどに関するコラムを配置している。

　ところで，会社法は，会社が株式会社か，持分会社か，公開会社か，大会社か，上場会社か，その機関構成がどのようかなどに対応して，適用される規定や手続の面で違いがあり，相当煩雑である。各種資格試験の会社法の問題文では，採点の公平性に配慮して，これらの点について明確な特定が行われている。本書の Qでは，論点を特定の会社類型のみに限定することのないように，基本的に会社の規模の大・小，機関構成の形態，株式の公開性の有無，種類株式の発行の有無など，当該株式会社の形態を特定せずに，ほとんどの Q ではその部分をあえて省略している。Q は基本的に取締役会設置会社または取締役会非設置会社を前提とし，また，監査役設置会社または監査役会設置会社を前提としている。そこで，Q の解説中で，必要に応じて，会社の類型・形態等に対応した取扱いについて，適宜簡単な説明を付すように配慮している。

　編者および執筆者一同は，読者が，本書を通じて，会社法のより一層深い理解を得ること，そして，会社法により大きな興味を持ってくれることを心より願っている。また，法律の勉強では，様々なテーマに関して勉学仲間と議論をすることを通じて，自分の見落としていた点に気づいたり，違った視点を得られたりすることが多いが，本書をゼミナールや勉学仲間との議論のきっかけとして活用して頂ければありがたい。

　終わりに，本書の刊行にあたり，大きなご助力を頂いた新世社編集部の谷口雅彦氏に心より感謝の意を表したい。

　2023 年 3 月

執筆者を代表して　　川村　正幸
芳賀　良

目　次

8 会社の計算　　201

9 社　債　　209

10 企業買収と企業再編　　215

11 持分会社　　257

凡　例

(1)　法令名

会	会社法
会社則	会社法施行規則
金　商	金融商品取引法
金商令	金融商品取引法施行令
計　規	会社計算規則
社　振	社債，株式等の振替に関する法律
商	商法
商　登	商業登記法
商登則	商業登記規則
大量保有府令	株式等の大量保有の状況の開示に関する内閣府令
他社株府令	発行者以外の者による株式等の公開買付けの開示に関する内閣府令
定義府令	金融商品取引法二条に規定する定義に関する内閣府令
不正競争	不正競争防止法
民	民法
民　訴	民事訴訟法
民　保	民事保全法

(2)　判　例

大　判	大審院判決
最判（決）	最高裁判所判決（決定）
高判（決）	高等裁判所判決（決定）
地判（決）	地方裁判所判決（決定）
知財高判	知的財産高等裁判所判決

(3)　判例集

民　集	最高裁判所民事判例集
高民集	高等裁判所民事判例集
判　時	判例時報
判　タ	判例タイムズ
金　判	金融・商事判例

資料版商事	資料版 商事法務
新　聞	法律新聞
刑　集	最高裁判所刑事判例集

※判例末尾の〔　〕内は『会社法判例百選〔第4版〕』（会社法以外は都度記載）の掲載番号を
　示している。

(4)　Q参照試験問題

司法予備試	司法試験予備試験
旧司法試	旧司法試験
会計試	公認会計士試験

1

総　説

Q-1　会社の法人格と法人格否認の法理

　会社が法人格を有することの意義はどのようかについて説明せよ。また，いわゆる法人格否認の法理について，具体的な適用事例を挙げて説明せよ。

[解説]

1. 問題の所在

　会社は，法人格を有するが，会社の法人格の意義を貫くと，具体的な場合に正義・衡平の理念に反した結果が生じることがある。それを是正するため例外的に会社の法人格を否認するのが法人格否認の法理である。

2. 法人格の意義

　会社は，営利事業を営むことを目的とする法人である（会3条）。会社は所定の設立手続を履践して最終的に設立登記を行うことにより成立し，これにより法人格を取得する。会社という団体の対外的活動はその代表者によって行われるが，会社に法人格が認められることにより，この対外的活動の結果から生じる権利・義務は会社に帰属して，自然人と同様に会社自身がその名において権利を有し義務を負う主体となる。また，法人格の存在により会社の財産関係とその構成員（社員）の財産関係とは切り離される。会社の形態に応じてその強度に差はあるが，会社の権利・義務と構成員の権利・義務とは分離され別個独立の関係にある。株式会社においては，法人である会社の債務は会社にのみ帰属して，株主は，株主有限責任の原則により，その株式の引受価額を限度として責任を負うにとどまる（会104条）。

3. 法人格否認の法理

　(1) 法人格否認の法理の意義　　上述のように，法人格の機能は，会社と社員（株主）とを分離することにあるが，法人格が目的を越えて不法に利用される場合，および法人格の形式的独立性を法的に貫くことが正義・衡平の理念に反する場合が生じうる。このような状態は，株主が1人しかいない一人（いちにん）会社のように小規模な株式会社についてしばしば認められる。具体的には，たとえば，一人会社が倒産した場合に，会社の債権者が一人株主である経営者の個人責任を追及しようとするときに生じる。このような具体的事案に限り例外的に会

社の法人格を否認し，会社とその背後にある社員とを同一視して，妥当な結果に導くことを可能にしようとする法理が法人格否認の法理である。この法人格否認の法理は会社法上に規定されているものではなく，判例（最判昭和44・2・27民集23巻2号511頁［判百3］）により確立されている。なお，学説上，多数説は，法人格否認の法理の実定法上の根拠を権利濫用の禁止（民1条3項）の類推適用に求めている。

(2) **法人格否認の法理の具体的適用事例**（最判昭和44・2・27）　この判例の事案は，Ｘがその所有する店舗を，Ａ個人が経営する電気器具類販売業を営むＹ社に賃貸し，その後，Ａとの間に裁判上の和解によりこの店舗の明渡しの合意が成立したが，ＡはＹ社として，和解の当事者はＡであってＹ社ではないと主張して明渡しを拒んだというものである。本判決は，「会社形態がいわば単なる藁人形に過ぎず，会社則個人であり，個人則会社であって，その実質が全く個人企業と認められる場合」には，法人格を否認して会社の背後に存在する個人に迫るべきであるとして，本件でＸＡ間の明渡しの合意はＹ社の行為と解することができるとした。

(3) **法人格否認の法理の適用要件**　法人格否認の法理の適用事例としては，法人格の濫用の事例（濫用事例）と法人格の形骸化の事例（形骸化事例）とが認められている。濫用事例とは，会社（法人格）を支配する株主が，法人格を違法・不当な目的で利用している場合である。形骸化事例とは，会社（法人）とは名ばかりで，実質的には経営者の個人営業であるような場合であり，上記最高裁判決は形骸化事例にあたると解されている。

濫用事例の適用要件は，①法人格が株主により意のままに支配されていること（支配要件）および②支配者に「違法・不当の目的」があることである（主観的濫用）。倒産の危機にある会社が強制執行の回避，財産隠匿のため新会社を設立してこれに財産を移転する場合や，競業避止義務を潜脱するため，形式的に別会社を設立する場合である。

法人格の形骸化とは，会社が実質的には経営者の個人企業である場合や子会社が実質的には親会社の一部門といえる場合であるが，一人会社や完全子会社であれば，直ちに形骸化事例にあたるわけではない。付加的な間接事実の存在が適用要件として必要である。これは会社と社員の業務・財産の継続的な混同，株主総会・取締役会の不開催など，会社法の強行法的規制の無視の積み重ねといった事実により認定される。親会社が100％子会社の解散によりその全従業員を解雇し

たことが不当労働行為にあたるとして，従業員に対する賃金支払義務が親会社に認められた事例がある（仙台地判昭和45・3・26判時588号38頁）。

　法人格否認の法理は，取引行為に基づく責任だけでなく，不法行為に基づく責任についても適用される。また，法人格否認の法理は会社の相手方を保護する法理であり，法人格の濫用等を生じさせた会社・株主側から本法理の適用を主張することは認められず，その相手方のみが主張できると解されている。

> [参考判例]　①最判昭和48・10・26民集27巻9号1240頁，②最判昭和53・9・14判時906号88頁

> [関連問題]　**定款の会社の目的**　定款に定められた「目的」によって会社の権利能力が制限されることに関して説明せよ。

Q-2　商　号

　会社にとって商号とはどのような意味を持っているか。会社は自社の商号について会社法上どのような権利を認められているか。

[解説]

1. 会社の商号

　会社の商号とは，会社が事業を行うにあたり自己を表示するために使用する名称をいう。会社の商号は定款の絶対的記載事項であり（会27条2号・576条1項2号），登記をすることが必要である（会911条3項2号・912条2号・913条2号・914条2号）。したがって，会社の商号は登記できるものであることが必要であり，図形や模様は不可であるが，漢字，ひらがな，カタカナだけでなく，ローマ字，アラビア数字，符号（＆，－，・等）を用いた商号，ローマ字と日本文字との組み合わせの商号も可能である（商登則50条）。

　複数の営業を営む自然人である個人商人の場合には，1個の営業に1個の商号を使用することができ，営業ごとに別々の商号を使用することが可能である。これに対して，会社の場合には，組織全体で単一の法人格を形成しているため，自然人と同様に会社の唯一の名称が商号であることから，会社はその名称を商号とするとされている（会6条1項）。

　会社は，その商号中に，会社の種類に従い，それぞれ株式会社・合名会社・合

資会社・合同会社という文字を用いなければならない（会6条2項）。会社でない者は，その名称または商号中に，会社であると誤認されるおそれのある文字を用いてはならない（会7条）。

2. 会社の商号に関する保護

(1) 商号の不正使用からの保護

何人も，不正の目的をもって他の会社であると誤認されるおそれのある名称または商号を使用してはならない（会8条1項）。商号の登記は，その商号が他人の既に登記した商号と同一であり，かつ，その営業所（会社にあっては本店）の所在場所が他の同一商号の会社と同一であるときはすることができないとされているから（商登27条），同一商号・同一住所は認められない。なお，新たに商号の登記を行おうとする者は，登記所の窓口で，または，インターネット登記情報提供サービスを利用して，既登記商号の有無を確認することができる。

(2) 商号不正使用の停止・予防の請求

会社法8条1項に違反する名称または商号の使用によって営業上の利益を侵害され，または侵害されるおそれがある会社は，その営業上の利益を侵害する者または侵害するおそれのある者に対して，その侵害の停止または予防を請求できる（会8条2項）。すなわち，会社は，不正の目的をもって自社の商号と誤認されまたは誤認されるおそれのある商号を使用する者に対して，侵害の停止または予防のため不正商号の登記の抹消等を請求できる。「不正の目的」とは，会社の商号を無断で自己の営業に使用して，自己の営業がその名称・商号により表示される他の会社の営業のように一般人に誤認させる意図を意味すると解されている。

さらに，不正競争防止法においては，広く認識されているものと同一もしくは類似の商号等を使用して，またはその商号等を使用した商品を提供するなどして，他人の商品または営業と混同をさせる行為（同法2条1項1号）をした者に対して，会社はその損害の停止または予防の請求（同法3条）および損害賠償の請求をすることができるとされている（同法4条）。

　　［参考判例］　知財高判平成19・6・13判時2036号117頁〔商法判百10〕

Q-3 名板貸し

A株式会社の代表取締役Bは，知人の経営するC会社に対して自社の商号を利用して事業を行うことを許諾した。その後，D会社は，A会社の商号が使用されているため，C会社をA会社と誤認して取引を行った。D会社は，A会社と誤認したC会社に製品を納入したにもかかわらず，その代金の支払いを受けることができなかった。D会社は，A会社に代金の支払いを求めることはできるのだろうか。

[解説]

1. 問題の所在

本問においては，A会社はC会社に対して自社の商号を利用して事業を行うことを許諾している。このような商号の貸与のことを名板貸しという。C会社をA会社と誤認して取引を行ったD会社に対して，A会社が何らかの責任を負うのかが本問で問われている。

2. 名板貸責任

(1) 会社法9条の趣旨 会社法9条は，自己の商号を使用して事業または営業を行うことを他人に許諾した会社は，当該会社が当該事業を行う者と誤認して当該他人と取引をした者に対し，当該他人と連帯して，当該取引によって生じた債務を弁済する責任を負うとする。本条は会社の名板貸しに関する責任を定めるが，商人の名板貸責任を定める商法14条と同様である。本条の趣旨は，第三者が名義貸与者が事業を行う者であると誤認して名義貸与を受けた者との間で取引をした場合に，名義貸与者が事業を行う者であるとの外観に信頼をした善意の第三者を保護することにある。すなわち，企業取引の安全と迅速性の確保にある。

本条の理論的根拠は，権利外観理論（外観法理）または禁反言原則にあると解されている。権利外観理論はドイツ法上の理論であり，禁反言原則は英米法上の理論である。わが国ではドイツ法学の影響のもとで，権利外観理論に基づくと解するのが一般的である。民法上の表見代理規定は権利外観理論に依拠するとされているが，商法上の関係では広く適用が認められており，表見支配人，表見代表取締役の規定の理論的根拠とされ，従来，手形法学の領域では広く適用されてきた。この法理論は，帰責的に生み出された法的外観に対する信頼は保護されるべきと

するものである。

　その適用要件は，①責任を負うべき者の**帰責性**の存在，②帰責者により作出された外観の存在，③保護されうる第三者の外観に対する信頼（善意）の存在である。

　(2)　**会社法9条の適用**　　会社法9条において，上記適用要件①の帰責性の要件は，本問のA会社が「自己の商号を使用して事業または営業を行うことを他人（C会社）に許諾した」ことで充足されている。商号使用の許諾は黙示であってもよい。ただし，原則的に商号使用の許諾を受けた者の事業・営業がその許諾をした者の事業・営業と同種のものであることが必要である（最判昭和43・6・13民集22巻6号1171頁［商法判百13］）。

　上記適用要件の③については，存在する外観に対する信頼を保護される者は，悪意・重過失なき相手方のみとされている（最判昭和41・1・27民集20巻1号111頁［商法判百12］）。したがって，本問では，名義の貸与を受けたC会社をA会社と誤認して取引を行い，C会社に製品を納入したが，その支払いを受けられなかったD会社が，名義貸与者であるA会社に対して支払いを請求できるためには，D会社に悪意・重過失がないことが必要である。悪意・重過失の有無は，企業取引の大量性・迅速性とのかかわりの中で，具体的に認定されることになる。悪意・重過失の存在の証明責任は，責任を免れようとする名義貸与者側が負う。

　名義貸与者は，名義の貸与を受けた他人の債務について不真正連帯の関係に立ち，相手方は，名義を貸与した者，貸与を受けた者のいずれに対しても請求できる。名義貸与者が負担する「当該取引によって生じた」債務には，直接に相手方との間の取引から生じた債務だけにとどまらず，債務不履行に基づく損害賠償債務，契約解除に基づく原状回復義務等が含まれる。

　(3)　**営業・事業についての名義貸しと手形行為**　　従来，名板貸責任は，手形の強度の流通性のため，手形行為について問われることが多かった。営業について名義使用を許諾した場合には，手形行為は営業にかかる行為に含まれると解されるので，営業に関して振出された手形についても本条の適用があるが（最判昭和42・2・9判時483号60頁），これと異なり，手形振出しをなすことのためにのみ名義使用の許諾がある場合には，本条の適用はないとされている（最判昭和42・6・6判時487号56頁［手形小切手判百〔第7版〕12］）。

　［参考判例］　①最判昭和55・7・15判時982号144頁［商法判百11］，②最判平成7・11・30民集49巻9号2972頁［商法判百14］

関連問題 **表現支配人**　会社の支配人の地位はどのようか。会社が支配人の代理権の範囲に加えた制限の効力はどのようか。また，いわゆる「表現支配人」に関する会社法の規定について説明せよ。

Q-4　コーポレートガバナンス・コード

コーポレートガバナンス・コードとはどのようなものか。あわせて，本コードが上場会社にとってどのような意義を有するかについて説明せよ。

[解説]

1. コーポレートガバナンス・コードの意義と目的

　コーポレートガバナンス・コード（令和3年［2021年］6月に最新の改訂）は，金融庁と東京証券取引所によりとりまとめられたものである。その適用を受ける対象は証券取引所の上場会社であり，本コードは東京証券取引所の有価証券上場規程に反映されている。本コードは，5つの基本原則とそれぞれにかかる原則および補充原則からなる（その具体的内容に関しては，コラム1-2参照）。

　本コードは，会社法による規制のような厳格な法規範ではなく，ソフトロー（法的拘束力はない行動規範）としての性格を有し，「コンプライ・オア・エクスプレイン」（遵守せよ，さもなければ説明せよ）のルールを採用している。本コードは，実効的なコーポレート・ガバナンスの実現に資するプリンシプル・ベースの原則をとりまとめたものである。

　本コードは，実効的なコーポレート・ガバナンスの改革の実現のために，上場会社において検討されるべき事項を示し，進むべき改革の方向性を示している。上場会社は，基本原則等について，実施するか，または実施しない場合には，その理由や代替策を示すことが求められる。上場会社には，基本原則等に従って一律に対応することが要求されるのではなく，自社の具体的な状況をふまえて，それぞれの原則をどこまで実施するかを判断して具体的な対応を示し，または，状況に応じて，原則についての自社の考え方を示したり，より適切な代替的な対応を示したりすることもできるとされて，会社の自主性，工夫が重視されている。

2. 東京証券取引所の上場規程との関係

　東京証券取引所の有価証券上場規程においては，上場会社は，コーポレート・ガバナンスに関する事項について記載した報告書（コーポレート・ガバナンスに関する報告書という）を提出することを要するとされている。上場区分に応じて，プライム市場の上場会社およびスタンダード市場の上場会社にあっては，コーポレートガバナンス・コードの基本原則，原則および補充原則について，また，グロース市場の上場会社にあっては，基本原則について，それぞれの原則を実施するか，または実施しない場合には，その理由の説明をコーポレート・ガバナンスに関する報告書に記載することを要求している。上場会社は，コーポレート・ガバナンスに関する報告書の記載内容について変更が生じた場合には，遅滞なく変更後の報告書を提出する必要がある（東京証券取引所の市場区分に関しては，コラム3-1を参照）。

3. 企業の持続的成長と中長期的な企業価値の向上

　本コードは，コーポレート・ガバナンスは，「会社が，株主をはじめ顧客・従業員・地域社会等の立場を踏まえた上で，透明・公正かつ迅速・果断な意思決定を行うための仕組みを意味する」と定義している。本コードでは，資本提供者は重要な要（かなめ）であり，株主はコーポレート・ガバナンスの規律における主要な基点であるとされているが，従来のコーポレート・ガバナンス論と異なり，株主利益の最大化を最終的な目的としているものではない。本コードも，企業に対してROE（自己資本利益率，株主資本利益率）などの指標の向上で示される企業価値の向上を期待していることに変わりはないが，そこで求めているのは，企業にとって持続的かつ中長期的な視点からの企業価値の向上であるべきと考えている。これは1〜3年間という短期間で投資リターンをあげようとするヘッジファンド等がしばしば企業に対して要求する短期的な視点からの企業価値の向上とは区別される。

　本コードに対応して，機関投資家を対象とする「責任ある機関投資家の諸原則（日本版スチュワードシップ・コード）」が金融庁により作成されている（令和2年［2020年］3月に最新の改訂）。これは，機関投資家が自己の顧客の中長期的な投資リターンを拡大するため，企業との対話により（あわせて「投資家と企業の対話ガイドライン」（令和3年［2021年］6月改訂）が公表されている），当該企業の企業価値の向上や持続的成長につなげていくことを求めている。機関投資家とは，生命保険

会社，銀行などの金融機関，年金基金，年金や投資信託を運用する投資顧問会社，投資信託運用会社などを指す。投資対象企業に中長期的な企業価値の向上および持続的成長を促すことにより，顧客・受益者の中長期的な投資リターンの拡大を図ることにより自らのスチュワードシップ責任（受託者責任）を果たそうとする機関投資家として，金融庁に対し本コードの「受入れ表明」をする者が適用対象である。

コラム 1-1　コーポレート・ガバナンス論の意義

1．コーポレート・ガバナンス

　コーポレート・ガバナンス論は，基本的には，株式会社の意思決定機構のあり方，会社運営のあり方および経営機関の監視のあり方を問題にするが，コーポレート・ガバナンスに関する議論は多岐にわたる。

　株式会社は，多くの出資者（投資家）から資金を集めて経営者が経営を行うという企業形態である。出資者である株主が自ら会社を経営するのではなく，株主総会により会社の経営を株主から委ねられる取締役，経営陣が選任され，会社の経営はいわゆる経営者に委ねられる。株式会社においては，企業の所有と経営とは分離しているのが原則である。ここで経営者とは，会社の重要な意思決定を行い，組織全体を指揮統括し，会社業務を執行して，会社経営に責任を負う者（業務執行者）である代表取締役，業務執行取締役等を指している。他方，株主総会における多数決による決定を考えれば，過半数の株式を有する者が株式会社を支配できるのであり，この意味で株主はいわば株式会社の所有者といえる。

　この場合に，株主側には，自分たちが経営を委ねている経営陣の独走や自己の利益を追求する事態が生じないように監視・監督する（モニタリングする）必要性が生じる。実際には株主自身がこの監視・監督を行うのではなく，監査役，取締役，会計監査人などの株主総会で選任された者が担当する。コーポレート・ガバナンス論では，かつては，このような監視・監督の機能をどのような会社の機関構成によって実現するのかが議論の中心であった。株式会社の大規模化が進むと，株式の保有は広く分散していき，その結果，支配株式を保有しない経営者が，実質的に株主総会を支配し，会社を支配するという状態が生じてくる。これが経営者支配（management control）の状態である。英米型のガバナンス・モデルでは，経営者支配のもとで経営者の独走や経営者自身の利益の追求が行われないようにチェックし，モニタリングするのにあたって，社外取締役が大きな役割を担う方式が広く採用されてきた。

　わが国においては，会社法制上，経営者の監視・監督を監査役・監査役会に委ねる

ことが長く続いていたが，企業のグローバル化の進行の中で，監査役・監査役会制度による監査・監督の実効性に対する疑問が強く指摘され，社外監査役制度が導入されるに至った。企業側として自社に対する資本投資の拡大のために，英米を中心とした投資家に理解しやすいグローバル型のガバナンス機構の形態に近づける必要があったことが理由である。次いで，アメリカ型の仕組みである指名委員会等設置会社制度の導入が行われた。執行役が業務執行を行い，その業務執行の監督を取締役会が担う形態をモニタリング・モデルというが，このモデルでは，社外取締役が中心的な役割を果たす。

株式会社は利益を追求するための組織体であるから，会社の経営者は，株主利益の最大化だけを目指して経営を行えばよいということになる。しかし，今日においては，株主のほかに，取引先，従業員，銀行等の債権者，社債権者，消費者，事業の所在する地域社会等，会社に対して利害関係を有する様々な関係者（これらの者をステーク・ホルダーという）の利益をも考慮して経営が行われるべきと説かれる。近時は，短期的な意味合いの強い株主利益だけでなく，ステーク・ホルダー全体の中長期的な利益に配慮した経営が，当該株式会社の中長期的な企業価値の向上を生み出すと主張されることが多い。

2．コーポレートガバナンス・コード

わが国のコーポレート・ガバナンスに関する議論で今日重要な意味を持つのは，コーポレートガバナンス・コードである。本コードでは，コーポレート・ガバナンスは，「会社が，株主をはじめ顧客・従業員・地域社会等の立場を踏まえた上で，透明・公正かつ迅速・果断な意思決定を行うための仕組みを意味する」と定義しており，経営上の適切な意思決定が円滑かつ効果的に行われる仕組みに関する議論をも主要な論点としている。本コードは，厳格な法規範ではなく，ソフトローとしての性格を有するが，東京証券取引所の有価証券上場規程において，上場会社に本コードの諸原則についての対応に関する報告書の提出を求めており，上場会社におけるコーポレート・ガバナンスのあり方について，検討すべき事柄およびその改革方向を指し示すものとして重要な意義を有する。

コラム 1-2　コーポレートガバナンス・コードの具体的内容と CGS ガイドライン

1．コーポレートガバナンス・コードの具体的内容

本コードは，5つの基本原則とそれぞれにかかる原則および補充原則から構成されている。ここでは，5つの基本原則に沿って，その具体的内容を簡単にみてみよう。

(1) 株主の権利・平等性の確保

基本原則1：上場会社は，株主がその権利を適切に行使できる環境の整備を行い，株主の実質的な平等性を確保すべき。

・株主総会における権利行使にかかる情報を的確に提供すべき。

・買収防衛等にかかる方策は，経営陣の保身を目的としてはならず，増資，MBO にあたっては，既存株主を不当に害することのないように，株主に十分な説明を行うべき。

(2) 株主以外のステーク・ホルダーとの適切な協働

基本原則2：ステーク・ホルダーとの適切な協働に努めるべき。

・様々なステーク・ホルダーへの価値創造に配慮した経営を行うべき。

・サステナビリティ課題への積極的・能動的な対応を進めることが重要（この論点に関しては，コラム 7-2 参照）。

(3) 適切な情報開示と透明性の確保

基本原則3：上場会社は，財政状態・経営成績等の財務情報，経営戦略・経営課題，リスク，ガバナンスにかかる情報等の非財務情報の提供に取り組むべき。

・経営戦略の開示にあたり，自社のサステナビリティについての取り組みについて，気候変動にかかるリスク・収益機会の影響等を含めて適切に開示すべき。

(4) 取締役会等の責務

基本原則4：取締役会は，会社の持続的成長と中長期的な企業価値の向上を促し，収益力・資本効率等の改善を図るべく，①企業戦略等の方向性を示すこと，②経営陣のリスクテイクを支える環境整備を行うこと，③独立した立場から，経営陣に対する実効性の高い監督を行うこと，等の責務を適切に果たすべき。

・具体的な経営戦略や経営計画等について議論すべき。

・取締役会は，経営幹部の適切なリスクテイクを支える環境整備を責務と捉えるべき。

・健全なインセンティブとして機能するように経営陣の報酬制度を設計すべき。

・知見に基づいた経営への助言，経営監督，会社と経営陣との利益相反の監督，ステーク・ホルダーの意見の反映について，独立社外取締役の有効な活用を図るべき。

・プライム市場上場会社は，独立社外取締役を少なくとも3分の1（その他の市場の上場会社では2名）以上選任すべき（独立社外取締役に関しては，コラム 7-1 参照）。

・取締役会は，知識・経験・能力，ジェンダー・年齢などの多様性をふまえて構成すべき。

・取締役・監査役の支援体制を整え，トレーニングの機会の提供等の配慮をすべき。

(5) 株主との対話

基本原則5：株主総会の場以外でも，株主との間で建設的な対話を行い，自らの経営

方針を株主に説明し理解を得，株主を含むステーク・ホルダーの立場の理解を図る
べき。
・株主からの対面の申込みに対しては，合理的な範囲で前向きに対応すべき。

2. コーポレートガバナンス・コードと CGS ガイドラインの関係

コーポレート・ガバナンス・システムに関する実務指針（CGS ガイドライン）は，経済産業省に設置された研究会により公表されたものである（最新の改訂は令和 4 年 [2022 年] 7 月）。

本ガイドラインは，「我が国企業には，会社の意思決定の透明性・公正性を担保する適切なガバナンスの整備により，経営者の迅速・果断な決定を促し，経営者が企業家精神を発揮できる環境を実現することにより，企業価値の向上を図ることが求められている」（いわゆる「攻めのガバナンス」，これに関してはコラム 7-1 参照）との認識において，コーポレートガバナンス・コードと共通する（参照，コーポレートガバナンス・コード原案　序文 7.）。このような基本認識のもと，取締役会のあり方，社外取締役の活用，経営陣の指名・報酬をテーマとして，企業がコーポレートガバナンス・コードの原則を実践するにあたって権討すべき事項，考えるべき内容について，より具体的かつ詳細に提示している。

2

設　立

Q-5 　株式会社の設立方式

　AおよびBは，発起人として株式会社の設立を計画しているが，発起設立と募集設立のいずれの設立方式を採用すべきかを検討している。発起設立と募集設立とを対比して，いずれの方法がより簡易なのかを説明せよ。

[解説]

1. 発起設立と募集設立の比較

　発起設立とは，発起人が設立の際に発行する株式（設立時発行株式という）の全部を引き受ける設立方法である（会25条1項1号・同条2項）。募集設立とは，発起人が設立時発行株式を引き受けるとともに，残りの設立時発行株式について募集を行い，発起人以外の者が当該株式を引き受ける設立方法である（会25条1項2号・同条2項）。いずれにあっても，発起人は設立時発行株式の1株以上の引受けが必要である。

　まず，設立にかかわる主要なポイントについて，発起設立と募集設立の違いをみる。

　(1)　**定款の作成と設立時発行株式の引受け**　　　定款の記載事項とその公証人の認証の必要等に関しては，いずれの設立方式を採用しても同様である。現物出資・財産引受けについて，検査役調査，弁護士等による証明を必要とするか否かが，設立に必要な時間とコストに影響を与えることも同様である。

　しかし，発起設立と異なり，募集設立においては，発起人が，その全員の同意により，自分たちが引き受けた後の残りの設立時発行株式について，設立時発行株式を引き受ける者の募集をする旨を定める（会57条）。この場合に，発起人は，設立時募集株式について，その数，種類，払込金額，払込みの期日または期間を定める（会58条1項・同条2項）。

　(2)　**創立総会の開催および設立時役員等の選任**　　　発起設立の場合には，出資の履行が完了した後，発起人は，定款であらかじめ定めている場合を除き，設立を予定している会社機関組織に対応した設立時取締役，設立時監査役，設立時会計監査人等の設立時役員等を選任する（会38条・39条）。設立時取締役および設立時監査役は，その選任後遅滞なく，現物出資・財産引受け，出資の履行や設立手続等の設立経過の調査を行う（会46条1項・同条2項）。

　これに対して，募集設立の場合には，発起人は，設立時募集株式の払込終了後

遅滞なく，創立総会を招集する（会65条1項）。創立総会の決議により設立時役員等を選任し（会88～91条），設立時取締役等はその選任後遅滞なく，設立経過の調査を行い，創立総会に報告する（会93条）。

　発起設立において上記調査等の結果，定款の変更が必要となるときには，変更後の定款について改めて公証人の認証を受ける必要がある。これと異なり，募集設立においては，創立総会の決議によって定款の変更を行うときには，改めて認証を受ける必要はない（会96条）。

　(3)　発起人・設立時取締役等の履行責任　　発起人，設立時取締役等の任務懈怠責任，仮装の払込みにかかる責任については，両方式において変わりはない。ただし，現物出資財産等の価額が定款記載の価額に著しく不足するときに，発起人および設立時取締役が当該不足額を支払うべき義務（会52条1項・55条）について，発起設立では，発起人・設立時取締役がその職務を行うについて注意を怠らなかったことを証明したときには，上記責任を免れる（会52条2項2号）とされているのに対して，募集設立では，会社法103条1項により，この免責は認められず，無過失責任とされている。これは設立に直接的にかかわらない設立時募集株式の引受人は，拠出額について実質的に不公平が生じることにより損害を被るからである。

2.　結　論

　募集設立は設立時発行株式の募集や創立総会の開催などの手続が必要で煩雑であり時間とコストを要する。実際の株式会社の設立にあたっては企業規模の大小を問わず，株主は少数なのが一般的であることから，簡便な発起設立の制度が利用されるのが通例である。発起設立による場合には，実務では最短で1日で設立可能であるといわれている。

　多くの株主から出資を受けて大きな資本の会社を設立しようとする場合には，募集設立による必要があるが，しかし，現在の会社法では，資本金の額はいくらでもよいとされているから，このような例は実際にはあまり考えられない。

　実務においては，設立に先立つ関係者間の協議により，合弁会社の設立のように，複数の発起人（企業）がそれぞれ多額の出資をすることにより大規模な会社を設立することも可能である。しかし，設立にかかる責任を負担する発起人にはなりたくないが，株主として出資して設立時取締役の選任を通じて新設会社の経営に影響を及ぼしたい者がいるときには，募集設立によることになろう。

関連問題 設立登記の効力　　会社の設立にあたって，登記はどのような意義を有するか。また，会社の登記制度の意義および登記の効力はどのようか。

Q-6　発起人の権限

株式会社の設立に際して，発起人は会社の設立に関してどのような行為をなす権限を有しているか。また，会社設立前に，成立後の会社の事業の準備のために，事業目的の土地・建物の譲受け契約，原材料の仕入れ契約，または成立後の会社の使用人となる予定の者との雇用契約を締結することができるか。

(参照：会計試平成 12 年)

[解説]

1. 総　説

発起人の権限の範囲は，成立後の会社に帰属する行為を画する意義がある。会社の財産的基盤の確保と会社成立後に迅速に事業を行うことのどちらの価値を優先するかによって，発起人の権限の範囲が変わる。具体的な事例を通して検討してみよう。

2. 発起人の意義

発起人とは，株式会社を設立するには，発起人が定款を作成し，その全員がこれに署名し，または記名押印する者である（会26条1項）。法的安定性を確保する観点から，発起人は形式的に定義されていることに特徴がある。

3. 発起人の権限

発起人は，法的にどのようなことを行う権限を有するのであろうか。

学説は多岐に分かれる。すなわち，①設立それ自体を直接の目的とする行為のみができるとする見解，②設立それ自体を直接の目的とする行為（上記①）のみならず，設立のために必要な行為（例：設立事務所の賃貸借）まで含まれるとする見解，③設立それ自体を直接の目的とする行為（上記①）と設立のために必要な行為（上記②）のみならず，開業準備行為（例：営業施設の賃貸）も含まれるとする見解，

④事業行為も含まれるとする見解に分かれている。

　会社の財産的基盤確保を最優先の考慮事項とする立場によれば，発起人の権限濫用により成立後の会社の財産的基盤を危うくするおそれがあることから，発起人の権限は，設立それ自体を直接の目的とする行為（例：⑦定款の作成，⑦設立時発行株式の引受け・出資の履行，⑦設立時役員等の選任）のみに限定される（なお，最判昭和33・10・24民集12巻14号3228頁［判百4］参照）。

　この立場を前提にすれば，変態設立事項とされた財産引受け（会28条2号）は，特に必要性があるので厳格な要件のもとに例外的に認めたものと解される。したがって，会社設立前に，成立後の会社の事業の準備のために，事業目的の土地・建物を譲り受ける契約を締結することは，財産引受けの要件を満たした場合のみ，設立後の会社に帰属する。成立後の会社の事業の準備のために行われる事業目的の土地・建物を譲り受ける契約が，定款に変態設立事項として記載されていない場合には，無効である（会28条）。この無効は，広く株主・債権者等の会社の利害関係人の保護を目的とするものであるから，何人との関係においても常に無効であり成立後の会社が追認したとしても，有効となりうるものではない（最判昭和61・9・11判時1215号125頁［判百5］）。

4. 設立中の会社という概念について

　発起人の権限の範囲は，発起人が行う行為が，どのような範囲で，成立後の会社に帰属するのか，という問題に結びつく。そもそも，発起人が会社の設立中に行った行為が，特別の移転行為がなくとも，なぜ，成立後の会社に当然のように引き継がれるのであろうか。この問題を説明するための概念が「設立中の会社」である。

　「設立中の会社」とは，会社の成立を目的とする実質的権利能力を有する権利能力なき社団であり（権利能力なき社団が実質的権利能力を有することは概念矛盾であるが，このように理解しなければ，設立段階での権利義務関係を「設立中の会社」に「実質的」に帰属させることができなくなり，成立後の会社に権利義務を引き継ぐこともできなくなってしまうことに留意），成立後の会社と同一である（同一性説）と理解するものである。比喩的にいえば，「設立中の会社」は，成立後の会社の胎児であり，成立後の会社と同一であることから，発起人が会社の設立中に行った行為が，特別の移転行為がなくても，成立後の会社に当然に引き継がれる，と説明するのである。

5. 本問へのあてはめ

　本問のように，会社成立前に，成立後の会社の事業の準備のためにする事業目的の土地・建物の譲受け契約は，財産引受けに該当する。発起人の権限について，判例のような厳格な理解を前提とした場合，変態設立事項とされた財産引受け（会28条2号）は，特に必要性があるので厳格な要件のもとに例外的に認めたものと解される。したがって，会社設立前に，成立後の会社の事業の準備のために，事業目的の土地・建物を譲り受ける契約を締結することは，財産引受けの要件を満たした場合のみ，設立後の会社に帰属する。

　他方，会社設立前に，成立後の会社の事業の準備のために，原材料の仕入れ契約を締結しておくことや成立後の会社の使用人となる予定の者との間で雇用契約を締結することは，財産引受けに該当しないから，発起人個人の責任で締結し，会社成立後に，その法的地位が引き継がれる必要がある。

Q-7　設立費用の帰属

　設立にあたり，A株式会社の定款には，「設立費用は80万円以内とする」との記載があった。唯一の発起人であるBは，設立事務を行う事務所をCから60万円で賃借する旨の契約，および設立事務を行う事務員Dを40万円で雇用する旨の契約を締結したが，Cへの賃貸借料とDへの報酬はいずれも後払いとされており，会社成立後においていずれも未払いであった。CおよびDはA会社に対して支払いを請求できるか。

(参照：司法試平成29年)

［解説］

1. 問題の所在

　設立費用は，本来，株式会社の設立に関する費用であるから，成立した株式会社が負担すべきものである。しかし，会社法は，設立費用を変態設立事項（会28条4号）としており，定款に記載がなければ，設立費用を負担した者は，成立した株式会社に請求することができない。そこで，なぜ，このような制度が設けられたのか，ということが問題となる。

　次に，設立費用が，定款に記載された額を超過した場合，会社法は何も規定していない。この場合，どのように処理されるのか，ということが問題となるので

ある。

2. 設立費用の意義

　設立費用とは，株式会社の負担する設立に関する費用である。設立費用を変態設立事項（会28条4号）とする趣旨は，支出を無制限に認めると，成立後の会社の財産的基礎を危うくする危険があるからである。

3. 定款の記載額を超えた設立費用の帰趨

　債権額が設立費用として定款に記載された額に収まる場合には問題は生じない。判例（大判昭和2・7・4民集6巻428頁）は，定款の記載と創立総会の承認により，設立費用は成立後の会社に帰属するとする。問題となるのは，債権額が設立費用として定款に記載された額を超過した場合の処理である。判例の立場によれば，債務の総額が定款に定めた額を超える場合に，どの債権者がどの程度の額を会社に請求できるのかを判断する基準は明らかではない。

　前述のように問題となるのは，債権額が設立費用として定款に記載された額を超過した場合の処理についてであり，学説は次のように分かれる。すなわち，①（前節で述べた「設立中の会社」の概念を前提に）設立費用に関する取引債務は当然に成立後の会社に帰属し，会社が弁済した額が定款に記載された設立費用の額を超過していれば，その超過額を発起人に求償できるという見解と，②設立費用に関する取引債務はすべて発起人に帰属し，発起人が当該債務を弁済した場合には，発起人は定款記載額の範囲内で会社に求償できるという見解である。

　成立後の会社財産の堅固性を重視すれば，設立費用の債権者は，設立費用の全額を発起人に請求すべきであり，発起人は，定款記載額の範囲内で会社に求償ができると解すべきである。

4. 本問へのあてはめ

　これを本問についてみると，Cの賃貸借料（60万円）支払請求とDの報酬（40万円）支払請求は，発起人Bに対して行われるべきである。そして，発起人Bは，A会社に対して定款記載額80万円の限度で求償できると解する。したがって，CおよびDはA会社に対して支払いを請求できない。

Q-8　財産引受け

　A株式会社を発起設立するにあたり，発起人BはCから会社成立後に事業用にその保有する土地を3,000万円で購入することを約束していた。①設立時取締役になる予定のBは，A会社の成立後に同社が本件土地を適法に取得するために，設立時にどのような手続をとっておく必要があるか。②A会社は，会社成立後，Cから本件土地を3,000万円で譲り受けたが，その後，実際には土地の適正な価格は2,000万円であると判明した。A会社は会社法上，誰に対してどのような責任を追及できるか。なお，本件土地について，検査役による調査を経ていないこととする。

（参照：会計試平成27年）

[解説]

1. 問題の所在

　本問では，①でA株式会社の発起人Bは，Cから本件土地を会社成立後に適法に取得しようと考えているが，そのためには，この財産引受けの事項を定款中に記載する必要があり，会社法の規定に従った調査手続を経る必要がある。②では，財産引受けの取扱いに関する発起人・設立時取締役等の責任が問われている。

2. ①について

(1) 財産引受けの意義　　本問において，発起人BとCとの間の本件土地売買の約束は，株式会社の設立にあたり，その成立後に特定の財産を会社が買い取る旨の契約であり，定款中の変態設立事項の財産引受け（会28条2号）に該当する。変態設立事項は，発起人または第三者の利益のために濫用されて，会社の財産的基礎を危うくする危険性があり，他の株主や会社債権者を害するおそれがあるので，会社の資本を維持し充実させて会社債権者の利益を保護するため，原則的に検査役等による調査が要求される（会33条）。

　財産引受けについては，現物出資（会28条1号）と同様に，過大評価されると会社の財産的基礎を危うくするおそれがあるとともに，現物出資に関する規制の潜脱として利用される可能性もある。定款に記載のない法の手続に違反する財産引受けは無効である（最判昭和28・12・3民集7巻12号1299頁，最判昭和61・9・11判時1215号125頁［判百5］）。成立後の会社が，改めて売買契約を締結する必要がある。

財産引受けと類似するものとして事後設立がある。これは，会社の成立後2年以内に，成立前から存在する財産であって，当該会社の事業のために継続して利用するものを取得する場合を指す（会467条1項5号）。上記財産引受けにかかる規制の潜脱防止のため，株主総会の特別決議による承認が要求されている。

　(2)　**財産引受けに関する調査**　　定款に変態設立事項の記載があるときは，発起人は，公証人による定款の認証の後遅滞なく，検査役の選任を裁判所に対して申し立てなければならない（会33条1項・同条2項）。検査役には弁護士が選任されるのが通常であるが，財産引受けにあっては対象である財産の価額の当否が調査の中心になる。検査役調査の結果，裁判所が不当と認めたときは，これを変更する決定をする（会33条7項）。この定款変更については改めて公証人の認証を受ける必要はない（会30条2項）。

　(3)　**検査役調査の不要な場合**　　検査役調査に関しては，検査役の選任と調査に相当な時間を要し，それに要する期間を予測できないため，設立の予定日程を立てにくいこと，および，調査に多額の費用がかかることから，現物出資，財産引受けについて，会社法33条10項は一定の場合に検査役調査を不要としている。本問では，検査役による調査を経ていないこと，および不動産の価額が3,000万円であることから，発起人Bは，検査役調査に代えて，定款に記載された財産引受けの価額が相当であることについて弁護士，弁護士法人，公認会計士，監査法人，税理士または税理士法人の専門家による証明を受け，さらにこれに加えて不動産鑑定士の鑑定評価を受ける必要がある（会33条10項3号）。

3.　②について

　本問においては，会社成立後，Cから本件土地を3,000万円で購入したが，実際の適正価額は2,000万円であったというのだから，A会社は，会社法の規定に従い，発起人および設立時取締役に対して責任を問うことが考えられる。財産引受けで譲り受けた財産の価額が定款記載の価額に著しく不足するときは，発起人および設立時取締役は，会社に対して連帯して当該不足額を支払う義務を負う（会52条1項・55条）。これにより発起人でありかつ設立時取締役であるBは，不足額を支払うべき責任を負う。定款作成後の不動産価額の下落もありうるが，本件は「著しく不足」との要件を満たすと解せるだろう。ただし，本件は発起設立であるから，Bがその職務を行うについて注意を怠らなかったことを証明した場合には，上記責任を負わない（会52条2項2号）（募集設立についてはQ-5解説参照）。

さらに，本件財産引受けについて上記２(3)の証明をした弁護士等および不動産鑑定士も，当該証明をするについて注意を怠らなかったことを証明した場合を除き，発起人，設立時取締役と連帯して不足額を支払う義務を負う（会52条３項）。

Q-9　預合い・見せ金

株式会社の設立手続における出資の履行について，いわゆる預合い，見せ金とはどのようなものか，およびその効力はどのようか。さらに，これらが行われた場合に，会社成立時の取締役および発起人が負う責任について説明せよ。

[解説]

1. 問題の所在

株式会社の設立時や募集株式の発行等に際して，出資の履行が外見上はなされたように見せかけながら，実際には，会社は財産を利用できるような形で払い込まれてはいない場合を，仮装払込み（仮装出資）という。払込みの仮装事例として，預合いと見せ金がある。

出資の履行が仮装されると，見せかけではなく実際の会社の資産増加に寄与していないにもかかわらず，株主としての地位を得るのは，他の株主からの利益移転といった公平の問題が生じる。また，会社の資産が増加したかのような外観を装うことは，会社債権者との関係でも問題が生じうる。

2. 意　義

(1) 預合い　　　預合いとは，発起人等と払込取扱機関である金融機関（払込取扱銀行）とが通謀して，発起人等が払込取扱銀行から金を借り入れて払込みを行うが，払い込まれた金については，借入れが返済されるまでは引き出さないことを約束すること（不返還の合意）をいう。預合いが行われると，会社設立後の会社が事業用資金に窮することになり，預合いは刑事罰をもって禁止され（会965条），不返還の合意も無効とされる。

預合いを防止するため，募集設立の場合に限り，発起人は払込取扱銀行に払込金の保管証明書の交付を請求することができ，払込取扱銀行等は，証明書の記載が事実と異なる，あるいは，不返還の合意等の払込金の返還に制限があることを

理由に成立後の会社に払込金の引き出しを拒否できないとし，会社の資本の充実を図っている（会64条）。

平成17年（2005年）会社法以前に強制されていた最低資本金は廃止され，資本金の意義が低下しているとはいえ，資本金は登記により公示されるだけでなく（会911条3項5号），計算書類にも明示されており，会社の信用力として重要視されている。

(2) 見せ金　見せ金とは，発起人等が払込取扱銀行以外の第三者から金を借り，会社に対して払込みを行い，会社が成立するとすぐにそれを引き出して，第三者に返済することをいう。見せ金は，預合いとは異なり，払込取扱銀行との通謀はなく，金銭の実際の移動がある。ただ，手続を仮装するにすぎず，形式的（瞬間的）には，払込取扱銀行に対する実際の払込みがなされるものの，実質的に会社の財産が確保されないため，預合いと同様である。

見せ金による払込みにつき，判例（最判昭和38・12・6民集17巻12号1633頁［判百7］）は，①会社成立後に会社から払戻しを受けて買入金を返済するまでの期間の長短，②払込金が会社資金として運用された事実の有無，③借入金の返済が会社の資金関係に及ぼす影響の有無，等を総合的に判断し，無効と判示した。

(3) 中間形態　預合いと見せ金の中間形態といわれるタイプの払込みの仮装もある。これは，①払込取扱銀行から出資金を借り入れ，②株式の払込みを済ませ，③会社設立後に会社から資金を引き出して借入金を返済する，場合である。こうした払込みは，見せ金と類似しているが，借入先が払込取扱銀行であるため，見せ金とは異なる。他方で，払込取扱銀行との間で不返還の合意や通謀がないため，預合いでもない。

しかし，判例上は見せ金の一形態であり，有効な払込みではないとされる（前掲最判昭和38・12・6）。

3. 会社成立時の取締役および発起人が負う責任

払込みが仮装であり，無効とされる場合，①払込みの仮装をした発起人は，会社成立後も払込金額全額の支払義務を負う（会52条の2第1項），②発起人の仮装払込みに関与した取締役等は無過失を証明できない限り，発起人に連帯して同額の支払義務を負う（同条2項・同条3項），③発起人は仮装払込分の支払い後に株主の権利を行使することが可能となる（同条4項），④当該株式を譲り受けた者は（悪意または重過失がある場合を除き）当該株式における株主の権利を行使できる（同条

5項)。

　仮装払込人の責任は無過失責任であり，関与した発起人等の責任は立証責任が転換された過失責任である。仮装払込みに対しては刑事責任も規定されており，①預合罪（会965条），②見せ金の場合は出資金額に虚偽があるとして公正証書原本不実記載（刑法157条。最決昭和40・6・24刑集19巻4号469頁），である。

Q-10　設立の無効

　株式会社の設立無効事由はどのような場合か。さらに，無効事由の存する場合に，当該会社の関係者は，どのような方法によって設立の無効を主張できるかについて説明せよ。

[解説]

1. 問題の所在

　会社の設立手続中に法令違反等の瑕疵があったとしても，会社の設立登記がなされている場合，外見上，会社は設立されたことになっており，設立済みを前提に多数の法律関係が発生していると考えられる。そこで，会社の設立の効力を否定するには，個々の無効の主張は許さず，設立無効の訴え（会828条1項1号）という特別の訴訟制度を用いなくてはならないこととした。取引の安全の確保と法律関係の画一的確定のためである。ただ，設立無効となる事由（原因）につき，法律の規定はなく，解釈に委ねられている。

2. 意　義

　(1)　設立無効の訴え　　設立無効の訴え（会828条1項1号）は，請求が認容されるまでは，会社の成立は有効と扱われる（形成訴訟）。設立無効の訴えは提訴期間が会社成立の日から2年以内（同号）であり，訴えを提起できるのは株主等であり，これは株主，取締役，監査役，執行役，清算人に限定されている（同条2項1号）。原告適格を限定することで，法律関係が不安定になることをできるだけ回避させるためである。被告は設立する会社である（会834条1号）。複数の者が別個に設立無効の訴えを提起した場合，弁論は併合される（会837条）。数個の訴訟において異なる結論が示されるのは不都合なためである。

　無効の主張を制限することで，会社法は，会社が正当に成立していたことを前

提に発生する第三者の債権・債務に重大な影響を及ぼさないような制度設計をしている。

(2) 無 効 事 由　無効事由につき，すべての手続の違法性を問題とはせず，重大な瑕疵に限定する解釈がとられている。具体的には，①定款の絶対的記載事項が欠けていたり重大な瑕疵がある場合（会27条），②設立時発行株式を1株も引き受けない発起人がいる場合（会25条2項），③定款に公証人の認証がない場合（会30条），④株式発行事項につき発起人全員の同意がない場合（会32条），⑤設立に際して出資される財産の総額が定款に定められた価額（最低額。会27条4号）に満たない場合，⑥募集設立において創立総会が開催されていない場合（会65条），等である。

(3) 設立無効判決　設立無効の判決が確定した場合，訴訟の当事者のみならず，すべての者との間で設立が無効であったものとされ（対世効。会838条），会社と利害関係のあるすべての人に対しても画一的な解決が図られる。設立無効判決には遡及効がなく，判決は将来に向かってのみ効力を有するのであり，設立は将来に向けて効力を失うことになる（会839条）。

それゆえ，株主が得た権利などには影響はなく，会社は登記（会937条1項1号イ）ならびに解散の場合に準じて清算をすべきこととなる（会475条2号）。

3. 不成立・不存在

(1) 不 成 立　設立手続を開始したが，設立登記に至る前に設立手続が終了し，会社の成立に至らなかった場合，会社は不成立となる。不成立は，誰でも・いつでも・どのような方法でも主張することができる。不成立の場合，会社の設立に関して行われた行為につき，発起人が連帯して責任を負い，会社の設立に関して支出した費用は発起人が全額を負担する（会56条）。

(2) 不 存 在　設立登記はなされているものの設立手続がまったくなされておらず，会社の存在自体がないと評価される場合，会社の実態は否定せざるをえず，会社は不存在と位置づけられる。不存在は，誰でも・いつでも・どのような方法でも主張することができる。法律関係の安定のため，不存在を確認することの利益が認められるのであれば，会社の不存在確認訴訟の提起が認められるのは当然であるが，会社不存在確認判決に対して対世的効力を与える不存在確認の訴えの制度は未整備である。

3

株　式

株主の地位

　株式会社における①株主の地位と株式の関係，②株主有限責任，および③株主平等原則について説明せよ。

[解説]

1. 問題の所在

　株式会社の構成員（社員）である株主の会社に対する地位を株式という。株式会社では，株主は会社に対して出資額の払込義務を負うだけであり，原則的に，会社の債権者に対して責任を負うことはない。株主は株主としての地位に基づく法律関係では，その有する株式の内容・数に応じて平等に取り扱われる。

2. 株主の地位と株式の関係

　株式会社における株主が会社に対して有する法律上の地位を株式という。株主は，会社に対して出資することと引き換えに会社から株式の発行を受ける。会社に多くの出資を集めるため，株式は均一の大きさに細分化されている（株式の均一性）。

　株式会社では，会社に財産を維持させるため，原則として株主の出資は返還されない。そこで，株主が投下（出資）した資本を回収するために株式を譲渡する必要がある。株式の譲渡を簡便にする方法として，株式を株券という紙片に表示（表章）させ，株券の交付による株式譲渡を認めている（会128条）。株式の均一性は，株式を株券に表示することを容易化し，株式譲渡のハードルを下げている。株式の均一性は，株式の数を基準に株式の大きさを測ることに可能にすることからも，株式譲渡を容易化しているのである。

　株券を発行しない会社では，上場企業等の株式振替制度を利用する会社を除き，意思表示だけで株式譲渡が行われている。もっとも，いずれの会社においても，株式譲渡を会社に対抗するためには，株主名簿における名義書換が欠かせない（会130条）。

3. 株主有限責任

　(1)　意　義　　株式会社では，株主有限責任の原則がとられており，株主は引受価額を限度とする責任のみを負担する（会104条）。これは，株式引受人の

義務ともいえるが，株主となってからは，通常，何らの義務も負わない。引受人は，引受価額の支払いにつき，例外的に現物出資が認められてない限り，金銭で支払いをしなければならない。引受人は会社に対する債権をもって出資の債務と相殺することは認められない（会208条3項）。

(2) **株式会社と合同会社**　　株式会社における株主の有限責任は，できるだけ多数の者から資金を集めやすくするため，政策的に認められている。他方，多数の者からの資金調達を行うこと予定していない合同会社でも，その構成員は有限責任であるが，経営失敗のリスクやダメージを小さくし起業を促すことがその大きな理由とされる。

4. 株主平等原則

(1) **原　則**　　株主平等原則とは，会社との関係で株主が持株数に応じて平等に取り扱われる原則である。従来，明文の規定はなかったが，衡平の理念が団体に現れたものであり，当然に会社法上認められている大原則と位置づけられていたところ，平成17年（2005年）制定の会社法において株主平等原則を明文化する109条1項が置かれた。同項は，株式会社は，株主をその有する株式の内容および数に応じて平等に取り扱わねばならないとする。

異なる種類株式の間における取扱いの違いが認められるが，同じ種類株式の種類株主の中では持株数に応じた平等な取扱いが求められる。したがって，株主平等原則に反する会社の行為は違法との評価を受け，行為の有効性が問題となる場合には無効と解される。

ただ，株主平等原則は絶対的なものではなく，合理的な理由に基づき，持株数に応じた異なる取扱いが例外的に認められることもある。

(1) **例　外**　　例外的な取扱いが認められるには，必要性（正当な目的がある）と相当性（目的に照らして相応である）が求められる。必要性と相当性がある場合，例外的な取扱いを行ったとしても，株主平等原則違反により，違法・無効と解する必要がないとされる。

なお，政策的な配慮から法律上認められている例外もある。公開会社ではない株式会社においては，定款により株主ごとに権利内容を定めることも可能である（会109条2項・同条3項）。そのほか，株主の監督是正権にはその濫用を防ぐ目的で，一定数・一定期間の株式保有が権利行使の条件とされているものがある（たとえば，株主総会招集権［会297条1項］等）。また，株式の割当て・分割等の際の技

術的な問題を理由にする端数処理（会234条・235条）や，単元株制度（会188条以下）も，法律上認められている例外である。

 （3）　株主優待制度 株主優待制度は，上場会社が一定数以上の株式を有する株主に商品やサービスを提供したり，値引きをするものであり，取締役会決議で導入が決定されることが多い。令和4年（2022年）7月現在で，全上場会社の約3分の1が実施しているが，令和元年（2019年）をピークに最近3年間では連続して減少している。株主優待制度は，株式数に厳密に比例した取扱いではないことが多く，保有期間で優待内容に差を付けることもある。それゆえ，株主平等原則に違反しているともいえそうであるが，個人株主づくり，自社製品・サービスの宣伝といった合理的な目的があり，その目的からみて相当な範囲内（比較的少額）であれば許容されていると解されている。

Q-12　特殊な株式の内容を定める場合

 A株式会社は公開会社であるが，新たに以下のような種類株式を発行したいと考えている。以下①〜③の種類株式を発行するために，新たに発行する株式の内容に関してどのような定めをする必要があるか。なお，「発行可能種類株式総数」については解答する必要はない。

① 譲渡による取得について，会社の承認を必要とする種類株式とする。

② 発行から5年後に当該種類株の全部を会社が取得する種類株式とする。

③ 株主総会のすべての決議事項について議決権のない種類株式とする。

 なお，A会社は公開会社であるが，株主総会において議決権を行使することができる事項について制限のある種類の株式の数が発行済株式の総数の2分の1を超えないものとする。

（参照：会計試平成28年）

[解説]

1．問題の所在

 本問は，株式会社がその発行する株式の一部について特別の内容を定めようとする場合に，そのような特別の内容の定めは会社法108条1項各号所定の事項に限られること，そして当該事項を会社が定めるためには，同条2項各号所定の事項を定款に定めなければならないという原則を理解し，そのうえで，①〜③で列

挙されている事項が同条1項各号のいずれに該当し，それを受けて同条2項各号に基づきいかなる事項を定款に定めなければならないかを適切に説明することができるかについて問うものである。

具体的には，①～③がそれぞれ，会社法108条1項各号のうち，譲渡制限株式（4号），全部取得条項付種類株式（7号），議決権制限株式（3号）に対応していることを指摘し，その際，同条2項所定の事項としていかなる事項を定款に定めなければならないかを説明させるというものである。

2. 譲渡制限株式の発行手続

会社が種類株式を発行するには，発行する株式の内容について，定款で所定の事項を定めることを要する（会108条2項）。最も機動的な発行を可能にするため，一定の重要事項を除き，定款には内容の要綱のみを定め，より具体的な内容については，実際に当該種類の株式を発行するときまでに，株主総会または取締役会で定めることとすることができる（同条3項，会社則20条1項）。

譲渡制限株式（会2条17号）は，発行する全部の株式の内容として定めることもできるが，A社は公開会社であり，新たに発行する一部の種類の株式の内容として，譲渡制限を定めることになる（会108条1項4号）。この場合，定款で当該株式を譲渡により取得することについて当該株式会社の承認（株主総会または取締役会設置会社の場合は取締役会。会139条1項）を要する旨（会107条2項1号イ），および一定の場合（会136条または137条1項）においては株式会社が譲渡の承認をしたものとみなすときは，その旨および当該一定の場合を定めなければならない（会107条2項1号ロ）。

3. 全部取得条項付種類株式の発行手続

会社が全部取得条項付種類株式（会171条）を発行するには，定款に，当該種類の株式について，会社が株主総会の決議によって，その全部を取得する旨，取得対価価額の決定方法および当該株主総会の決議をすることができるか否かについての条件を定めるときは，その条件についての定めを設けなければならない（会108条1項7号・同条2項7号）。したがって，本問では，A会社は株主総会の特別決議により，取得対価の内容やその数額，発行後から5年後にその全部を取得する旨を定款に定めることを要する（会171条・309条2項3号）。

4. 議決権制限株式の発行手続

　株主総会のすべての決議事項について議決権のない株式を無議決権（種類）株式といい，A 会社がこれを発行するには，定款により，株主総会で議決権を行使することができない旨を定める必要がある（会 108 条 1 項 3 号・同条 2 項 3 号・同条 3 項）。

　公開会社では，議決権制限株式の数が発行済株式の総数の 2 分の 1 を超えた場合には，会社は直ちにそれを 2 分の 1 以下にするための措置（新株発行等）をとらなければならないが（会 115 条），本問では A 会社は議決権制限株式を発行後も発行済株式の 2 分の 1 を超えないので，この措置は必要ない。

Q-13　譲渡制限株式の取得

　A 株式会社の定款には，同社の株式を譲渡するには取締役会の承認を要する旨の定めがある。なお，A 会社は株券発行会社ではない。同社の代表取締役 B は，他の取締役に相談することなく，自己の有する株式の半分を，これまで A 会社の株主ではなかった C に譲渡した。

　①本件株式譲渡の効力はどのようか。②C が A 会社に対して権利を行使するためには，会社法上どのような手続をとる必要があるか。

（参照：会計試平成 25 年）

[解説]
1. 問題の所在

　本問では，代表取締役 B は他の取締役に相談することなく自己の有する株式の半分を，C に譲渡したが，これは，株券不発行会社において，取締役会の承認を経ないでなされた譲渡制限株式の譲渡の効力，および当該譲渡制限株式を取得した者が株主としての権利を行使するために，必要な株主名簿の名義書換請求手続とその前提となる譲渡等承認請求の手続を検討することが求められている。

2. 承認のない譲渡制限株式の譲渡の効力

　譲渡制限株式を譲渡しようとする株主は，会社に対し，当該譲渡を承認するか否かの決定をすることを請求できる（会 136 条）。また，株式の取得者から会社に対してこの決定を請求することもできる（会 137 条）。これを譲渡等承認請求といい

（会138条柱書），譲渡等承認請求は，請求の対象である株式の種類・数・および譲受人を明らかにして行わなければならない（会138条1号イロ・同2号イロ）。

　もっとも，株主が会社の承認を得ずに譲渡制限株式を譲渡したときも，譲渡当事者間ではその譲渡は有効である（最判昭和48・6・15民集27巻6号700頁［判百16］）。

　問題は，会社の承認のない譲渡制限株式の譲渡の会社に対する効力であるが，この点，最高裁は，譲渡の当事者間においては有効であるが，会社に対する関係では効力を生じないと解すべきであるから，会社は譲渡人を株主として取り扱う義務があるという立場をとっている（最判昭和63・3・15判時1273号124頁）。

　したがって，本問においては，BC間の株式譲渡の効力は当事者間では有効であるが，A会社との関係では無効となる。

　学説の中には，株式の譲渡人は譲渡後は，もはや株主として法的保護に値しないとして，会社は譲渡人を株主として扱うことはできるが，そうする義務まではないという見解もある。しかし，譲渡人を株主として扱うか否かの裁量権を会社に与えることは，濫用の危険が大きいので，判例の立場が合理的と考えられる。

　例外的に，承認のない株式譲渡が会社との関係で有効になる場合がある。定款による株式の譲渡制限の目的は，会社にとって好ましくない者が株主になることを排除し，譲渡人以外の株主の利益を保護するためであるから，いわゆる一人会社の株主がその保有する株式を譲渡する場合，他の株主の利益を保護する必要性はないため，会社の承認がなくても，その譲渡は会社との関係でも有効と解してよい（最判平成5・3・30民集47巻4号3439頁）。同様に，一人会社以外の会社で，譲渡人以外の株主全員が譲渡に同意している場合も同様に考えられる（最判平成9・3・27民集51巻3号1628頁，東京高判平成2・11・29判時1374号112頁）。

3. 譲渡制限株式の取得者と株主名簿の名義書換請求

　株式会社は，現在の株主を把握・管理するために，株主の氏名・名称および住所や持株数等を記載・記録した株主名簿を作成しなければならない（会121条）。一般的に，株式の譲渡を会社に対抗するには，譲受人は会社に請求して，株主名簿の名義を自己の名義に書換えなければならない（会130条1項・同2項）。

　そして，譲渡制限株式を譲り受けた者が会社による譲渡の承認を受けていないときは，会社との関係で譲渡の効力は生じていないため，名義書換を請求することはできない（会134条本文）。この場合は，会社も譲受人を株主として取り扱うことはできない。

本問では，CがA会社に対して権利を行使するためには，株主名簿の名義書換請求手続をする必要があるが，A会社との関係では譲渡制限株式の譲渡の効力は無効であり，したがって，この請求は認められず，A会社からCを株主として扱うことはできないと考えられる。

Q-14　株主名簿の名義書換の不当拒絶

　A株式会社は公開会社で，発行済株式総数200株の株券発行会社であり，株主としては，Bが100株，Cが40株，DおよびEが各30株を保有する。Cは，Dから30株の株券の交付を受けて譲受け，A会社に対し適法に株主名簿の名義書換を請求した。しかし，A会社の代表取締役であるBは，正当な理由もなしに，名義書換請求に応じることなく放置した。その6か月後に株主総会が開催され，剰余金配当などが決議され，このときCは初めて，株主名簿上の自分の持株数が40株のままであることに気がついた。Cは40株分の配当金に加えて，さらに30株分の配当金の支払いをA会社に請求したいが，これは認められるか。

（参照：会計試平成29年，最判昭和41・7・28民集20巻6号1251頁［判百13］）

[解説]

1. 問題の所在

　本問は，株式譲受人による株主名簿の名義書換請求を会社が不当拒絶した場合，および株主の権利行使に関する問題である。株主名簿の名義書換が株式譲渡の会社に対する対抗要件であることをふまえたうえで，適法な名義書換請求に対して，正当な理由なく応じなければ不当拒絶にあたること，また，判例によれば，故意または過失による不当拒絶の場合には会社は譲受人を株主として取り扱わなければならないこと，とされている。

　具体的には，CはDから譲り受けたA会社の30株の株式につき，適法に株主名簿の名義書換を請求したにもかかわらず，正当な理由なく名義書換請求に応じてもらえずに放置されたことが不当拒絶にあたることを指摘したうえで，Cは当該株式についての配当金の支払いをA会社に請求できるかを検討しなければならない。

2. 株主名簿の名義書換の不当拒絶

　判例によれば，株主名簿の名義書換がなければ，株式の譲受人は譲渡を会社に対抗できないが（会130条1項），それは会社が適法に名義書換の手続を行うことを前提にしているから，譲受人が適法に名義書換請求をしたにもかかわらず，会社が不当に名義書換を拒絶したり，あるいは過失により名義書換をしないときは，譲受人は名義書換なしに，自己が株主であることを会社に対抗できると解されている（前掲最判昭和41・7・28）。

　また，株券発行会社（会214条・117条7項）の株式の譲渡は株券の交付をしなければ効力を生じないが（会128条1項），本問においては，CはDからA会社株式30株の株券の交付を受けているから，適法な権利者と推定され，A会社に株券を呈示すれば単独で名義書換請求ができるところ（会131条1項・132条1項2号），A会社は正当な理由なくこれを放置しているから，故意または過失による不当拒絶にあたる。したがって，前述の判例の立場によれば，Cは名義書換なしにA会社に対して譲渡を対抗でき，当該株式について，配当金の支払請求は認められることになる。

> **関連問題** **株式譲渡と株主名簿の名義書換**　株式の譲渡方法について，株券発行会社とそうでない会社とではどのように違うか。また，株主名簿の書換請求を行うときに，どのような違いがあるか。

Q-15 特定株主からの自己株式の取得

　A株式会社は，公開会社だが非上場会社である。A会社は，同社の株主Bからの保有株式全部を買い取ってほしいとの申し入れに応じて，Bの株式すべてを有償で取得することにした。この場合に，A会社がBのみから株式を取得するために必要な，会社法上の手続と規制について説明せよ。

（参照：会計試令和2年）

[解説]
1. 自己株式取得に関する会社法の規制

　株式会社は，法定の事由に該当する場合に限り，当該会社の株式すなわち自己株式を取得することができる（会155条）。自己株式の取得事由は会社法155条各

号および会社法施行規則 27 条各号に列挙されており，本問の設例は，株主との合意により有償で会社が**自己株式を取得する場合**（会 155 条 3 号）に該当する。このとき会社は，①あらかじめ，株主総会で 1 年以内の期間を定めて自己株式を取得することを決定しなければならず（会 156 条 1 項），そのうえで，②前記の期間内に行われる現実の取得に際し，必要事項を決定しなければならない（会 157 条 1 項）。もっとも，法定の手続と財源規制に従う限り，会社はいつでも，どれだけでも自己株式を取得することができる。

　自己株式を有償で取得する場合，その費用は原則として分配可能額を限度とする（会 461 条 1 項 1 ～ 7 号。財源規制違反に対する制裁：会 462 ～ 465 条）。これは，分配可能額を超えて自己株式が有償取得されれば，資本金の額および準備金の額の減少手続（会 447 ～ 449 条）を経由しない出資払戻しが行われることになり，会社債権者が害されるだけでなく，企業の継続性が損なわれるおそれがあることによる。本問の設例における自己株式取得も財源規制の適用対象である（会 461 条 1 項 3 号）。

　自己株式の取得も剰余金の配当も，分配可能額を会社が株主に給付するという意味で，ともに同じ性質を持つ。それゆえ，機関と計算に関する一定の要件を充足する会社については，定款の定めを置くことで，取締役会決議をもって取得事項を決定することができるものとされており（会 459 条 1 項 1 号・同条 2 項），自己株式取得の決定手続（上記①にかかる部分）は剰余金配当の決定手続に類似している（会 459 条 1 項 4 号参照）。

　なお，本問の設例のような，特定の株主からの自己株式取得は，売付機会の付与に関して株主間の平等を欠くものであるため（ただし，売付けをしない株主は株式価値増加の恩恵を受ける），会社法は，一定の例外を除いて他の株主にも売付機会を確保するための手段を与えている。以下，本問の設例に従い，必要な一連の手続をみていくこととする。

2. 特定の株主からの自己株式の取得手続

　A 会社が B から自己株式を有償取得しようとする場合，上記①の手続として，(1)取得株式数（種類株式発行会社のときは種類および種類ごとの数），対価の内容・総額，取得をすることができる期間とともに（会 156 条 1 項各号），(2)当該事項を B のみに対して通知するものとする旨を，株主総会の特別決議をもって定めなければならない（会 160 条 1 項・309 条 2 項 2 号）。ちなみに，特定の株主から自己株式

を取得するのでないならば，上記(1)にかかる決定（会156条1項）は，株主総会の普通決議（会309条1項），または，機関と計算に関する一定の要件を充足する取締役会設置会社における，定款の定めに基づく取締役会決議（会459条1項1号・同条2項）をもってすることができる。

　Bは，投下資本の回収機会を排他的に与えられるという意味で，上記(1)および(2)にかかる株主総会決議について特別の利害関係を持つ。それゆえBは原則として，この株主総会において議決権を行使することができない（会160条4項本文）。

　B以外の株主は，A会社に対し，上記の株主総会において，上記(2)にかかる通知の相手方として自己を追加する旨の議案を提出するよう請求することができる（売主追加請求権：会160条1項。請求の期日：会社則29条）。他の株主らの売主追加請求に備えるため，公開会社であるA会社は，原則として株主総会の日の2週間前までに，株主（種類株式取得の場合は，取得対象となる株式の種類の種類株主）に対し，売主追加請求をすることができる旨の通知をしなければならない（会160条2項。通知の期日：会社則28条）。

　なお，本問の事例には該当しないが，売主追加請求権に関して次の特則がある。まず，次の4つの場合に，株主は売主追加請求をすることができない。それらは，①市場価格のある株式を市場価格以下の対価で取得するとき（会161条），②公開会社でない会社の株式であって一般承継されたものを取得するとき（会162条），③子会社から自己株式を取得するとき（会163条。子会社が保有する親会社株式の処分にかかる会135条3項参照），および④市場取引または公開買付けの方法により自己株式を取得するとき（会165条1項。その際，取締役会設置会社では，定款の定めにより，取締役会決議をもって自己株式取得にかかる授権が可能。同条2項）である。また，会社は定款で売主追加請求権を排除することができる（会164条1項）。ただし，この定款変更には対象となる株式にかかる株主全員の同意が必要である（同条2項）。

　上記(1)および(2)にかかる授権決議（会160条1項に基づく会156条1項の決議）が行われた後に，公開会社であるA会社がBから実際に自己株式を取得する際には，A会社は，取得株式数（種類株式発行会社のときは種類および種類ごとの数），取得する株式1株あたりの対価に関する事項，対価の総額，および株主からの譲渡申込みの期日を，取締役会の決議をもって定めなければならない（会157条1・同条2項）。なお，取締役会設置会社でない会社の場合は，業務執行機関がこれらの事項を定めることとなる。

Q-16　株式の併合

　A株式会社は，発行済みの普通株2株を1株にする株式の併合をしようと計画をしているが，株式の併合の意義はどのようなものか，およびそれを実行するための手続について説明せよ。

[解説]

1. 総　説

　株式の併合とは，数個の株式を併せて，従来よりも少数の株式とすることである（会180条1項）。出資単位を大きくするために行われる手続である。このような株式の併合の意義と手続を，以下で確認することとする。また，株式の併合は，支配株主が少数株主を締め出すために利用されることもある。少数株主の締め出しを目的とした株式の併合において問題となるのは，一株に満たない端数の処理により株主に交付することが見込まれる金銭の額（会社則33条の9第1号ロ参照。以下，「交付予定対価」とする）が不当である場合である。この点についても，末尾で簡単に触れることとする。

2. 意　義

　株式の併合は，出資単位を大きくするために，数個の株式を併せることにより，株式の数を減少させることに特徴がある。設問の場合，従来の2株を1株にする株式の併合が計画されている。この場合，1株のみ有する者は，株式の併合後は株主としての地位を失うことになる。このように，株式の併合が行われると，併合される数に満たない株式を有する者は不利益を受けるのである。

　株式の併合は出資を伴うものではない。そのため，設問の場合，出資を伴うことなく，従来の2株を1株に併合することができる。このように，出資を伴うことなく株式の数が減少することから，出資単位を大きくするために行われる。

3. 手　続

　まず，株主に対して，効力発生日の2週間前までに，併合に関する事項を通知・公告する必要がある（会181条）。次に，株式の併合が行われる前に，株式の併合に関する事項に関する書面等の備置き，閲覧等に供する必要がある（会182条の2）。そして，株式の併合が法令または定款に違反する場合において，株主が不利

益を受けるおそれがあるときは，株主は，株式会社に対し，当該株式の併合をやめることを請求することができる（会182条の3）。

　株式の併合は，株主にとって不利益を与える可能性があるので，特別決議が必要となる（会180条2項・309条2項4号）。なお，株式の併合にかかる特別決議において，効力発生日における発行可能株式総数も定める必要がある（会180条2項4号）。そのため，株式の併合後における発行可能株式総数は，上記の定め方によっては変更される場合がある（公開会社における制約について，同条3項参照）。

　また，株式会社が株式の併合をすることにより株式の数に1株に満たない端数が生ずる場合には，反対株主は，当該株式会社に対し，自己の有する株式のうち一株に満たない端数となるものの全部を公正な価格で買い取ることを請求することができる（会182条の4第1項）。

　なお，株式の併合後，株式の併合に関する書面等の備置きおよび閲覧等の制度もある（会182条の6）。

　上記のことから，設問の場合，株式の併合を行う株式会社は，①株主に対して，効力発生日の2週間前までに，併合に関する事項を通知・公告，②株式の併合が行われる前に，株式の併合に関する事項に関する書面等の備置き，閲覧等の機会を提供する。そして，③株式の併合について，株主総会の特別決議を経る必要がある。また，反対株主が存在する場合には，反対株主による買取請求権に応じる必要もある。株式の併合後，株式の併合に関する書面等の備置きも必要となる。

4. 交付予定対価が不当である場合

　少数株主の締め出しを目的とした株式の併合において，当該少数株主が交付予定対価が不当であると判断した場合には，当該少数株主は，その対抗手段として，①株式買取請求（会182条の4第4項）を行使する，②株式の併合をやめることの請求（会182条の3）を行う，③株式の併合にかかる株主総会決議が成立した後には，特別利害関係人である支配株主が議決権行使したため著しく不公正な決議がされた（会831条1項3号）として，決議取消しの訴えを提起する（同条1項），という方法がある。

> **関連問題**　**株式の消却**　　株式の消却は会社にとってどのような意義を有するか。また，その方法について説明せよ。

Q-17　株式の分割

　A株式会社の代表取締役Bは，取締役会において，株式の分割により発行済みの普通株式1株を2株にすることを提案したが，取締役Cから，株式の無償割当ての方法によってはどうかとの意見が出された。株式の分割と株式の無償割当てそれぞれの意義と両者の異同はどのようか。

[解説]

1. 総　説

　株式の分割は，発行済株式総数を増加させる効果がある。また，株式の無償割当ての効果も，発行済株式総数を増加させるものである。このように，株式の分割と株式の無償割当てのいずれも，発行済株式総数を増加させるという同じ効果があるのである。同様の効果を有する株式の分割と株式の無償割当ての法的な違いは何か，という点が問題となる。これらの2つの制度の法的違いをふまえたうえで，いずれの制度を選択するかを判断することは，実務上も重要となる。以下で，両者の意義を確認したうえで，その差異を分析することとする。

2. 意　義

　(1)　株式の分割　　株式の分割とは，同一の種類の株式について一定の割合で一律にその数を増加させることである（会183条・184条参照）。例えば，1株を2株に分割するものである。つまり，株式の分割前よりも株式の数を増加させるために，株式を細分化するものである。このため，株式の分割は，「株式の発行」（会828条1項2号）には該当しない。

　株式の分割は，発行済株式総数は増加するが，出資はないので会社財産や資本金の額に変動はない。このことから，出資単位を引き下げる効果があるとされる。そのため，既存株主の有する株式の数を増加させるだけであるから，（株式の併合と比べて）既存株主の利益を害さない。

　株式の分割には，次のような特徴がある。まず，①株式の分割は，上記のように株式の細分化として位置づけられるから，株式の分割に際して，自己株式を交付することはできない。次に，②自己株式についても，株式の分割の効力は及ぶと解されている。なぜなら，株式の分割による効力が及ばないとする明文の規定がないからである。したがって，株式の分割により自己株式の数も増加すること

になる。

　株式の分割により，定款が定める発行可能株式総数を超過することがありうる。そのため，会社法184条2項は，定款変更（会466条）の特則を設けて，株主総会の決議によることなく，株式の分割により増加する範囲内で発行可能株式総数を増加する定款変更ができる旨を定めている。

　(2)　**株式の無償割当て**　　株式の無償割当てとは，株主（種類株主を含む）に対して，「新たに払込みをさせないで」当該株式会社の株式の割当てをするものである（会185条）。この規定からもわかるように，株式の無償割当ては，新株を割り当てた場合には「株式の発行」に該当する。特徴として，次の3つを挙げることができる。まず，①割当てを受ける株式は，持株と同じ種類である必要がない。そのため，たとえば，A種類株式を有する株主に，B種類株式を割り当てることができる。次に，②株式の無償割当てにおいて割り当てられる株式に制約がないから，株式の無償割当てに際して，自己株式の交付も可能である。そして，③株式の無償割当てを受ける「株主」概念には，株式の無償割当てを行う当該会社は含まれない（会186条2項）。したがって，株式の分割と異なり，異なる種類の株式を割り当てることができるが，自己株式に対して株式の無償割当てを行うことができないことになる。

3.　株式の分割と株式の無償割当ての違い

　以上により，両者の違いは，次のとおりとなる。①株式の分割は「株式の発行」には該当しないが，株式の無償割当ては「株式の発行」に該当する場合がある。②株式の分割により自己株式の数は増加する。しかし，株式の無償割当てでは，自己株式の数が増加することはない。③株式の分割は，同一の種類の株式について一定の割合で一律にその数を増加させるのみである。これに対して，株式の無償割当ては，異なる種類の株式を割り当てることができる。④株式の分割では自己株式の交付は観念できないが，株式の無償割当てにおいては自己株式を交付することができる。

　関連問題　**単元株制度**　　単元株制度とはどのようなものか，およびその意義はどのようかについて説明せよ。

　A株式会社とB株式会社とは，A会社はB会社株式の20％，B会社はA会社株式の15％を保有し，株式を相互に保有する関係にある。このような場合に，会社法上では，何らかの規制が設けられているか。

[解説]

1. 問題の所在

　A株式会社とB株式会社は，株式の相互保有関係にある。この場合には，程度の差はあるが，子会社による親会社株式取得と同じく，資本空洞化の恐れがあるため，会社法は一定の規制をかけている。本問ではA会社はB会社の発行済み株式20％，B会社はA会社の発行済み株式15％を互いに保有しているが，どのような規制が及ぶだろうか。

2. 相互保有規制の意義

　株式会社が，他の会社（「会社等」［会社則2条3項2号］である場合に限る）の経営を実質的に支配することが可能な関係にある場合には，当該株主は，当該株式会社の株主総会で議決権を行使することができない（会308条1項本文括弧書，会社則67条）。かかる趣旨は，当該株式会社の経営陣が当該株主をコントロールして，当該株式会社の株主総会で経営陣の都合のいいように議決権を行使させるのを防止することにあるところ，「実質的に支配することが可能な関係」とは，当該株式会社の議決権の4分の1以上を有することをいう（会社則67条1項）と理解されている。すなわち，ある甲会社が他の乙会社の株式の25％以上を保有する場合，株式を25％以上保有されている乙会社は，甲会社の株式を保有していても，議決権行使をすることができない。

　この場合，「議決権の総数の4分の1」の算定にあたり，役員等の選任および定款変更に関し議決権を行使することができない株式は分子・分母から除外されるが，それ以外の議決権制限株式は分子・分母から除外されない。

3. 無議決権株式等

　本問においては，A会社はB会社株式の20％を保有し，B会社はA会社の株式を15％保有するとだけ記載されている。この場合，すべて議決権がある普通株

式のみであるか，という情報がないので，さらに検討する。すなわち，20％，15％の中に，議決権制限株式（会115条）や優先株式などの種類株式が含まれている場合がありうる。その結果，たとえばＡ会社の発行済み株式のうち，50％が議決権制限株式などが含まれている場合，たとえＢ会社が保有する株式が15％であっても，議決権行使することできる株式のうち15/50＝30％の持ち株比率となり，実質的に「議決権の総数の4分の1」に該当する可能性がある。

　逆に役員等の選任につき，仮にＡ会社またはＢ会社が全株譲渡制限会社であり，取締役および監査役の選任および解任につき，議決権を有する種類株式を発行することができる（会108条1項9号・同条2項9号，会社則19条）。この種類株式を発行した場合，取締役および監査役の選任・解任は各種類株式毎に行われ（クラスボーディング），全体の総会では行われない（会347条・329条1項）。この場合には，Ａ会社またはＢ会社がそれぞれＢ会社もしくはＡ会社の取締役・監査役の選解任に関する種類株式のうち，実質的に「議決権の総数の4分の1」を保有し，「実質的に支配することが可能な関係」に該当する可能性もある。

　つまり，本問の情報からは不明であるが，保有株式数が「議決権の総数の4分の1」に満たなくとも，「実質的に支配することが可能な関係」に該当するか否か，検討する必要があり，その検討なしには「実質的に支配することが可能な関係」に該当する可能性が判断できないこととなる。

4. 本件について

　本問において，Ａ会社・Ｂ会社の両社は，お互いの発行済み株式数のうち25％に満たない株式を相互に保有しているが，全株式のうち，議決権が制限されている株式がある場合など，相互保有株が，「実質的に支配することが可能な関係」に関し，行使できる議決権数に対しての割合が「議決権の総数の4分の1」を超えるような事情があれば，保有株式数が25％を超えなくても，上記のような制限を受けうる。これは，会社法が相互保有の規制について，実質的な支配権を重視する表れであるといえよう。

> **関連問題**　**一株一議決権の原則**　　株式会社の株主総会における株主の議決権の行使について，一株一議決権の原則とは何か，また，この原則の例外として，議決権が認められない制度ついて説明せよ。

コラム 3-1　証券取引所の上場基準と株式上場

1.　株式の上場と上場基準

　金融商品取引所は，その業務規程において，その開設する取引所金融商品市場ごとに，有価証券の売買にかかる上場および上場廃止の基準および方法に関する細則を定めなければならない（金商 117 条 1 項 4 号）。東京証券取引所は，有価証券上場規程を制定して，市場区分に対応して，株式の新規上場にあたり，上場申請を行う発行会社が満たすべき基準，および上場廃止の基準を定めている。

　東京証券取引所は，令和 4 年（2022 年）4 月から，株式市場を，プライム市場，スタンダード市場，およびグロース市場の 3 つに区分している。なお，他に，いわゆるプロ投資家（特定投資家）向けの市場として，Tokyo Pro Market がある。3 つの市場区分は以下のようである。

　①プライム市場は，多くの機関投資家の投資対象となりうる規模の時価総額（流動性）を持ち，高いガバナンス水準を備え，投資家との建設的な対話を中心に据えて持続的な成長と中長期的な企業価値の向上にコミットする企業向けの市場である。

　②スタンダード市場は，公開された市場における投資対象として一定の時価総額（流動性）を持ち，上場企業としての基本的なガバナンス水準を備えつつ，持続的な成長と中長期的な企業価値の向上にコミットする企業向けの市場である。

　③グロース市場は，高い成長可能性を実現するための事業計画およびその進捗の適時・適切な開示が行われ一定の市場評価が得られる一方，事業実績の観点から相対的にリスクが高い企業向けの市場である。高い成長可能性を持つ会社向けの市場である。

2.　上場基準

　東京証券取引所の有価証券上場規程および有価証券上場規程施行規則は，上場基準，上場維持基準および上場廃止基準について定めている。

　株式の上場にあたっては，譲渡制限株式については上場は認められず，上場申請株式について譲渡制限を行っていないことが原則である。上場株式について譲渡制限を行うこととした場合には，上場廃止基準に該当することになる。

　形式的な上場基準としては，プライム市場では，株主数 800 人以上，流通株式数については株式数 2 万単位以上，流通株式時価総額 100 億円以上，流通株式が上場株券等の数の 35％以上，時価総額については上場時 250 億円以上の見込み，純資産額については連結純資産額が 50 億円以上，最近 2 年間の利益の額の総額が 25 億円以上などであり，最近 2 年間の有価証券報告書等に虚偽記載がないこと，最近 2 年間の財務諸表等の監査意見が「無限定適正」または「限定付適正」であることなどである。ス

タンダード市場では，株主数400人以上，流通株式数2,000単位以上，最近1年間の利益額1億円以上などである。さらに，プライム市場・スタンダード市場の上場会社には，コーポレートガバナンス・コードの基本原則・原則・補充原則について，各原則を実施するか，または実施しない場合にはその理由を記載したコーポレート・ガバナンスに関する報告書を提出する必要がある（**Q-4**解説参照）。

グロース市場では，株主数，流通株式数等は軽減されているが，上場審査にあたっては，「高い成長可能性」の審査が重要なポイントとなる。

さらに，有価証券上場規程では，市場区分に応じて，上場会社が継続的に維持することを要する上場維持基準が定められている。たとえば，プライム市場では，株主数800人以上，流通株式数2万単位以上，流通株式時価総額100億円以上，流通株式数が上場株券等の35％以上であることのほか，日次平均売買代金が0.2億円以上であること，純資産額が正であることとされている。この上場維持基準に不適合の場合には直ちに上場廃止基準に該当するわけではなく，一定の期間内の是正の猶予措置が定められている。

3．上場廃止基準

有価証券上場規程では，上場廃止基準として，上場維持基準に適合しなくなった場合に，1年以内に改善されないとき，銀行取引の停止，破産手続・再生手続・更生手続が必要になった場合，事業活動の停止，不適当な合併等を行った場合，支配株主との取引に関する健全性が毀損されている場合（第三者割当により支配株主が移動した場合）などのほか，有価証券報告書または四半期報告書の提出遅延，有価証券報告書に虚偽記載を行った場合で，直ちに上場を廃止しなければ市場の秩序を維持することが困難な場合等が挙げられている。

4

募集株式の発行

　A株式会社は，募集株式の発行を行うことを検討しているが，その方法として，公募による場合と株主割当てまたは第三者割当てによる場合とでどのような違いがあるか。

[解説]

1. 問題の所在

　株式会社が成立後に，資金調達をする方法の一つに募集株式の発行があり，新たな株式を発行することで，引き受けた者から金銭等の払込みを受けて資金を調達することができる。会社法はこの手続につき，199条以下の詳細な規定を置いているが，募集株式の発行も自己株式の処分も，いずれも株式の引受けを募集し，また，引き受けた者から金銭等の払込みを受けて，株式を交付するという点で実質的に同一に取り扱うべきであるとして，募集株式の発行に関する規定が自己株式の処分にも適用される。

　設立後に株式を新たに発行することは，新たな社員の地位を創設することでもあるから，第三者に対して株式を発行する場合に，既存株主と新株主との間で利害調整を必要とする。たとえば，第三者に対して発行される株式の価値が安価であると，既存株主が保有する株式の経済的価値が希釈化され，既存株主から新株主にいわば利益の移転が起こる（有利発行の問題）。

　あるいは，第三者に対して株式を大量に発行すると，既存株主の持分比率が大幅に低下することから，既存の支配にかかる利益の保護が問題となる（不公正発行の問題）。

　一般的に，募集株式の発行には，株主割当て，第三者割当て，および公募の3つの方法があり，以下，それぞれの意義を確認したうえで，差異を分析することにする。

2. 意　義

　(1)　公募（時価発行）　　公募とは，株主に株式の割当てを受ける権利を与えないでなされる募集株式の発行等のうち，不特定多数の者に対し引受けの勧誘をする方法であり，通常，上場会社または株式の新規公開をしようとする会社が市場価格のある株式を対象に行う。払込金額は，株主に損害を与えないよう，市

場の時価またはそれを若干下回る金額と定められるため，時価発行とも呼ばれる。

　公募は支配株主の異動を伴うことが実際にほぼありえない点を除いては，会社法上，第三者割当てと差異はない。

　（2）　**株主割当て**　　株主割当ては，すべての株主にその持株割合に応じて株式を割り当てる権利を与える方法である（会202条）。上場会社等以外の会社の募集株式の発行等は，各株主が持株比率の維持に関心を有すること，および株式に市場価格がないので他の方法をとる場合に必要な公正な払込価額の決定が困難であることから，通常は株主割当ての方法により行われる。最近は，主に閉鎖型のタイプの会社が利用するケースが多くなっているという。

　（3）　**第三者割当て**　　株主に株式の割当てを受ける権利を与えない形でなされる募集株式の発行等のうち，縁故者に対してのみ募集株式の申込みの勧誘および割当てを行う方法が第三者割当てである。募集株式が譲渡制限株式であれば株主総会・種類株主総会の特別決議により，公開会社の譲渡制限株式以外の株式であれば取締役会の決議により（会201条1項），これを行うことができる。

　実際には，募集株式の引受人との関係強化（業務提携や経営参加等）を目的とする場合や会社の業績が不振なため特定の大株主以外の者による募集株式の引受けが期待できない場合のときに行われるのが一般的である。払込金額が募集株式の引受人にとって，特に有利な金額である場合には，募集株式が公開会社の譲渡制限株式以外でも，株主総会の特別決議を要する（会201条1項・199条3項）。

　公開会社において，募集株式の引受人が総株主の議決権の2分の1を超える株式を保有する結果となる第三者割当てを行う場合には，会社支配への影響が生ずるので，議決権の10分の1以上を有する株主が反対の通知をしたときは，会社は原則として，株主総会の普通決議を経なければならない（会206条の2）。

　関連問題　**募集株式の発行等の制限**　　会社法199条では，株式会社の「募集株式の発行」として，新株の発行と自己株式の処分とについて，同じ法的規制がなされているが，その理由はどのようか。

Q-20 貸付金による払込み

　A株式会社は，取締役会設置会社ではない。株主はB，C，Dの3名で，Bが代表取締役である。株主総会において，（ア）募集株式50株を，1株の払込金額10万円で発行すること，（イ）Cは50株を引き受け，現金で払い込むことを決議した。

　上記の場合において，Cは出資を行うだけの十分な資産を持っていないことから，Cは，A会社から，500万円を借り受けて，当該金員全額（500万円）を払込みに充てたが，この払込みの効力とこれに関するCの責任について説明せよ。

（参照：会計試平成30年）

[解説]

1. 問題の所在

　Cの払い込んだ金員はA会社の資金によるものであり，Cは実質的には経済的な出捐をしたということはできず，また，A会社も会社財産の充実が行われたということはできないから，仮装による出資の履行といえる。この場合の，払込みの効力とCが引き受けた50株の株式の効力，ならびにCの法的責任（会213条の2第1項1号）が問題となる。

2. 募集株式の発行等における仮装払込みの場合の法律関係

　(1) 会社資金による払込み　　本問の募集株式を引き受けたCの払込みが，A会社から貸し付けられた金銭をもって行われている。会社資金による払込金額の払込みは，見せ金ないし仮装払込みの一態様であり（東京高判昭和48・1・17高民集26巻1号1頁，最決平成17・12・13刑集59巻10号1938頁，東京地判平成18・5・25判時1941号153頁），払込みの私法上の効力は無効であると解するのが通説（江頭憲治郎『株式会社法〔第8版〕』84頁（有斐閣，2021年））および判例（最決平成3・2・28刑集45巻2号77頁［判百101］）の見解である。

　このように，仮装払込みが行われた場合，払込みが無効であることにつき，判例・学説上，ほぼ異論はみられないが，そのことが募集株式の発行等の無効事由または不存在事由となるかどうかについては議論があったところ，平成26年（2014年）改正により，会社法が仮装払込みを行った株式引受人およびこれに関与

した取締役・執行役の義務を定める規定を新設した（会213条の2・213条の3）。

　（2）　**本問募集株式の発行の効力**　　　払込欠缺の場合における取締役・執行役の引受・払込担保責任を法定していた平成17年（2005年）改正前商法（旧商法280条ノ13）下での判例として，当該株式発行の効力を有効とするものがある（最判平成9・1・28民集51巻1号71頁[判百24]）。学説上は，平成26年（2014年）改正時に取締役等の引受・払込担保責任を廃止した会社法のもとでも，これを先例と捉え，同様に解する見解が提唱されてきた（江頭・前掲書810頁）。

　これに対し，平成26年改正前の会社法上の解釈として，取締役・執行役の引受・払込担保責任を廃止した会社法下での解釈としては，見せ金が行われ払込みが無効とされた募集株式の発行等の効力は，無効と解すべきとする説（東京地方裁判所商事研究会編『類型別会社訴訟Ⅱ〔第3版〕』627頁〜628頁，631頁〜632頁（Q56）（判例タイムズ社，2011年））や，当該募集株式の発行等の効力は不存在と解する説も有力であった。

　しかし，平成26年改正会社法は，出資の払込み等を仮装した募集株式引受人の払込金全額・出資財産の価額に相当する金額全額の支払義務を新たに法定するとともに（会213条の2。新株予約権行使時の払込み等についても同様。会286条の2第1項），当該義務の履行を行わない限り仮装払込者の株主の権利が停止する旨，および当該仮装払込者から善意・無重過失で株式を譲り受けた者の手元で株主権停止が解除され，株主としての権利行使が可能となる旨を規定する（会209条2項・同条3項・282条2項・同条3項）。あわせて，会社法は，仮装払込み等の場合の関与取締役等の仮装払込相当額の支払義務も法定する（会213条の3・286条の3）。

　こうした改正法の経緯を考えると，現行会社法下では，見せ金による払込みは無効と解されるにしても，募集株式の発行等の効力までは無効または不存在となることが予定されていないというべきであり，出資の履行が仮装された募集株式の発行等の効力は依然として有効と解さざるをえないであろう（江頭・前掲書810頁，伊藤靖史ほか『会社法〔第5版〕』337頁（有斐閣，2021年））。

　（3）　**Cの責任**（会213条の2第1項）　　　出資の履行を仮装した募集株式の引受人であるCは，A社に対し，払込みを仮装した払込み金額の全額の支払義務を負う（会213条の2第1項1号）。この義務は総株主の同意があれば免除することができる（同条2項）。そして，Cが上記の支払義務をA会社に対して果たすまでは，Cは引き受けた50株について株主の権利を行使することができない（会209条2

項）。

関連問題 **仮装払込株式の譲渡の効力**　本Ｑにおいて，仮にＣが引き受けたＡ会社株式を知人のＥに譲渡したとすると，ＥはＡ社に対して株主としての権利を行使できるか。

Q-21　有利発行

　公開会社であるＡ株式会社の代表取締役Ｂは，Ｃへの第三者割当て増資を計画しているが，その際，普通株式１万株を発行価額１株4,000円として発行しようと考えている。しかし，現在のＡ会社の株価から算出される公正な新株発行価額は１株7,000円程度であり，この場合にＢは会社法上どのような手続をとる必要があるか。

［解説］

1. 問題の所在

　設立後に株式を新たに発行することは，資金調達の目的を達成するとともに，新たな社員の地位を創設することでもあるから，第三者に対して株式を発行する場合に，既存株主と新株主との間で利害を調整する必要がある。たとえば，第三者に対して発行される株式の価値が安価であると，既存株主が保有する株式の経済的価値が希釈化され，既存株主から新株主にいわば利益の移転が起こる（いわゆる有利発行の問題）。

　本問では，Ａ会社が第三者割当てによりＣに１株4,000円で株式を発行しようとしているが，現在のＡ会社の公正な発行価額は7,000円であることから，有利発行にあたるかどうかが問題となる。また，これに該当する場合，会社法上いかなる手続をとらなければならないかが問われている。

2. 有利発行の問題

　(1)　「特に有利な金額」の意味　一般的に払込金額が募集株式の引受人に特に有利な金額に該当するか否かは，公正な金額を基準として，著しく低い金額で発行されているかによって判断される。この公正な金額とは，通常は株式の時価を意味し，市場価格の有無によって異なり，上場株式のように，市場価格が存

在する場合，裁判所はそれを参照する。しかし，市場価格がない株式の場合は，時価の算定を行うために，株式の評価を行う必要があるが，最高裁は，どのような評価手法を用いるかにつき，裁判所の合理的な裁量に委ねられるとして，特定の評価方式を強制するのではなく，複数併用して評価することが一般的である（最決平成27・3・26民集69巻2号365頁［判百88]）。

　株式の評価方法としては，理論上は，配当還元方式，収益還元方式，類似会社比準方式，純資産額方式，DCF（ディスカウント・キャッシュ・フロー）法等があり，詳細は省くが，学説上は，DCF法が最も合理的な評価方式であると考えられている。

　市場価格のある株式の公正な金額とは，判例によれば，募集株式の効力発生日に最も近接した日の当該株式の市場価格を指し，公正な払込金額を定めるにあたっては，払込金額決定前の株価，この株価の騰落習性，売買出来高の実績，会社の資産状態，収益状態，配当状況，発行済株式数，新たに発行される株式数，株式市況の動向，そしてこれらから予測される新株の消化可能性等の諸事情を総合して決定することを認めたうえで，既存株主の利益と会社が有利な資本調達を実現するという利益との調和を求めている（最判昭和50・4・8民集29巻4号350頁）。

　実務的には，日本証券業協会が自主ルールで定める，発行決議前日の市場価格に0.9を乗じた額以上の額であれば公正な価額であるという基準が一般的なものとされている。

　本問では，A会社は，第三者割当てによりCに普通株式1万株を4,000円で発行しようとしているが，現在のA会社の株価から算出される公正な新株発行価額は1株7,000円であるから，四割以上安い発行価額であり，公正な価額から著しく低い発行価額であるといえ，したがって，A会社の新株発行は有利発行にあたるといえる（会199条3項）。

　(2)　**有利発行の手続**　　　　株主割当て以外の方法で募集株式の発行を行い，これが有利発行に該当する場合，公開会社か否かを問わず，株主総会の特別決議を経なければならない（会199条1〜3項）。そして，取締役は株主総会において，当該払込金額により募集を行うことを必要とする理由を説明しなければならない（会199条3項・201条1項）。

　本問においては，前述したように有利発行にあたるから，A会社の代表取締役Bは，株主総会を招集し，募集事項の決定をする際に，Cに対して，公正な発行価額（7,000円）より著しく低い価額（4,000円）で第三者割当てにより株式を発行

する理由を説明し，特別決議を経なければならない（会296条第3項・199条1項・同条3項・309条第2項5号）。

Q-22　新株発行の差止めと無効

株式会社における新株発行の差止めと新株発行の無効の主張に関して，①それぞれの目的と主張方法について説明せよ。また，②新株発行の差止事由と無効事由の違いについて説明せよ。

（参照：会計試平成17年）

[解説]

1.　問題の所在

会社法は，募集株式の発行等の手続または内容に瑕疵があった場合，これを争う方法として，株式の効力が発生する前後で分けて，それぞれ法的措置を用意している。具体的には，効力が発生する前は株主の募集株式の発行差止請求権（会210条）が，効力発生後には新株発行無効の訴え（会828条1項2号）が用意されている。

①はそれぞれの目的と方法について問うが，差止めは会社（取締役）の不公正な新株発行を株主が阻止するためのものであるが（会210条），無効は新株発行の効力が生じた後の旧株主の保護のみならず，新株主および第三者の利益保護を考えて設けられた制度といえる（会828条1項2号）。②は，それぞれの目的をふまえて，たとえば法令・定款に違反する事項であっても，それが差止事由に該当するのか，または無効原因に該当するのか，両者間の解釈の違いを正確に理解しているかが重要である。

1.　意　義

(1)　募集株式の発行差止請求権（会210条）　　募集株式の発行に何らかの瑕疵がある場合，その効力が発生する前に手続を差し止めるのが最も簡便かつ合理的である。この場合，取締役の行為の差止請求権（会360条）を利用することも考えられるが，会社に何らかの損害が生じていることが権利行使の要件とされており，募集株式の発行の場合，株主には損害が発生していることがあっても，会社には資金が入ってくるので損害が発生しているとは言い難い。

そこで，会社法はこれとは別に，募集株式の発行差止請求権（会210条）を用意している。この請求権を行使するためには，①募集株式の発行が法令・定款に違反すること（同条1号），または，著しく不公正な方法によるものであること（同条2号），②当該株式発行により，株主が不利益を受けるおそれがあることを要する（同条柱書）。

募集株式の発行手続においては，その決定から効力発生までの期間が短いことが通常であるから，実務においては，この請求権を本案として，募集株式発行の差止仮処分を申し立てることが行われる（民保23条2項）。

(2) 新株発行無効の訴え（会828条1項2号）　瑕疵ある募集株式の発行により，自らの持株比率が大きく低下させられ，支配にかかる利益が損なわれた株主は，民事上の責任追及（会212条1項1号・同2号・213条1項・213条の2第1項）では，経済的損害の回復が主となるから，十分な救済を受けられないことがある。そこで，会社法は，事後に募集株式の発行を争う方法として，新株発行無効の訴えの制度を用意している（会828条1項2号）。

新株発行無効の訴えの原告適格は，株主，取締役，または清算人に限られる。監査役設置会社においては監査役，指名委員会等設置会社においては執行役も認められる（会828条2項2号）。被告となるのは会社である（会834条2号）。提訴期間は，発行の効力が生じた日から6か月以内（非公開会社は1年以内）である（会828条1項2号）。なお，株式発行の無効は，訴えをもってのみ主張できる（会828条1項柱書）。発行無効の判決は形成判決であり，確定してはじめて当該発行は効力を失う。確定判決は第三者に対しても効力を有する（片面的対世効。会838条）。株式発行を無効とする判決については，判決の遡及効が制限される（会839条）。

株式発行を無効とする判決が確定した場合，会社は払込みを受けた金銭等について，判決確定時の当該株式にかかる株主に対し支払を行わなければならない。そして，株券発行会社である場合は，会社の側から当該株主に対して株券の返還を請求することができる（会840条1項・841条1項）。

(3) 差止事由と無効事由の差異　募集株式発行の差止事由として，募集株式の発行が法令定款違反にあたる場合として，募集事項の決定，募集株式の申込みと割当て，ならびに出資の履行の各手続に違反する場合等が挙げられる（会210条1号）。たとえば，有利発行にあたるにもかかわらず，株主総会特別決議を経ていない場合や，定款に定めた株式の割当てを受ける株主の権利を無視する場合等である。

また，募集株式の発行が著しく不公正な方法により行われる場合とは，不当な目的を達成する手段として，行われる場合を指す（会210条2号）。不当な目的とは，具体的には，経営陣と株主，あるいは多数派株主と少数派株主との間で支配権をめぐる争いがあるときに，この支配権の帰趨に影響を与える目的で株式発行を行うような場合である。

　募集株式の発行が行われるときに，既存株主が不利益を受けるおそれとは，たとえば，有利発行のように株式の価値の希釈化により経済的不利益を受ける場合，あるいは不公正発行の場合に議決権の希釈化により支配にかかる利益が損なわれる場合などである。

　会社法は，新株発行無効の訴えにつき（会828条1項2号），具体的な無効事由を定めていないが，いったん有効に募集株式が発行された場合，これを前提に会社の利害関係者の法律関係が構築されていくから，一般的には，定款の授権資本を超過する株式発行や定款の定めのない種類の株式発行といった，重大な法令・定款違反の場合に限って無効事由になると解されている。

　仮装払込みがあったことが無効事由になるかについては，見解が分かれており，有力説では，株式引受人や取締役等に対する責任追及により解決できるから，無効事由にならないと考えられる。

　また，法定の決議機関（株主総会・取締役会）の決定を欠くことが無効事由になるかについては，判例は募集株式の発行は業務執行に準じる行為であり，代表権ある者が行った以上，内部的な意思決定を欠いていても株式は無効とはならないと解している（最判昭和36・3・31民集15巻3号645頁，最判昭和46・7・16判時641号97頁［判百22］）。

　しかし，近年，会社法においては，公開会社と非公開会社の区別が行われ，非公開会社においては取引安全を考慮する必要性は低く，かつ，募集株式に株主総会の特別決議を要求するのは既存株主の持株比率の保護を重視していることを考慮し，非公開会社においては，内部的意思決定を欠く株式発行を無効事由と解されることとなった（最判平成24・4・24民集66巻6号2908頁［判百26］）。

　さらに，著しく不公正な方法による募集株式の発行は，公示がされた場合，差止請求訴訟が提起されれば（実際は仮処分の申立て），その請求が認められるし，仮に，差止判決や仮処分を無視して発行がなされたら，これは無効事由となる（最判平成5・12・16民集47巻10号5423頁［判百99］）。

　差止事由があったにもかかわらず，公示がなされなかったために差止請求の機

会が株主に与えられなかった場合，判例は，このことは無効事由にあたるとする（最判平成9・1・28民集51巻1号71頁［判百24］）。

　新株発行が効力を生じるまでの間は，募集株式の発行に瑕疵がある場合に，広く差止めを認めても支障はないが，いったん新株発行が効力を生じた後は，事情を知らない関係者も多数存在するうえ，株式の流通という取引の安全を保護する必要があるので，あまり広い範囲で新株発行の効力を否定することは認められるべきではないというのが，会社法の基本的な考え方であり，差止事由と無効事由を解釈するうえで大きな違いとなる。

Q-23　デット・エクイティ・スワップ

　A株式会社は，公開会社であり，発行可能株式総数は10万株，発行済株式の総数は4万株である。A会社は，A会社に対して弁済期日未到来の5億円の金銭債権を有するB株式会社に，この債権を利用して，募集株式1万株を発行することとして，払込金額を一株5万円と決めて，B会社の了解を得た。なお，当該払込金額5万円は，B社に特に有利な金額ではない。

　この場合に，A社はどのような方法で募集株式を発行することになるか，また，会社法上必要となる手続はどのようか。

（参照：司法予備試平成29年）

［解説］
1. 問題の所在

　本問は，A会社がB会社の自社に対する金銭債権を利用して，債務の弁済に代えて募集株式を発行しようとする場合であり，いわゆるデット・エクイティ・スワップ（以下，DESとする）に該当する。その意義と関係する規定の適用が問題になる。

2. DESに関する会社法の規制

　(1)　**DESの意義**　　　DESとは，債権者と債務者の合意により，債権を株式に転換する取引をいう。債務者会社が財務的に困難な場合に，債権者の合意を得た再建計画等の一環として行われることが多い。あわせて債権者が会社に対する債権を一部放棄する場合も含まれる。財務上の危機に瀕している会社の再建にと

って，負債をこの手法により縮減または消滅させることは有益である。会社債権者にとっては，この場合には，自己の債権を当該会社の株式に振り替えるため，企業破綻の場合に他の債権者より劣後するリスクを引き受けることになるが，将来，債権額相当を回収できる可能性もあるので，単純な債権放棄より魅力的である。

(2) 募集株式の発行とDES

① **発行会社による決定**　A会社は公開会社である。A会社は，B会社を唯一の引受人として第三者割当により募集株式を発行しようとしている。A会社の発行可能株式総数は10万株であり，発行済株式総数は4万株であるから，今回発行する募集株式数は1万株なので，授権資本の枠内である。また，設問では，本募集株式の発行は，引受人であるB会社にとって特に有利な払込金額により発行する有利発行の場合に該当しないとされている。

A会社は，取締役会の決議により（会201条1項），募集株式の数，募集株式の払込金額，金銭以外の財産を出資の目的とする旨およびその内容・価額，増加する資本額等の募集事項を決定し（会199条1項），次いで，株主に対して当該募集事項を通知または公告することを要する（会201条3項・同条4項）。なお，発行会社が非公開会社である場合には，募集事項の決定は株主総会の特別決議による（会199条2項・309条2項5号）。指名委員会等設置会社では，取締役会は決定を執行役に委任できる（会416条4項）。

② **金銭債権の出資に関する特則**　B会社の金銭債権による出資に関しては，現物出資財産が当該会社に対する金銭債権である場合に，検査役調査は不要とされている（会207条9項5号）。それが認められる要件は，(a)現物出資財産である金銭債権の評価額が当該債務の帳簿価額を超えないこと，および，(b)当該金銭債権の弁済期が到来していることである。弁済期が到来している金銭債権の場合には債務者が弁済しなければならない価額は確定しており，評価の適正性について特段の問題は生じないと考えられるためである。(b)の要件については，債務者会社において，期限の利益を放棄することにより，弁済期の到来の要件を満たすことができる。

本問では，債権者であるB会社が弁済期日未到来の額面5億円の金銭債権を出資することで(a)の要件を満たし，債務者であるA会社が期限の利益を放棄していると解されるから(b)の要件も満たされている。また，本問では，1株あたり払込金額5万円は，B会社にとり特に有利な金額ではないとされている。そこで，

本件は有効な DES と解される。

　　(3)　**券面額説と評価額説**　　本問では，金銭債権の価額と募集株式の払込金額との関係で有利発行には該当しないとされているが，この論点に関連する問題として，DES における金銭債権の評価は実質価値で評価されるべきか（評価額説），または，債権の名目額で評価されるべきか（券面額説）の対立がある。仮にDES にあたり検査役調査を必要とすると，評価額説をとるときは，債務超過の状態にある財務状況の悪い会社に対する債権を評価するという困難な作業を行うことになるが，券面額説はこれを回避できる。(2) ②で説明した会社法規定は券面額説と整合すると解してよい。

　DES にあっては，財務状況の悪い会社に対する債権の評価と当該会社の株式の価額の評価が問題になり，その決め方によっては既存株主の利益を損ないかねず，発行新株の数しだいでは有利発行の問題が生じうるとされるが（神田秀樹『会社法〔第24版〕』163頁（弘文堂，2022年）），財務状況が厳しく利害の複雑に絡み合った困難な経営環境下では，有利発行か否かの評価にあたり，再建を目指す会社経営者に幅広い経営裁量権を認めてよいと考えるべきであろう。

コラム 4-1　上場会社による募集株式の発行に関する金商法上の開示規制

1. 募集株式と金融商品取引法の「有価証券の募集」

　上場会社とは，金融商品取引所に上場されている有価証券を発行している会社である（金商24条1項1号参照）。募集株式の発行は，自己株式の処分と異なり，新規に金融商品取引法上の有価証券である株式（金商2条1項9号参照）を発行するものである。また，上場会社の発行する株式は，流動性の高い，金融商品取引法上の「第一項有価証券」（金商2条3項括弧書）に該当する（金商2条1項9号）。

　新たに有価証券を発行することは，金融商品取引法上の「有価証券の募集」（金商2条3項）に該当する。そのため，上場会社が募集株式を発行する場合には，「有価証券の募集」に該当することから，有価証券届出書の提出（金商5条1項）と目論見書の作成（金商13条1項）・交付（金商15条2項）が必要となる（発行開示）。

2. 少人数私募と上場会社による募集株式の発行

　金融商品取引法上，少人数の者（50名未満。金商令1条の5参照）のみを対象とする取

得の申込みの勧誘には，有価証券届出書の提出義務が課されないのが原則である（金商2条3項1号・同2号，金商令1条の5参照。少人数私募）。しかし，留意すべきは，上場会社が募集株式を発行する場合，株主割当てにおいて相手方が1名であるときや，第三者割当て（株主以外の限られた第三者のみに対して，募集新株の申込みの勧誘と割当てを行う募集新株の発行方法）において，その相手方が1社であるときであっても，有価証券の取得勧誘の対象者が少人数であるときに発行開示を免除する少人数私募の例外は適用されないため，有価証券届出書の提出と目論見書の作成・交付が必要となる点である。文理上の理由として，少人数私募の転売制限が適用されるためには，当該株券等の発行者が，金融商品取引法24条1項各号のいずれかに該当するものを既に発行している者でないことが前提となるが（金商令1条の7第2号イ），上場会社は，金融商品取引所に上場されている有価証券（金商24条1項1号）を既に発行していることが挙げられる。また，実質的な理由としては，金融商品取引所に上場されている有価証券は流動性が高いので，少人数の取得であっても，当該取得者が直ちに多数の者に転売することが容易であることが挙げられる。

3. 有価証券届出書

　提出された有価証券届出書は，EDINETを通じて，公衆縦覧に供される（金商25条）。有価証券届出書には，①証券情報や②企業情報が記載される（企業内容等開示府令第2号様式などを参照）。特に，重要なのは，証券情報に属する「手取金の使途」である。この内容として，「提出者が取得する手取金の使途を設備資金，運転資金，借入金返済，有価証券の取得，関係会社に対する出資又は融資等に区分し，手取金の総額並びにその使途の区分ごとの内容，金額及び支出予定時期を具体的に記載すること」などが求められている（企業内容等開示府令第2号様式・記載上の注意(20)）。有価証券の募集において発行者が取得する手取金をどのように使用するかは，発行者の企業価値にも影響を与える可能性があり，ひいては，当該有価証券の価値にも影響を与えうる。そこで，有価証券の募集によって得られた「手取金の使途」が，有価証券の募集に応じる投資者の投資判断にとって，重要な情報となるのである。

　また，第三者割当てについても，記載上の特則がある。すなわち，「第三者割当の場合の特記事項」があるのである（企業内容等開示府令第2号様式）。特に，「発行条件に関する事項」については，「発行価格の算定根拠及び発行条件の合理性に関する考え方を具体的に記載すること」や，第三者割当による有価証券の発行が会社法に定める有利発行に該当するものと判断した場合には，「その理由及び判断の過程並びに当該発行を有利発行により行う理由を具体的に記載すること」が求められている（企業内容等開示府令第2号様式）。記載上の注意(23-5)）。この趣旨は，濫用的な第三者割当てを開示制度を通じて防止する点に求められる。

4. 目論見書の作成・交付

　目論見書とは，有価証券の募集もしくは売出し等のために当該有価証券の発行者の事業その他の事項に関する説明を記載する文書であり，相手方に交付し，または相手方からの交付の請求があった場合に交付するものをいう（金商2条10項）。目論見書は，有価証券届出書と異なり，投資者に直接交付される点に特徴がある。

　上場会社が募集株式を発行する場合，当該上場会社が募集の対象となる有価証券の発行者となるので，目論見書を作成しなければならない（金商13条1項）。また，上場会社自らが投資者を勧誘して有価証券を募集により取得等させる場合には，上記の目論見書をあらかじめまたは同時に交付しなければならない（金商15条2項。なお，多くの場合，金融商品取引業者である証券会社に募集を委託するものと思われる）。目論見書の記載内容は，基本的に有価証券届出書の記載内容を記載することになる（金商13条2項1号イ）。

5. 自己株式の処分と金融商品取引法上の「取得勧誘類似行為」

　会社法上，自己株式の処分は，募集株式の発行と同じ規律が適用されている（会199条）。しかし，自己株式は，既発行の有価証券である。金融商品取引法では，既発行の有価証券について売付けの申込みまたはその買付けの申込みの勧誘を行うことを「売出し」（金商2条4項）という「募集」とは異なる概念で把握している。しかし，会社法では同一の規律に従う募集株式の発行と自己株式の処分を，金融商品取引法では異なる取扱いをすることは適切ではない。そのため，自己株式の処分は，取得勧誘類似行為（金商2条3項，定義府令9条1号）として規定することにより，有価証券の募集と同様の規律が適用される。

コラム4-2　不公正発行と主要目的ルール

　会社法は授権資本制度のもとで，公開会社の場合，取締役に認められた経営権限の行使として，割当自由の原則に従い，取締役会の決定で第三者割当てによる新株発行を行うことを認めている（会199条1項・201条1項）。

　募集株式の発行が著しく不公正な方法（会210条2号）により行われるというのは，不当な目的を達成する手段として行われる場合を指し，不当な目的とは，経営陣と株主，あるいは多数派株主と少数派株主との間で支配権をめぐる争いがあるときに，支配権の帰趨に影響を与える目的で株式発行を行う場合を指すと考えられている。

　募集株式が著しく不公正な発行にあたるかどうかが裁判において争われるときは，会社は資金調達という正当な事業目的を主張し，持株比率に重大な影響を受けるおそ

れがある株主は，支配権の帰趨への影響という不当な目的の存在をそれぞれ主張することになる。このようなときに，複数の目的や意図のうち，いずれが優先するか，すなわち主要な目的は何かについて検討するのが下級審裁判例の立場である。これを主要目的ルールといい，「会社において，支配権の争いがある場合に，従来の持株比率に重大な影響を及ぼすような新株が発行され，それが第三者に割当てられる場合，その新株発行が特定の株主の持株比率を低下させ現経営者の支配権を維持することを主要な目的としてなされたものであるときは，その新株発行は不公正発行に当たる」と判示されている（東京地決平成元・7・25金判826号11頁）。

したがって，株主は不当な目的や意図が優越することを証明しなければならず，仮処分事件においては疎明すべきことになる。

また，このルールによると，資金調達の必要性がある場合であっても，会社支配権の維持，奪取を主要な目的として，募集株式の発行が行われる場合は，不公正発行に該当することになる。しかし，具体的な事例をみると，この主要目的ルールによりつつ，企業買収資金として，業務提携にかかる事業計画遂行資金として，運転資金として，または，設備改善・設備投資の資金として，資金調達を図ることが主要な目的であると認め，さらに，現経営陣による会社支配権維持は主要な目的ではないとして，新株発行の差止めを求める仮処分を却下している事例が多いという（川村正幸＝仮屋広郷＝酒井太郎著『詳説 会社法』188～89頁（中央経済社，2016年）。東京地決平成元・9・5金判828号22頁，東京高決平成16・8・4金判1201号4頁［判百96］，大阪地決平成16・9・27金判1204号6頁等）。

敵対的企業買収が仕掛けられたとき，その対象となった会社は買収防衛策として，主として新株予約権（平成14年［2002年］改正以前は募集株式）を特定の第三者に大量に発行する場合がある。このような新株予約権の発行に関しては，取締役を選ぶのは株主であるという株式会社の権限分配秩序を前提にすると，会社の支配権をめぐる争いが存在する状況下で，取締役がかかる争いに介入する目的で特定の第三者に新株予約権を発行することは不公正発行にあたる（いわゆる権限分配秩序論）とする，従来の主要目的ルールを基本的に踏襲した。そのうえで，株主全体の利益の観点から，対抗策として，当該新株予約権の発行の必要性や相当性が認められる場合には，特段の事情があるものとして，主要目的ルールの例外を認めた（東京高決平成17・3・23判時1899号56頁［判百97］，最決平成19・8・7民集61巻5号2215頁［判百98］等）。

しかし，裁判所は，この例外をかなり限定的に捉えており，支配権維持・確保を目的とする新株等の発行が適法となる「特段の事情」として，①買収者がただ株価をつり上げて株式を高値で会社関係者に買い取らせる目的（グリーンメーラー），②買収者が対象会社の知的財産権やノウハウ等を買収者に委譲する目的，③買収者が対象会社の資産を買収者の債務の担保や弁済原資として流用する目的，④会社経営を一時的に

支配して事業に当面関係していない高額資産等を売却等処分させ，売却資金により一時的高配当させる目的で，買収をする場合である。このうち，③はレバレッジド・バイアウト（LBO）と呼ばれ，MBO などに通常利用される方法であり，また，④は遊休資産を処分し，株主に分配するという経済合理性のある行為を含むと解されかねない点で，効率的な買収をも阻害する結果になり，問題であるとの指摘もある（藤田友敬「ニッポン放送新株予約権発行差止事件の検討（下）」旬刊商事法務1746号4〜6頁（2005年），田中亘『企業買収と防衛策』122〜132頁（商事法務，2012年））。

5

新株予約権

Q-24 　新株予約権の発行

　株式会社が新株予約権を発行するにあたって，募集手続によって新株予約権を発行する場合と，株主への無償割当てによって新株予約権を発行するときとの異同に関して説明せよ。

[解説]

1.　募集新株予約権の発行に関する規制の趣旨

　新株予約権とは，その行使により会社から株式の交付を受けることができる権利のことである（会2条21号）。つまり，新株予約権は，会社に対する債権（株式の交付請求権）であるにとどまり，会社の構成員である株主の地位を表章するところの株式そのものにはあたらない。しかし，新株予約権の割当てを受けた者（新株予約権者）は，自己の権利を行使すればいつでも株主となることができ，それ以降，共益権を通じて会社に支配力を及ぼすことができる。ひるがえってこのことは，既存株主の会社支配力を縮小することにつながる。また，新株予約権の割当ての際に払い込むべき金銭・財産の価額が，正当な理由なしに，著しく低くまたはゼロとされているときには，持株価値の減少という財産上の損害を既存株主に被らせつつ，引受人が利得することとなる。

　それゆえ，募集株式の発行等のときと同様に，募集新株予約権の発行についても，とりわけ公開会社でない株式会社における既存株主の持株比率の維持と，すべての株式会社における既存株主の持株価値の維持を図るための規制枠組みが，会社法において採用されている。

　なお，募集株式はいわゆる新株であっても自己株式であってもよいが（会199条1項柱書参照），募集新株予約権の場合，自己新株予約権を引受人に交付することはできない（会238条1項柱書参照）。

　新株予約権付社債を募集の方法により発行する場合は，募集新株予約権の発行手続に従う（会238条1項6号参照）。

　取締役報酬支給のために新株予約権を無償で発行し，または行使時の払込みを不要とする場合には，募集の手続ではなく，報酬決定の手続の中で一定の事項を定めることとなる（会361条1項4号・同5号ロ・236条3項。指名委員会等設置会社の場合：会409条3項4号，会社則111条の2）。

2. 募集新株予約権の発行に関する規制

　募集新株予約権の発行に関し，会社法は，規制対象を公開会社と公開会社でない会社とに分け，公開会社でない会社の場合には，既存株主の持株比率維持の利益に配慮して，募集事項を株主総会の特別決議をもって定めることとしている（会238条2項・309条2項6号）。他方，公開会社における募集事項の決定は，所有と経営の分離の考え方に基づいて，原則として取締役会決議によるものとしている（会240条1項）。

　ただし，①株主割当ての方法によらないで，引受人にとり特に有利な条件となる形で無償での割当てをし，または特に有利な払込金額を定めるときには，公開会社であっても，株主総会の特別決議をもって募集事項を定めなければならない（会240条1項前段・238条2項・309条2項6号）。そして，公開会社であるか否かを問わず，取締役は株主総会で，そのような募集を必要とする理由を説明しなければならない（会239条2項）。

　また，②公開会社において，募集をすることで特定の引受人が総議決数の2分の1以上を保有することとなる可能性がある場合には，緊急を要する状況でない限り，総議決権数の10分の1以上を有する株主の請求があるときに，総議決権数の3分の1以上の定足数要件のある株主総会の普通決議をもって募集事項を定めなければならない（会244条の2第5項・同条6項）。

　③株主割当てをする場合における決定機関は，上記と同じく，公開会社でない会社のときは株主総会，公開会社のときは取締役会とされている（会241条3項3号・同4号）。ただし，公開会社でない会社では，定款の別段の定めにより，株主割当てにかかる募集事項の決定権限を，取締役会設置会社のときは取締役会，そうでないときは取締役が有するものとすることができる（会241条3項1号・同2号）。

　上で述べたように，公開会社でない会社において募集新株予約権を発行し，または公開会社において上記①に該当する募集新株予約権の発行をする際には，原則としてそのつど，株主総会の特別決議で募集事項を定めなければならない。なお，株主総会は，特別決議をもって，1年間を限度として，取締役会設置会社のときは取締役会，そうでないときは取締役に対し，募集事項の決定権限を委任することができる（会239条・309条2項6号）。

3. 新株予約権の無償割当てに関する規制

新株予約権の無償割当ての手続は，上記の募集の手続（株主割当ての場合を含む）とは大きく異なる。

株主（種類株式発行会社のときは，ある種類の種類株主）に対して新株予約権の無償割当てをする場合，公開会社であるか否かにかかわらず，原則として，取締役会設置会社のときは取締役会の決議，それ以外の会社であるときは株主総会の普通決議をもって法定の事項を定める必要がある（会278条3項本文・309条1項）。ただし，会社の類型を問わず，定款の別段の定めがあるときは前記と異なる機関（業務執行機関）に決定をさせることができる（会278条3項但書）。

このように手続が相当程度緩和されているのは，新株予約権者が，その割り当てられた権利の行使のために出資履行をする限りにおいて，既存株主の持株比率維持および持株価値維持の利益が侵害されないと考えられているからである。

しかし，この想定に反して，無償割当てが既存株主の地位に実質的な変動を及ぼす場合には，判例上，募集新株予約権の発行の差止めに関する規定（会247条）を，無償割当てにも類推適用することができると解されている（最決平成19・8・7民集61巻5号2215頁［判百98］）。ちなみに本判例では，新株予約権の無償割当てに際して，各株主への割当数の比例的平等を確保しつつも（会278条2項参照），法定事項以外の行使条件として（会911条3項12号ニ参照），株主平等原則（会109条1項）に反する内容が定められたことが問題となった。

> **関連問題** **新株予約権の用法** 株式会社における新株予約権の具体的な利用について説明せよ。

Q-25 新株予約権の有利発行

株式会社が新株予約権の発行を検討している場合に，新株予約権の発行が有利発行に該当するとされることを避けるためには，当該会社はどのような事柄に関して注意を払う必要があるか。

[解説]

1. 募集新株予約権の有利発行が問題となる場合

本問にいう有利発行とは，株主割当ての方法によらない募集新株予約権の発行

であって，かつ，払込みを不要とすることが引受人にとり特に有利な条件であり，または定められた払込金額が引受人にとり特に有利な金額であるものをいう。

有利発行をする際には，公開会社であるか否かを問わず，その必要性を株主総会で取締役が説明し，特別決議により募集事項を決定しなければならない（会238条2項・同条3項・240条1項前段・309条2項6号）。この手続を怠ると，法令違反を理由とする新株予約権発行の差止請求（会247条1号）や無効の訴え（会828条1項4号）などの是正手段が発動されることとなる。有利発行にあたるかどうかを判定するに際しては，下記の点に留意する必要がある。

2. 新株予約権の有利性の判断

新株予約権を行使する時点で，行使価格が株式現物の価格よりも低いならば，その差額相当分の利得が新株予約権者に生じる。この利得額を現在価値に表したものが新株予約権の価額であり，会社法上，募集時に定められるべき払込金額であるということになる。なお，権利の行使により損失の発生が見込まれる（行使するより株式現物を買うほうが安く上がる）場合には，当該権利を放棄すればよいだけのことであるから，そのような新株予約権の価額はマイナスとはならず，最終的にゼロとなる。つまり，新株予約権の発行以後に株式現物の価格が変動する可能性（権利行使により利得を生じる可能性）がゼロでない限り，新株予約権は必ずプラスの価値を有するものと考えられている。新株予約権を含むストック・オプションの価値評価の手法として，ブラック・ショールズ・モデルおよび二項格子モデルと呼ばれるものがあり，これらが募集新株予約権発行の有利性判断に際しても利用されている。

プラスの価値を有するはずの新株予約権を募集するに際して，引受人の払込みを要しないものとしても，そのこと自体は直ちに「特に有利な条件」にはあたらない。すなわち，①割当てを受ける取締役または従業員の勤労意欲の向上（インセンティブの付与）といった正当な理由があり，または，②公正な価額と現実の払込金額との差額に相当する財産が，払込みの方法によらずに引受人から会社に提供されているようなときには，「特に有利な条件」ではないと解されている。上の②の代表的な例として，新株予約権付社債（いわゆる転換社債型新株予約権付社債）の社債にかかる利息を会社が支払わないものとする一方で，引受人は新株予約権にかかる払込みを要しないとする取扱いが挙げられる。

他方，有償での募集の場合，払込金額が公正な価額に比べて特に低いものが

「特に有利な金額」にあたる。ここでは相対的な価値判断が行われることとなるが，募集株式の発行等にかかる裁判例（東京地決平成16・6・1判時1873号159頁 [判百20]）に準じて考えるならば，発行予定数の消化可能性を考慮して公正な価額よりも若干低い払込金額を設定しても，有利発行にはあたらないものと解される。

> **[参考判例]** 東京地決平成18・6・30判タ1220号110頁 [判百25]，東京地決平成19・11・12金判1281号52頁

> **関連問題** **新株予約権付社債と有利発行** 　会社が転換型の新株予約権付社債を発行するときには，新株予約権の交付を無償とすることが多いが，これが有利発行に該当するとされないために実務上どのような配慮が行われているかについて説明せよ。

Q-26　募集新株予約権の発行の瑕疵

　株式会社が募集新株予約権を発行する場合，①当該会社の株主が当該募集新株予約権の発行の差止めおよび当該発行の無効を主張しようとするときは，どのような手続による必要があるか。また，②募集新株予約権の発行の差止事由と無効事由とは，どのような違いがあるのかについて説明せよ。

[解説]

1. 募集新株予約権の発行の差止めと無効主張の方法

　募集新株予約権の発行が法令もしくは定款に違反し，または著しく不公正な方法による場合であって，それにより株主が不利益を受けるおそれがあるとき，株主は，当該発行をやめるよう会社に請求することができる（会247条）。

　この差止請求は裁判外でもすることができるが，実効性を確保するため，株主は，会社法247条に基づく発行差止めの訴えを提起したうえで，差止めの仮処分命令を裁判所に申し立てることとなる（民保11条・23条2項）。申立ての際には被保全権利と保全の必要性を疎明しなければならない（民保13条2項）。ここでの被保全権利とは差止請求権であって，その要件充足の事実を株主が疎明する。そして，株主の不利益のおそれが差止めの要件に含まれていること，また，いったん募集新株予約権が発行されると株主の利益回復は通常困難になることから，被保全権利が疎明されれば保全の必要性も認められるものと解されている。

それが募集によるものであるか否かを問わず，また，無償割当てによる場合を含めて，新株予約権の発行に無効事由がある場合には，当該発行の無効を主張することができる。ただし，無効を主張するには訴えを提起しなければならず（会828条1項柱書），原告適格を有する者は，株主等（株主，取締役，執行役，監査役，もしくは清算人）または新株予約権者に限られる（会828条2項1号括弧書［株主等］・同4号）。なお，条文の文言上，提訴権を有する新株予約権者は，当該発行にかかる者に限定されていない。提訴期間は，公開会社の場合は新株予約権発行の効力発生日から6か月以内，公開会社でない会社の場合は効力発生日から1年以内である。被告は会社である（会834条4号）。

　発行無効の請求を認容する確定判決は，裁判の当事者でない者（第三者）に対しても効力がある（会838条）。請求認容判決の確定の時点から発行は無効となり，当該発行にかかる新株予約権は無効となる（会839条）。つまり，それまでの間，当該新株予約権は有効なものとして存続し，権利行使にも支障がない。

2. 差止事由と無効事由

　募集新株予約権の発行の差止事由と無効事由は，おおむね，募集株式の発行等の場合に準じるものと解されている。

　募集新株予約権の発行差止事由のうち，法令・定款違反（会247条1号）にあたるものとして手続規制違反が挙げられる。具体的には，募集に関して必要となる決定（会238条2項・同条4項・240条1項・239条1項・同条4項・243条2項・244条の2第5項），通知（会240条2項・241条4項・242条1項・同条5項・243条3項・244条の2第1項），公告（会240条3項・244条の2第3項），または取締役の理由説明（会238条3項）を欠くことのほか，募集事項その他にかかる株主平等原則（会109条・238条5項）に違反すること，定款所定の株主の引受権を無視した募集であることなどである。有利発行にかかる手続違反の場合には，前提問題として募集の有利性の存否が争点となる（Q-25参照）。

　もう一つの差止事由である著しく不公正な方法による発行（会247条2号）とは，違法または不当な目的を達成するためにする発行を意味する。これは，多くの場合，募集事項の決定が原則として取締役会の権限とされている公開会社（会240条1項）において問題となる。裁判例は，株式発行等の差止めに関する主要目的ルール（コラム4-2参照）を新株予約権の発行差止めにも適用している。すなわち，新株予約権を発行する主要な目的が資金調達にあることを会社が主張しているなら

ば，当該発行をもって直ちに差止事由である不公正発行であるということはできないが，会社において支配権をめぐる争いが生じているときに，現経営陣の支配権を維持することを主要な目的として，既存株主の議決権比率を大きく低下させるような発行をすることは，不公正発行にあたるということである。

なお，主要な目的が現経営陣の支配権維持にあるとはいえないときであっても，発行によって特定の株主の議決権比率が著しく低下させられることを経営陣が認識しつつ発行するというのであれば，当該発行を正当化する合理的な理由の存在を会社が主張しない限り，これもまた不公正発行にあたるとされる。

発行の無効事由として，法令・定款違反が挙げられる。株式募集のとき（**Q-22**参照）と同じく，発行差止めの仮処分命令を無視して発行を強行することは，無効事由にあたると解されている。なお，公開会社については株式募集の場合と同様に発行後の取引安全を確保するという観点が重視される。具体的には，公開会社において，有利発行または著しく不公正な方法による発行であるにもかかわらず，募集事項を決定するための株主総会決議が行われていないことは，発行の差止事由にはあたるが，無効事由にはあたらないと解されている。

[参考判例] 東京高決平成17・3・23判時1899号56頁［判百97］

Q-27 行使条件違反の新株予約権の行使と株式の発行

非上場のA株式会社は上場を計画していたが，取締役に対してストック・オプションを交付しようと考え，募集新株予約権を報酬の一部として発行することとした。株主総会の特別決議により，行使時に取締役であること，および，A会社の上場実現後6か月が経過するまでは行使できないことを行使条件として，取締役B・C・Dに対する募集新株予約権の発行を決議した。その後，A会社の上場は困難な状況となった。しかし，取締役会は当該新株予約権の行使を認める旨を決議し，B・C・Dは当該新株予約権を行使して，A会社の株式の発行を受けた。A会社の株主は，この新株発行に関して何らかの主張をすることができるか。

（参照：最判平成24・4・24民集66巻6号2908頁［判百26］）

[解説]
1. 問題の所在
　本問では，①Ａ会社が，募集新株予約権発行の際に株主総会で定められたところの行使条件を，取締役会決議をもって変更することができるかという点，および，②仮に取締役会による行使条件の変更が許されず，変更が無効であるとするならば，Ｂ・Ｃ・Ｄの権利行使に伴う株式発行の効力はどう解されるべきかという点が問題となる。

2. 取締役会決議による行使条件の変更
　そもそも，取締役は株主総会の決議を遵守すべき義務を負っており（会355条），会社法の定めにより株主総会の決議を必要とする事項の決定を他の機関に委ねることは，定款の定めをもってしても許されない（会295条3項）。また，本問において，株主総会が定めた行使条件は，募集の主要な目的（上場実現にかかる取締役の意欲向上）を受けた新株予約権の重要な内容を構成するものであって，株主総会に再び諮ることなく取締役会が裁量で変更することができるような細目的な事柄にはあたらない。したがって，行使条件の変更にかかる取締役会決議は無効であり，行使条件は変更されていないというべきである。そして，当初の行使条件に反するＢ・Ｃ・Ｄの新株予約権の行使は，無効であるといわなければならない。

3. 行使条件に反して新株予約権が行使された場合の株式発行の効力
　新株予約権者であるＢ・Ｃ・Ｄの権利行使は，たとえ法定の手続（会280条・281条）を経たとしても，その前提となる行使条件を満たさないでするものであるから無効である。ただし，このことを受けて，彼らに対するＡ会社の株式発行が，直ちに無効であるといえるのかについては，発行された株式の流通の安全という観点を意識しながら考えていく必要がある。
　株式および新株予約権の募集に関する規制は，既存株主の持株比率維持の利益と持株価値維持の利益に鑑みて，公開会社でない会社の場合は両者の利益を強く保護するために募集事項の決定を株主総会特別決議に委ねる一方，公開会社の場合は，募集事項の決定権限が原則として取締役会にあるものとされ，持株価値維持の利益保護の観点から修正が加えられているにとどまる（Q-24参照）。
　仮にＡ会社が公開会社でない会社であるとするならば，発行後の株式が不特定多数の者に譲渡される可能性は小さく，他方で，Ｂらの株式取得に伴い他の株主

の持株比率に影響を生じる可能性がある（しかもこのことについて株主総会の特別決議による承認がない）から，会社法政策上，株式発行を無効としても特段問題はないといえる。さらにいえば，公開会社でない会社の株式発行無効の訴えの提訴期間（1年以内）が，公開会社（6か月以内）よりも長く設定されていることも（会828条1項2号），既存株主の持株比率維持の利益をむしろ尊重すべきであるという解釈を補強する。

　なお，A会社が取締役会設置会社であって株主総会の権限が一定範囲に限定されていること（会295条2項）が，株式発行の効力を検討する際にどのような影響を与えるかも論点となりうるが，株式および新株予約権の募集規制においては，主に，公開会社であるか否かに応じた区分が行われているのみであり，当該論点についての手がかりは示されていない。それゆえ，ここでは指摘だけにとどめる。

　続いて，A会社が公開会社であるときはどうか。本問では募集事項を株主総会特別決議で決定したということであるので，有利発行（会238条3項・240条1項前段）の募集事項にかかる株主総会の特別決議が行われ，その後，当該事項中の行使条件が，株主総会を経ることなく取締役会決議によって変更された場合にあたると考えることもできる。

　ちなみに最高裁判例は，公開会社において，有利発行または著しく不公正な方法による発行に該当するにもかかわらず，募集事項決定のための株主総会の特別決議が行われていない場合に，発行後の株式の流通安全をむしろ重視して，そのような株式発行は無効とはならない旨を明らかにしている。こうした判例の背後にある理念に従うならば，本問におけるA会社が公開会社であるとき，その株式発行を無効とすることはできないと解する余地がある。

　最後に，A会社の株主がBらへの株式発行の無効の主張をする場合，その方法は訴えの提起に限られる（Q-26参照）。

　[参考判例] 最判昭和46・7・16判時641号97頁［判百22］，最判平成6・7・14判時1512号178頁［判百100］

6

株主総会

　株主総会の招集手続について説明せよ。また，株式会社が株主総会資料（株主総会参考書類等）について電子提供措置によることができるのはどのような場合か。それを義務づけられるのはどのような会社か。

[解説]

1. 問題の所在

　株主総会は株主の総意により会社の意思を決定する機関である。取締役会設置会社では，会社の合理的運営を後押しする所有と経営の制度的な分離を進め，原則的に，株主総会は基本的事項のみを決定する機関とされている（会295条1～3項）。株主総会は定時または臨時に招集手続を経て開催される。株主総会の招集通知時に一定の書類を送付しなければならないが，令和元年（2019年）会社法改正により，株主総会資料の電子提供制度（電子化）が導入された（会325条の2～325条の7）。

2. 招集手続

　株主総会は，通常，1年に1回開かれ，計算書類の報告・承認（会438条1項・同条2項）を行う定時株主総会（会296条1項）とそれ以外の臨時株主総会（同条2項）とがある。定時株主総会では，任期満了に取締役・監査役等の改選も行われる。取締役会設置会社では，株主総会の招集を取締役会が決定するのが原則であり，取締役会では，株主総会の日時・場所・目的である事項（議題）等を決めなければならない（会298条1項）。取締役会がない会社で複数の取締役がいる場合には，その過半数により招集を決定し（会348条2項），それに従って，代表取締役が招集手続を行う。

　招集通知は，公開会社の場合，総会会日の2週間前までに発し，非公開会社の場合には，株主数も多くはなく，株主相互が知り合いで，株主間の関係も緊密であることも多いので，会日の1週間前までに発することになっている（会299条1項）。

　取締役会設置会社では，株主は会社の経営に日常的に関与することは想定されていないため，株主総会では重要な事項に限り決議することができる（会295条2項）。そこで，株主に株主総会の出席の機会を確保し，審議事項についての準備の

余裕を与えるため，取締役会設置会社では，株主総会の招集通知は書面（また電磁的方法）で送らなければならず（会299条2項2号・同条3項），定時株主総会では計算書類と事業報告を株主に提供しなければならない（会437条）。取締役会非設置会社では，招集通知の方法につき定めはなく，口頭での通知も可能である。ただ，後のトラブル防止のためには，書面等によることが望ましい。

　地域的に広く分散している株主が株主総会に出席することは，必ずしも期待できないため，定足数の確保や欠席株主の意見を決議に反映させるため，書面投票や電子投票（電磁的方法による投票［インターネットによる事前投票］）が認められている。株主数が1,000人以上の会社では，会社が全株主に対して金融商品取引法上の委任状勧誘を行う場合を除き（会社則64条），書面投票を採用しなければならない（会298条2項）。それ以外の会社においても，書面投票を任意で採用することができ，いずれの会社でも電子投票によることも可能である（同条1項3号・同4号）。

3. 電子提供制度

　(1)　**制　度**　　株主総会で書面投票または電子投票を採用した場合，書面（または電磁的方法）による招集通知には，議決権行使書面または電磁的な議決権行使のフォーマット，くわえて，株主総会参考書類を添付しなければならない（会301条・302条）。議題や議案につき，情報に基づいた株主の投票を可能とするためである。株主総会参考書類は，議案を判断するうえで必要な情報を株主に提供するもので，記載内容は決議事項ごとに具体的に定められている（会社則65条1項・73条〜93条）。ただ，株主総会参考書類に記載が求められている情報は大量であり，株主の事前の承認があれば，招集通知は電子メールでも行うことが可能であるものの（会299条3項），上場会社等でもほとんど使われていなかった。

　そこで，令和元年（2019年）会社法改正により，定款に電子提供制度の規定を置き，参考書類の情報をウェブ上に開示することで参考書類の記載に代えることを認めている（ウェブ開示，会社則94条）。ウェブ開示による場合，参考書類には議案・ウェブサイトのアドレス等を記載する。

　電子提供制度は，インターネットを利用して株主総会資料の提供を促進するため，総会資料を自社のホームページ等のウェブサイトに掲載し，株主に対してウェブサイトのアドレス等を書面により通知した場合，株主の個別の同意を得ていないときであっても，会社が株主に適法に総会資料を提供したものとする制度である。

（2）　**対　象**　　電子提供制度の対象となる資料（株主総会参考書類等）は，①株主総会参考書類，②議決権行使書面，③計算書類および事業報告（会437条），④連結計算書類（会444条6項）である（会325条の2各号）。定款に電子提供制度の規定を置くかどうかは，各会社の判断ではあるが，振替株式発行会社（社振128条1項）である上場会社には，規定が義務づけられている（同法159条の2第1項）。規定を定める場合，その定めの登記を行わなければならない（会911条3項12号の2）。

　電子提供制度を採用した場合，株主総会参考書類等の印刷や郵送の時間等が短縮されるため，資料の提供開始のスケジュールが前倒しされ，総会日または招集通知を発した日のいずれか早い日の3週間前から電子提供措置をとらなければならない（会325条の3第1項）。また，決議取消しの訴えの証拠として利用される場合に備えて，総会日後の3か月が経過する日まで継続して電子提供措置をとり続けなければならない（同項）。

　インターネットへのアクセスを有しない等の株主のために，電子提供措置の対象事項を記載した書面の交付請求権がある（会325条の5）。

関連問題　**会社以外の者による株主総会の招集**　　株主総会は，会社以外に株主が招集することも可能であるが，どのような要件を満たせば招集できるかについて説明せよ。

Q-29　株主総会の招集手続違反

　A株式会社は取締役会設置会社であるが，その代表取締役Bが取締役会の決議を経ることなしに株主総会の招集をした場合に，この株主総会の開催およびその決議の効力について述べよ。

（参照：旧司法試昭和27年）

［解説］

1.　問題の所在

　株主総会の決議は招集手続・審議方法・決議内容等につき，すべて公正に行わなければならない。そうでない場合は，事後的に決議の法的効果が否定されることがある。ただ，現実には，決議が一度行われてしまうと，決議を前提とする様々

な行為が積み重なりうるため，決議の有効性を事後的に争うことのインパクトは小さくはない。訴訟により，株主総会決議の無効が確定しても，通常の民事訴訟判決は訴訟当事者間のみの拘束力で，その他の第三者にとり総会決議が有効のままでは法的に非常に不安定な状況となる。そこで，会社法は，株主総会の法的有効性を争う方法として，通常とは異なる訴訟制度を定めている。

本問では，招集手続に瑕疵があり，その場合の決議の有効性が問われることになる。

2．訴訟制度 3 類型

株主総会の決議の瑕疵については，瑕疵の程度に応じて 3 つのパターン，すなわち，①決議不存在の確認，②決議無効の確認，③決議の取消し，といった訴訟制度が用意されている。いずれの訴訟制度においても，訴訟当事者以外に対する判決の拘束力が及ぶこと（判決の対世効）を認めており（会 838 条），株主総会をめぐる法律関係の画一的確定を担保している。くわえて，決議の瑕疵・欠缺を争う訴えの認容判決は遡及効を有し（会 839 条括弧書），決議の時点にさかのぼって無効となるため，決議に基づいたさらなる行為の効力にも影響を与える。そのため，いわゆる，瑕疵の連鎖が生じうることになる。

（1）**決議不存在確認の訴え**　株主総会がまったく開かれなかった場合，あるいは，開かれたとしても決議の手続的瑕疵の程度が著しく決議が存在したとは考えられない場合には，会社法は決議不存在確認の訴えの制度を設けている（会 830 条 1 項）。これは，株主総会が開催されていないのに開催された旨の登記がされている場合や，ほとんど株主に招集通知が発せられなかった場合等が該当する。提訴権者や提訴期間を制限する規定はない。

（2）**決議無効確認の訴え**　決議の内容が法令に違反する場合は，決議無効確認の訴えの原因となる（会 830 条 2 項）。これは，株主平等原則（会 109 条 1 項）に違反する内容の決議や，会社法の強行規定に違反する内容の決議（たとえば，取締役の任期を 20 年とする定款変更決議）等である。決議不存在確認の訴えと同様に，提訴権者や提訴期間を制限する規定はない。

（3）**決議取消しの訴え**　決議取消しの原因となる瑕疵は，比較的その程度が小さいものが法定されている。①招集手続または決議方法の法令・定款違反または著しい不公正，②決議内容の定款違反，③決議につき特別利害関係を有する者の議決権行使により著しく不当な決議がなされたこと，である（会 831 条 1 項）。

提訴権者は，株主のほか，取締役・監査役・執行役・清算人に限られる（株主等。会828条2項1号）。取消事由にあたる瑕疵がある場合の提訴期間は株主総会決議の日から3か月以内に制限されている。期間が経過した後は，瑕疵ある決議も有効となるとともに，新たな取消事由を追加することもできない（最判昭和51・12・24民集30巻11号1076頁［判百34］）。決議取消しの訴えについては，不存在・無効の場合とは異なり，提訴権者・提訴期間が制限されているのが大きな違いであるが，取消事由は決議不存在や決議内容の法令違反といった重大な瑕疵ではないので，早期に法律関係の安定化を図ることを重視したためである。

決議取消しの訴えにつき，請求認容判決の確定により，決議の効力は決議時点にさかのぼって無効になる（遡及効）。

3. 本問への適用

A社の取締役会の決議は会社内部の業務執行にすぎないため，取締役会の決議を経ることなく行った株主総会の招集は一律に無効と解すべきである。招集手続が無効であるときは，株主全員が開催に同意して出席した場合を除き，株主総会の招集手続が法令違反であるとして，決議取消しの訴えの対象となる。ただ，取締役会の決議を経ることなく代表取締役Bが所定の招集手続を行った場合に，裁量棄却（会831条2項）の余地があるかどうかについては争いがある（最判昭和46・3・18民集25巻2号183頁［判百38］）。

裁量棄却とは，株主総会決議に取消事由がある場合でも，取消事由が招集手続または決議方法の法令・定款違反といった手続上の瑕疵にすぎない場合，①違反事実が重大でなく，②違反が決議に影響を及ぼさないと認めるならば，裁判所は取消請求を棄却することできる。裁量棄却は，軽微な瑕疵については，あえて決議を取り消すことなく，法律関係の安定を優先させる制度である。

代表取締役Bの違法な招集手続につき，裁量棄却が認められない限り，株主総会の開催およびその決議の効力は決議取消しの訴えにより否定される。

> **関連問題** **株主総会の招集手続の省略** 株主総会について，その招集手続や開催を省略できるのはどのような場合か。また，いわゆる全員出席総会とはどのようなものか。

Q-30　招集通知

　A株式会社は株主総会を開催したが，その際に，代表取締役Bらは，議題に反対しそうな一部の株主に対して招集通知を発しなかった。この株主総会における決議の効力について述べよ。

(参照：旧司法試昭和52年)

[解説]

1. 問題の所在

　株主総会は，原則として，開催の日時・場所・議題等を決定し（会298条），代表取締役がこれを執行する形で招集する（会296条3項・298条4項）。会社法が定める手続を遵守した総会決議であれば，その効力に問題が生じることは想定されないが，決議に瑕疵がある場合は，瑕疵の程度に応じた取扱いがなされる。

　著しく多くはない一部の株主に招集通知が発信されなかった場合は，初めから効力を生じない無効と異なり，決議の効力は発生するが，取り消されると，さかのぼって初めから無効となる会社法831条が定める決議取消事由にあたる。他方で，大半の株主に招集通知が発信されていないといった手続的瑕疵が著しい場合には，決議不存在と評価される（会830条1項，最判昭和33・10・3民集12巻14号3053頁）。

2. 決議取消しの訴え

　株主総会を招集するには，各株主に対して招集通知を発信することが必要であるため（会299条），株主の一部にでも招集通知もれがあった場合，招集手続が法令に違反したものとして，決議取消事由となる（会831条）。その他の決議取消事由としては，招集通知期間の不足・招集通知の記載/添付書類の不備・非株主の決議参加等がある。なお，昭和56年（1981年）商法改正前は，決議に特別の利害関係を有する株主の議決権行使を認めず，その代わりとして，著しく不当な決議がされた場合に当該株主を事後的に救済する訴えを設けていたが，特別利害関係の存在だけで議決権行使を認めないのは過剰規制との反対論があり，昭和56年改正で，大きく転換され，特別利害関係人にも議決権行使を認めたうえで，結果として著しく不当な決議がされた場合には取消事由とされるようになった（同条1項3号）。

決議の日から3か月以内であれば，招集通知が発信されなかった株主は，決議取消しの訴えを提起することができるが，発信されなかった株主が株主総会に出席し異議を唱えなかった場合には，招集通知もれの瑕疵は治癒されたとされ，不発信を理由に決議取消しの訴えを提起することはできない。

定款に，書面または電磁的方法による議決権行使を可能とする旨の定めがない場合に，株主全員が招集手続を省略して株主総会を開催することに同意があれば，招集手続の省略ができるので（会300条），この場合は，たとえ株主の一部に対する招集通知もれがあっても，株主総会の決議には瑕疵はなく，決議は有効である。

3. 他の株主に対する招集通知もれ

自らには招集通知は発信されたが，他の株主に対する招集通知もれを理由に，決議取消しの訴えを提起できるのであろうか。招集手続の瑕疵が決議取消事由とされるのは，公正な決議の成立を確保するためであり，公正な決議の成立に利害のある他の株主も当然に，自分以外の株主に対する決議の瑕疵を理由として，決議取消しの訴えを提起できるとされる（最判昭和42・9・28民集21巻7号1970頁［判百33]）。

4. 本問への適用

会社法が株主総会の日より一定期間前に招集通知を発信することを求めているのは，株主に準備の期間と議決権行使の機会を保障し，株主の意思を総会に反映させるためである。それゆえ，一部の株主に対する招集通知もれであっても，当該株主が招集通知を受けて株主総会に出席・発言をしていれば，決議の成否が変わっていたかもしれない。これがA社代表取締役Bにより意図的に総会の議題に反対しそうな一部の株主に対して招集通知を発信しなかったのであれば，なおさらである。決議の成否に影響がなかったとしても，招集通知が来なかった株主は，株主総会に出席し議決権を行使する機会を奪われたことに変わりはなく，影響の有無にかかわりなく本総会の決議は招集手続の法令違反として総会決議の取消事由となり，決議取消しの訴えの請求認容判決の確定により，決議の効力は決議時点にさかのぼって無効になる（遡及効）。

なお，本件招集通知もれは代表取締役Bの意図的な不発信であり，株主利益の保護の重要性からみて極めて重大な違反であり，軽微な瑕疵とはいえない。この場合，裁判所は訴えを裁量棄却（会831条2項）することはできない。

Q-31　株主提案権

株主総会にかかる株主の事前の提案権の制度と株主総会の議場における提案権の行使の相違について説明せよ。

[解説]

1. 問題の所在

　株主総会の目的である事項が議題であり，議題に関して株主総会で具体的に投票する対象を議案という。たとえば，「取締役選任の件」が議題であり，「Aを取締役に選任する件」というのが議案である。議題と議案につき，株主総会の招集を決定した取締役会が提出するのが通常であるが，一定の場合には，株主がいずれについても提出することが株主権として認められている。すなわち，株主提案権である。

　株主提案権には，議題提案権（会303条1項）・議案要領通知請求権（会305条1項）・議案提案権（会304条）の3つがある。取締役会設置会社では，議案提出権以外は，株主総会の日以前の一定期日までに事前に行使しなければならず，株主総会の議場でダイレクトに行使することはできない。

2. 株主提案権

　株主提案権とは，会社が招集する総会の場で，株主が自己の議題・議案を提案する機会が得られる少数株主権である。

　会社は，①提案された議題が総会の決議事項（会295条）ではない，②提案株主が議題につき議決権の行使ができない（会303条1項），③議案が法令・定款に違反している（会304条・305条6項），④同一議案につき総株主の議決権の10％以上の賛成が得られずに否決された総会から3年を経過していない（会304条・305条6項），のいずれかの場合には，提案を拒否できる。これら以外の場合，会社は拒否できない。適法な株主の提案を拒否した取締役に対しては過料の規定が定められている（会976条18の2号）。

　（1）**議題追加提案権**　議題追加提案権とは，一定の事項を株主総会の会議の目的とするように請求する権利（会303条1項）である。

　取締役会設置会社では，6か月前から引き続き総株主の議決権の100分の1以上の議決権または300個以上の議決権を有する株主は，取締役に対して，総会の

日の8週間前までに議題の提案を行うことができる（会303条2項）。会社提案とは別に追加された議題は，招集通知に記載される。取締役会設置会社では，招集通知に記載した議題についてのみ総会決議が可能とされるため（会309条5項），会社が招集する株主総会において，株主の議題の提案を認めるには，招集通知に記載する必要がある。

　取締役会非設置会社でも，議決権を有する株主である限り，議題の提案は可能ではあるが，総会の日の前でも，総会当日の議場でダイレクトに提案することもできる（会303条1項）。これは，取締役会非設置会社では，株主総会で会社に関する一切の事項を決議可能であり，単独株主権として議題の提案権が認められているからである（同項）。

　(2)　**追加議案通知請求権**　　　追加議案通知請求権とは，会議の目的たる事項について自分が提出する議案の要領を招集通知に記載（記録）するように請求する権利である（会305条1項）。追加議案通知請求権の要件は，取締役会設置会社では議題追加提案権と同じ少数株主権であり（同項），取締役会非設置会社では単独株主権である。

　令和元年（2019年）会社法改正により，取締役会設置会社では，株主提案権の濫用を防止するため，株主が提案できる議案の数の制限が設けられた（会305条4項・同条5項）。数の制限の対象としては，株主が追加議案通知請求権を行使して株主総会に提案する議案の数を制限した（同条4項）。これは，株主が会社法303条1項に基づく議題追加提案権を行使して株主総会に提案できる議題の数や株主が会社法304条に基づく議案提案権を行使して提案することができる議案の数を制限するものではない。数の制限は10であり，株主が会社法305条1項に基づく追加議案通知請求権を行使して株主総会に提出できる議案の数は10個までであり，それ以上の超えた数の議案の追加議案通知請求権は拒否できる（同条4項）。

　(3)　**議案提案権**　　　株主は，株主総会において，議題の範囲内で議案を提案できる（会304条）。これは，会議体において当然に認められる原則であり，取締役会の設置の有無にかかわらず認められる。特定の議題につき，会社提案と異なる議案を提出することは，議題につき議決権がある株主であれば可能である。総会当日の議場で提案される株主提案は動議という。

3.　権利の濫用

　取締役会設置会社では，議題や議案を提案する株主に一定の持株要件が定めら

れているのは，濫用的な権利（民1条3項）行使を防ぐためであるが，判例ではさらに一歩踏み込んでいる。すなわち，株主提案が，特定の個人や会社を困惑させる目的で行使された場合や，提案の数や内容からみて会社・株主に著しい損害を与える場合には，権利の濫用として，会社は株主提案を拒否できると判示した（東京高決平成24・5・31資料版商事340号30頁）。

> **関連問題** **株主総会の決議事項** 　株式会社が取締役会設置会社であるか，または取締役会を置かない会社であるかに応じて，株主総会で決議できる事項の相違について説明せよ。

Q-32 議案の通知請求

　Ａ株式会社は，非上場の取締役会設置会社であり，かつ，公開会社である。Ａ会社は，令和5年6月2日開催の取締役会の決議により，定時株主総会を6月28日に開催すること，取締役3名選任の件などを株主総会の目的事項とすることを定めて，6月10日に全株主に対して招集通知を発する予定である。

　他方，Ａ会社の株主で，6か月以上前から引き続き100分の1以上の議決権を有するＢは，令和5年4月1日に，Ａ会社に対し，Ｃを取締役に選任する旨の議案の要領を株主に通知するよう請求していた。Ａ会社は，本議案の要領を株主総会の招集通知に記載しなければならないか。なお，定款には別段の定めはないものとする。

（参照：会計試令和2年）

[解説]

1. 株主提案権

　本問では，株主提案権と総称される権利のうち，議案要領の通知請求権（会305条）を行使する際の手続が問われている。株主提案権は，議題提案権（会303条），議案提案権（会304条），そして議案要領の通知請求権という3つの権利からなり，これらを通じて株主に発議と株主間の情報共有の機会を提供し，株主総会における討議を実質的なものとすることが期待されている（Q-31参照）。株主提案権は，会社が招集する株主総会において，会社の費用で株主が自己の希望する議題や議案を提出し，その内容等を会社が行う通知に盛り込ませることを可能にする。こ

こには，株主が，より要件の厳しい株主総会招集請求権（会297条）を行使しなくて済むという利点もある。

そもそも株主は，単独株主権として，株主総会の議場において，株主総会の目的事項（すなわち議題）にかかる議案を提出することができる（会305条1項本文）。しかしこの場合，他の株主は，当該議案の内容を事前に知って討議に参加する準備をすることも，書面投票または電子投票により事前に議決権を行使することもできない。

しかし，議案要領の通知請求権が適法に行使されれば，会社はまず，当該議案の要領を株主総会招集通知に記載しなければならない。この取扱いは，当該株主が適法に当該権利を行使するならば，会社は株主総会でその議案を審議しなければならないということを，論理的な前提としている。したがって，株主総会で書面投票または電子投票が行われるときには，会社はさらに，議決権行使書面または電子投票フォームに当該議案にかかる賛否の欄を設け（会301条1項・312条1項，会社則66条1項1号），株主総会参考書類に株主提案議案および提案理由その他の事項を記載していかなければならない（会301条1項・302条1項，会社則73条1項・93条）。

以上の措置によって，株主総会の議場にいない株主の議決権行使の機会が確保されることとなる。

2. 議案要領通知請求権の行使要件

以下，本問の設例に沿いながら，議案要領の通知請求権の行使要件をみていくこととする。

議案要領の通知請求権を行使することができる株主は，株主総会において議決権を行使することができる（つまり株主総会に出席することができる）株主であって，取締役会設置会社の場合は総株主の議決権の100分の1以上または300個以上の議決権を，6か月以上保有している者である（会305条1項）。総株主の議決権数の算定にあたり，株主総会の議題に関して議決権を行使することができない株主の議決権数は除外される（同条3項）。議案要領の通知請求権の行使は，株主総会の日の8週間前までにしなければならない（同条1項本文）。なお，取締役会設置会社の場合，議案要領の通知請求をすることができる議案の数は10を上限とする（同条3項柱書前段）。請求の相手方は取締役である（同条1項本文）。

株主が提案することができる議案の内容は，法令および定款の内容に反しない

ものでなければならない。また，過去に株主がある議案を提案し，それについて総株主の議決権の10分の1以上の賛成が得られなかった場合，その議決の日から3年を経過するまでの間，株主は当該議案と同一の議案について，議案要領の通知請求をすることができない（以上，会305条6項）。

さて，A会社は取締役会設置会社であり，Cの選任にかかる1個の議案を提案したBは総株主の議決権の100分の1以上を6か月以上有する。また，Bが請求をした日は定時株主総会の日の8週間以上前である。提案議案の内容には法律上，特に問題はないと考えられる。したがって，Bの請求は法定の権利行使要件を充足しており，A会社はこの請求に応じなければならない。

ただし，Bの請求が権利濫用にあたる場合には，たとえ以上の要件が満たされていても，A会社はBの請求に応じる義務を負わない。ここにいう権利濫用とは，株主であることと関係のない利益のために権利が行使され，それにより会社の利益が侵害されることを意味すると解される。会社の利益の侵害には，株主であることと関係のない利益のためにする権利の行使によって，会社が財産上の損害を被ることのほか，会社の業務の正常な運営が害されることも含まれる。

[参考判例] 東京高判平成27・5・19金判1473号26頁[判百28]

Q-33　非株主による議決権の代理行使

A株式会社の定款には，「株主は他の出席株主を代理人として議決権を行使することができる」旨の代理人資格の制限の規定がある。A会社の株主であるC株式会社は，同会社の従業員であるDを，A会社の株主総会に議決権行使の代理人として出席させようとした。D本人はA会社の株主ではない。A会社は，本定款の資格制限を根拠に，Dの株主総会への出席を拒絶することができるか。

（参照：最判昭和51・12・24民集30巻11号1076頁）

[解説]

1. 問題の所在

会社法は，株主総会において株主がその議決権を他人に代理行使させることを認めている（会310条1項前段）。これは，会社の業務執行に関する権限が取締役または取締役会に属しており，会社運営において株主一人ひとりの能力や個性・属

性が基本的に考慮されないことに基づく。このことを受けて，会社法は，会社が議決権行使の代理人の数を制限することができるとしつつも（同条5項），代理人となることができる者の資格を条文上は制限していない。なお，株主が代理人に議決権を行使させる場合，当該株主または代理人は，株主総会ごとに，代理権を証明する書面または電磁的記録を会社に提出しなければならない（同条1項後段・同条2項・同条3項）。

　会社法は議決権代理行使資格を条文で何ら制限していないが，今日，大多数の上場会社は，定款の定めをもって，株主でない者の議決権の代理行使を認めない。そのような取扱いは，最高裁判例（最判昭和43・11・1民集22巻12号2402頁［判百29］。非上場会社の事例）でも是認されている。当該判例によれば，(1)議決権の代理行使資格を制限しない会社法の規定は，合理的な理由がある場合に，相当と認められる程度で定款による制限をすることまで禁じたものであるとは解されないのであり，(2)代理行使資格を株主に限定する旨の定款の規定は，株主以外の第三者により株主総会運営が攪乱されるのを防止して会社の利益を保護する趣旨に出たものであり，合理的な理由による相当程度の制限であって，有効であるとされる。

　しかし，上記の判例が，会社に対し，株主総会の秩序維持を理由に，定款の定めをもって株主以外の者の代理行使資格を一切認めないこととする取扱いを許容したものであるとまで解することはできないであろう。なぜなら，そのような一律の事前的制限は，代理を引き受けてくれる他の株主を知らない株主の権利行使を，不当に制約するおそれが強いといえるし，議事の攪乱を防ぐということであれば，現実にそのような状況に陥ったとき，議長が自らの権限で，株主総会の秩序を乱す者を議場から退去させればよいからである（会315条2項参照）。

　このように解してくると，A会社の定款規定は，①議決権代理行使資格の一つとして株主であることを例示したものにとどまり，②当該定款規定が株主総会運営の攪乱防止を目的とするものであるとすると，そのような目的に適合する者である限り，株主でなくても代理人になることができるという趣旨を明らかにしている，ともいえそうである。しかし，株主が指定する代理人について株主総会運営を攪乱させるおそれがないということ（定款の定めにかかわらず議決権を代理行使させてよいこと）を，議場への入場の可否を決めるための限られた時間内に，株主の側から，どのように主張し立証しなければならないのかは，株主総会実務に影響する大変難しい問題である。他方で，議決権代理行使資格を株主に限定してい

るにもかかわらず，会社が，正当な理由なくして株主以外の者に議決権を代理行使させたならば，決議方法の定款違反（会831条1項1号）を理由に株主総会決議の取消しの訴えを提起される可能性があるということも，同時に考慮しなければならない。

　なお，株式取扱規則（定款の授権に基づく規程の一つ）が置かれている場合，通常，法定代理人（親権者・後見人等），法人の代表者，外国居住株主の日本国内の常任代理人などにかかる事項を会社に届け出させるものとしている。その場合には，個別の代理権の証明を要することなく，これらの代理人または代表者は議決権を行使することができる（会310条1項後段は適用されない）と解されている。

2. 判例をふまえた検討

　定款で議決権代理行使資格が株主に限定されていても，それ以外の代理人の権利行使を認めることができるか否かをめぐり，最高裁判例および下級裁判所の裁判例は，個別の事案でそれぞれの代理人が有する性質に基づいて検討をしているにとどまる。言い換えると，定款の定めにかかわらず議決権を行使することができる代理人の属性または地位に関して，客観的かつ包括的な要件を提示するにまでは至っていない。

　最高裁判例（前掲最判昭和51・12・24）は，地方公共団体および会社が株主であるとき，特段の事情がない限り，それらの法人の従業員が，定款の定めにかかわらず議決権を代理行使することができるとする。なぜならば，当該各法人の使用人は，組織の一員として上司の命令に従う義務を負い，当該各法人の代表者の意図に反する行動をとることができないからであり，それにもかかわらず議決権の代理行使を認めなければ，事実上，株主の議決権行使の機会を奪うに等しく，不当な結果をもたらすからであるというのである。この理は，本問におけるC会社の従業員Dについても一般論としてあてはまるであろう。

　つまり，この最高裁判例によるならば，本問の設例において，A会社の定款に基づく資格制限は，従業員Dを通じたC会社の議決権行使には適用されないものといえる。仮にA会社がこの定款規定を盾にして，Dによる株主総会への出席と議決権行使を拒絶したならば，C会社は，A会社の措置が議決権の代理行使を認める会社法の規定（会310条1項前段）に違反し，ひいては株主総会の決議方法の法令違反（会831条1項1号。この場合は株主による議決権行使の阻止）にあたることを理由に，適法な手続のもと，株主総会決議の取消しの訴えを提起することがで

きると考えられる。

［参考判例］ 神戸地尼崎支判平成 12・3・28 判タ 1028 号 288 頁

Q-34　名義書換未了株主の議決権行使

　A 株式会社は公開会社である。A 会社の株主 B はその有する全株式を C に譲渡したが，B から C への株主名簿の名義書換はなされないままだった。この場合に，その間に開催された株主総会において，A 会社は，B の権利行使を拒み，C の株主総会への出席と議決権の行使を認めて総会決議を行った。この決議の効力はどのようか。

(参照：会計試平成 14 年)

[解説]

1. 問題の所在

　株式会社の株式は，原則，自由に譲渡できる（会 127 条）。

　株式の譲渡の方式は，株券発行会社であるか否かにより異なる。株券不発行会社の株式は，さらに，上場株式その他の振替株式（社振 128 条 1 項）であるか否かによっても異なる。もっとも，会社に対する対抗要件は，いずれの場合であっても，株主名簿の名義書換である。名義書換後は，株式譲受人は会社に対して株主であることを主張でき，会社も株主として取り扱う義務がある。

　株式が譲渡され，名義書換がされるまでの間に，会社が自らの責任で名義書換未了の譲受人を株主として取り扱うことは可能だとしても，株主総会で名義書換未了の譲受人の議決権の行使も認めた場合における決議の有効性はどう解すればよいであろうか。

2. 株式の譲渡

　株券発行会社の株式の譲渡の効力要件は，譲渡の意思の合致と株券の交付であり（会 128 条 1 項），株主名簿の名義書換が会社に対する対抗要件（会 130 条 2 項）である。株券不発行会社の株式で振替株式の譲渡は当事者間の市場を通じての意思の合致と譲受人の振替口座簿の口座への登録（社振 140 条）が効力要件であり，株主名簿の名義書換が会社に対する対抗要件である（同法 161 条 3 項，会 130 条 1 項）。株券不発行会社の株式で振替株式ではない株式の譲渡の効力要件は当事者間の意

思の合致だけであり，株主名簿の名義書換が会社に対する対抗要件である（会130条1項）。

いずれの場合でも，株式の譲渡は株主名義の名義書換前に有効に成立するため，株式の権利者である株主と株式の株主名簿上の名義人にズレが生じる余地がある。

3. 株主名簿の名義書換

株主名簿の名義書換は，株券発行会社においては，株式の譲受人が株券を会社に提出する方法による。真正な株券を所持する者は適法な所持人と推定され（会131条1項），会社はその者が無権利であること（たとえば，株券拾得や株券盗取）を証明しない限り，名義書換に応じる義務があり，たとえ，無権利者に応じた場合でも，会社の責任が問われることはない。

他方，株券不発行会社の株式が振替株式でない場合，名義書換請求は株主名簿に記載された譲渡人と株式の譲受人とが共同で請求する方法により行われ（会133条1項・同条2項），株券不発行会社の株式が振替株式の場合には，名義書換請求は株主名簿ではなく，振替制度により振替口座簿上で株式譲渡の移転が行われるため，名義書換を失念した株式である失念株や会社による名義書換の不当拒絶の問題が発生しにくい。不当拒絶の場合，不当に拒絶された者は会社に対して不法行為に基づく損害賠償請求が可能である（民709条）。その際，会社に名義書換求める訴えを提起し，株主の地位を求める仮処分（民保23条2項）を求め，過料の制裁もありうる（会976条7号）。

株式の譲受人が名義書換をしていない間に，会社から元の株主である譲渡人に対して配当金や分割株式が交付された場合，当事者間ではすでに株式譲渡の効力が生じている。それゆえ，譲受人が真の株主であるから，譲受人は譲渡人に対して不当利得返還請求として配当金や分割株式の返還請求ができる（最判昭和30・10・20民集9巻11号1657頁）。

4. 本問への適用

名義書換未了の株式の譲受人Cが真の株主である場合，Cが株主総会で議決権を行使することは正当な権利行使とされ，決議の効力に影響はない。会社の責任で名義書換未了の株式の譲受人をあえて株主として扱い，名簿上の株主を株主として扱わないことも可能である（前掲最判昭和30・10・20）。株式を譲渡した無権利者である名簿上の株主につき，権利行使を認めるのは妥当ではない。ただ，名義

書換未了の株式のうち，一部の名義書換未了の株式の譲受人を株主として扱うことは，株主平等原則に違反するため，名義書換未了のすべての株式の譲受人を株主として扱うことが求められる。

　一方，Ｃが真の株主ではなく，譲渡人Ｂが真の株主である場合，Ｃの議決権行使をどのように解すべきであろうか。

　Ａ会社が株券発行会社である場合に，ＣがＡ会社に真正な株券を提示したのであれば，Ｃが無権利者であることを証明できない限り，名義書換を拒絶できない。本件では名義書換未了の株式の譲受人を株主として扱い，議決権行使も認めているが，本来的に名義書換を拒めない以上，形式的に，名義書換未了の株式の株主を株主として扱わなければならず，そうした株主による議決権行使は認めざるを得ず，総会決議の効力も有効と考えるべきである。他方，Ａ会社がＣが提示した株券が真正なものではない等，Ｃが無権利であることを立証できる証拠があるにもかかわらず，名義書換未了の株式の株主を株主として扱うことは認められない。この場合，当然に議決権の行使も認めるべきではなく，非株主が議決権を行使して決議に参加することは，決議の方法に法令違反があるといえ，総会決議取消事由となる（会831条1項）。

　Ａ会社が株券不発行会社の株式が振替株式でない場合，名義書換請求は株主名簿に記載された譲渡人と株式の譲受人とが共同で請求する方法により行われるが（会133条1項・同条2項），名義書換が未了である以上，Ａ会社は譲渡人Ｂを株主として扱わなければならず，また，Ｂが真の株主である以上，なおさらである。この場合，株主ではないＣが議決権を行使した決議には総会決議取消事由がある（会831条1項）。

> **関連問題**　**失念株と株主割当増資**　　Ａ株式会社の株主Ｂは，保有する株式全部をＣに譲渡したが，Ｃは名義書換を失念していたところ，Ａ会社は株主割当てにより募集株式の発行を決定した。会社との関係では，募集株式の引受人となれるのはＢ，Ｃいずれか。ＢＣ間では法律関係はどのようになるか。

Q-35　議決権の行使方法

　株式会社の株主総会における株主の議決権の行使について，書面による議決権行使方法と電磁的方法による議決権行使の制度について説明せよ。

[解説]

1. 問題の所在

　株主は株主総会で議決権を行使するのが原則であるが，総会開催日時に総会会場に出向くのが難しい株主もいる。くわえて，上場会社等の株主が多数いる会社においては，株主は会社経営に関心があるとは限らず，多くの株主が時間やコストをかけて総会に出席することは期待できない。そこで，会社法は，株主の議決権行使の機会を保障するため，代理人による議決権行使のほか，①書面による議決権行使（書面投票），②電磁的方法による議決権行使（電子投票）の制度を設けている。

2. 書面による議決権行使

　株主が遠方に住んでいる，仕事が多忙である，他社の株主総会とスケジュールが重なっている等々の理由で株主総会に出席できないこともある。株主総会には定足数の決まりがあるため，出席者が少ないと会議が成立しなくなるリスクもある。また，対面形式での出席ができない（望まない）株主の意思も対応可能な範囲内で反映させるべきという判断からは，出席できない株主にも議決権行使のチャンスを認めることが望ましい。

　そこで，会社法は株主総会に出席しない株主に対して書面投票を可能としている。議決権を行使できる株主が1,000人以上いる会社では会社法298条2項により，また，上場会社では上場規程により，原則として株主に書面投票を認めなければならない。それ以外の会社であっても，招集権者が定めた場合に限り書面投票を採用することは認められるが（同条1項3号），採用を義務づけられている会社では，総会に出席しない株主が多いと想定されているためである。

　書面投票が認められる場合，会社は招集通知に際して，議決権を行使するうえで参考となる書類（株主総会参考書類）と議決権を行使するための書面（議決権行使書面）を交付しなければならない（会301条1項）。書面投票では，議決権行使書面に必要事項を記載し，総会前日までに会社に提出して議決権を行使する（会311条1項，会社則69条）。書面行使された議決権の数は，総会に出席した議決権数（定足数）に算入される（会311条2項）。

3. 電磁的方法による議決権行使

　株主総会に出席しない株主が，電磁的方法により，議決権を行使することを会

社は定められる（会298条1項4号）。書面投票をより進化させた方法（電子投票）である。この場合，招集通知を電磁的方法により受け取ることを承諾した株主に対して，議決権行使書を電磁的方法により提供する（会302条3項）。承諾のない株主から総会会日の1週間前までに議決権行使書面に記載すべき事項の提供を電磁的方法によるべきことを請求されたときは，直ちに，それに応えなければならない（同条4項，会社則66条）。電磁的方法による議決権行使は，総会会日の前日までに，議決権行使書面に記載すべき事項を記録した電磁的記録に必要事項を記録し，電磁的方法により会社に提供して行う（会312条，会社則70条）。

4. 書面による議決権行使と電磁的方法による議決権行使の重複

　株主が同一議案につき，書面投票と電子投票を重複して議決権を行使した場合には，どのような取扱いをすべきであろうか。書面投票後あるいは電子投票後に，株主自ら総会に出席したのであれば，書面（電子）投票が無効となる。なぜなら，書面（電子）投票は，株主総会に出席しない株主に議決権行使の機会を保障し，可能な範囲で多くの株主の意見を総会に反映させる手段として認められる制度だからである。他方，書面投票と電子投票を重複行使された場合については，①時間的に後に到着した投票を有効とする立場，②時間的に後でなされた議決権行使を有効とする立場，がある。書面投票を先に行い，その後に電子投票が行われた場合には，先の書面投票が到着するのは後の電子投票の後となることもありうるので，到着の先後で単純に決めるべきではない。したがって，原則，②の立場によるべきであろう。

　書面（電子）投票を行っても，株主は行使期限まで自由に議決権行使内容を撤回（変更）可能であり，議決権が重複行使された場合も，株主が後に発したことが明らかであれば，到着の先後にかかわりなく，有効と扱うことが株主の意思に合致する。もっとも，先後関係がクリアにならない場合も想定され，そうした場合，いずれの投票も無効とし，欠席扱いとすべきであろう。

> **関連問題　株主権の内容**　　株主の権利に関して，自益権および共益権とは何かについて説明せよ。

Q-36　取締役の説明義務

　Ａ株式会社の定時株主総会において，代表取締役Ｂの取締役再任議案の審議にあたり，株主Ｃが，Ｂに対して再任後の業績改善策を質問したが，Ｂは正当な理由を示すことなく一切の説明を拒否したまま，本件議案は可決された。株主総会に欠席していた株主Ｄは，本件決議の効力を争うことにしたが，会社法上いかなる根拠によることが考えられるか。

（参照：会計試平成27年）

[解説]

1. 問題の所在

　株主総会における議案を決議するうえで，当然，提出理由を含む議案の説明は必要であり，会議体としての原則でもある。会社からの一般的な議案説明の義務とは別に，取締役・会計参与・監査役・執行役（取締役等）は株主から受けた質問につき説明する義務がある（会314条）。義務に違反した場合，決議方法に法令違反があるとされ，総会決議の取消事由となる（会831条1項1号）。

2. 取締役等の説明義務

　取締役等の説明義務は，株主総会で説明を求められて初めて生じる。質問状の提出だけでは説明義務は生じない。説明義務は法的な義務であり，株主が質問した特定の事項について説明する義務を負う（会314条本文）。株主が回答者を指定する質問をした場合であっても，回答者は議長の裁量により指名できる。なお，株主から質問があっても，①質問事項が議題に関連しない，②説明すると株主共同の利益を著しく害する，③同一事項の質問の繰り返し，④説明に調査を要する，⑤その他正当な理由がある，ときは説明を拒否したとしても法令違反とはならない（同条但書，会社則71条）。

　①は議題（決議事項・報告事項）の理解のために説明義務が設けられているためであり，②は企業機密の公開を防止するため，③は相当の期間前に質問状を提出していたときは説明を拒否する理由にはならない（会社則71条1号イ）。⑤の正当な理由には，説明することにより会社が第三者の権利を侵害する場合も含まれる（同条2号）。

3. 説明義務の程度

　質問に対する説明の程度は，決議事項については合理的な判断（意思決定）に必要な程度であり，報告事項では内容を理解するために必要な程度説明すれば足り，質問者が主観的に納得するまでの説明は必要とされていない。複数に質問事項がある場合，事項ごとにまとめて説明する，いわゆる，一括説明（一括回答方式）で説明することも認められている（東京高判昭和61・2・19判時1207号120頁［判百32］）。

　説明の程度は，質問者が有している資料等も総合的に考慮し，平均的な株主が理解できる程度の説明とされる（東京高判平成23・9・27資料版商事333号39頁）。ただ，説明義務は質問者が，通常，議決権行使のために必要な情報を得るものである以上，質問者を基準とし，質問者が知識を有している事項については説明を省略できると考えるべきである。質問者が平均的な株主であるかどうかは会社には不明であることも十分ありうることであり，質問者が平均的な株主の知識・理解力を欠く場合でも，平均的な株主の知識・理解力を基準とした説明をすれば説明義務を果たしたと解すべきであろう。

4. 本問への適用

　質問の議題との関連性は，取締役の選任議案については広く認められ，本件代表取締役Bの取締役再任議案についても，その関連性は様々なトピックに及びうる。取締役再任候補者が今後の会社経営の舵取りの方向性を表明することは再任議案につき議決権を行使するために重要な情報であり，説明を拒否できる正当理由は見当たらず，質問事項と議題との関連性が認められる。

　それゆえ，株主Cが質問した代表取締役Bに対する再任後の業績改善策につき，正当な理由なく一切の説明が拒否された中で本件議案が可決したことには，決議方法に法令違反があり，決議取消しの訴えを提起することができる（会831条1項1号）。提訴できる株主には特段の制限はなく，本件質問をした株主ではなく，くわえて，本件株主総会を欠席している株主Dであっても同様である。

Q-37　株主総会決議の効力

株主が株主総会決議の効力を争うために，会社法上設けられている制度について説明せよ。

[解説]

1. 問題の所在

株主総会決議に瑕疵がある場合，決議の法理効果は原則として認めるべきではないが，株主総会決議は多くの利害関係者に重大な影響を及ぼす。そこで，会社法は，決議の瑕疵の性質と程度に応じて，株主が株主総会決議の効力を争う手段として3種類の訴えを用意している。株主総会決議取消しの訴え，株主総会決議無効確認の訴え，株主総会決議不存在確認の訴えの3つである（Q-29参照）。

2. 形成訴訟と確認訴訟

3種類の訴えは，すべて株主総会決議における瑕疵を理由に決議の効力を否定する目的の訴えであることでは共通している。ただ，株主総会決議取消しの訴えと株主総会決議無効／不存在確認の訴えには大きな違いがある。

取消しの訴えは，一応決議が有効に成立していることを前提に，決議の効力を取り消す確定判決により遡及的に消滅させる訴えである。他方，無効／不存在確認の訴え，決議に法的効力が生じておらず，そもそも無効あるいは存在しない法律関係を判決により確認する訴えである。判決の有無にかかわらず決議は無効／不存在に変わりはない。したがって，取消訴訟が形成訴訟であり，無効／不存在確認訴訟が確認訴訟である。

取消訴訟が形成訴訟であることの意義は，取消原因があるまでは決議は有効と扱われることにある。これは，容易に決議の効力が覆る制度は法的安定性を欠いているともいえ，取消しの提訴期間や提訴権者を限定させることで，決議の効力が覆る可能性を小さくすることにもなる。取消原因のある総会決議につき，誰も取消しの訴えを提起しないまま出訴期間が経過すると，瑕疵ある決議も有効なものとして確定する。

無効／不存在確認は，訴えによらずとも，いつでも，誰でも，どんな方法でも主張できる。

3. 訴えの利益

決議取消訴訟のような形成訴訟では，原告適格等の要件を満たせば訴えの利益があるとされる。しかし，事情の変化により訴えの利益がなくなることもある。問題視された決議で選任された取締役全員が訴訟中に任期満了となり退任し，新たな取締役が選任された場合などである。一方で，計算書類承認決議の取消しを求める訴えの利益は，翌期以後の計算書類が承認されてもなくならない（最判昭和58・6・7民集37巻5号517頁［判百37]）。

議案が否決された場合，それにより新たな法律関係が生じるのではなく，否決決議の取消しを求める訴えには，訴えの利益は認められない（最判平成28・3・4民集70巻3号827頁［判百35]）。

4. 瑕疵の連鎖

取締役を選任する株主総会の決議が存在するとはいえない場合，当該取締役により構成された取締役会は正当な取締役会ではなく，さらに，当該取締役会で選定された代表取締役も正当な選定ではなく，株主総会の招集権限も有さず，当該取締役会の招集決定に基づき，当該代表取締役が招集した株主総会において新たな取締役を選任する決議は，全員出席総会等の特段の事情がない限り法律上存在しない（最判平成2・4・17民集44巻3号526頁［判百39]）。こうした状況を決議の不存在の連鎖という。

負のスパイラルともいうべき瑕疵の連鎖は，会社の法的安定性を相当に害しうることは疑いの余地はない。先行する決議の瑕疵が取消事由にあたるか不存在事由にあたるかで，後行の決議により新たに役員が選任（選定）された場合の訴訟結果も変わる。先行決議に不存在事由があるとしても，特段の事情を広くとらえることで瑕疵の連鎖を裁ち切り，事案に応じた柔軟な対応を試みることも一つのアイデアである。もっとも，先行決議に取消事由があるにとどまる場合でも，取消判決が確定すればその効力は遡求し，先行決議の取消しの結果，瑕疵連鎖は生じうる。

関連問題 **特別利害関係者の議決権行使**　　株主総会の決議について，特別の利害関係を有する者が議決権を行使したことによって著しく不当な決議がされたとき（会831条1項3号）とは，具体的にどのような場合を指すか。

Q-38 裁量棄却

会社法上，裁判所は，株主総会決議の取消請求を裁量棄却することができるとされているが，それはどのような場合かについて説明せよ。

[解説]

1. 決議取消しと裁量棄却の関係

会社法831条1項は，同項各号にて株主総会決議の取消事由を定める。1号は招集手続または決議方法の瑕疵，2号は決議内容の定款違反，そして3号は特別利害関係人による議決権行使である。これらのうち1号は，取消事由6点を規定する。招集手続または決議方法の2つについて，法令違反，定款違反または著しい不公正の3つがそれぞれ対応するからである。全部で6点のうち同条2項は，招集手続または決議方法の法令違反または定款違反の4点について，違反の事実が重大でなく，決議に影響を及ぼさないという2つの要件を満たした場合に裁量棄却を認める。

換言すれば1号所定の取消事由のうち，招集手続または決議方法の著しい不公正には裁量棄却が認められない。不公正の程度が問われる取消事由であり，程度が問われる点では，著しく不当な決議を定める3号も同様である。不公正・不当の著しい取消事由について裁量棄却が認められないのは，裁量棄却の要件として，違反の事実が重大でない点を2項が求めることの裏返しでもある。

なお1項2号は決議内容の定款違反であり，株主総会にて定款変更を決議すれば解消しうる点で，必ずしも重大でない取消事由である。ただし重大でない点は同じでも，招集手続・決議方法の法令・定款違反が手続的瑕疵であるのに対し，1項2号は決議内容をめぐる実体的瑕疵である。そのため決議取消訴訟において会社が抗弁として主張する裁量棄却を裁判所が認めて決議の効力を維持するのではなく，維持を意図するなら会社・株主総会が主体的・積極的に対応する仕組みとなる。

2. 裁量棄却の要件と効果

招集手続・決議方法の法令・定款違反に裁量棄却が認められるのは，もう一度決議をやり直しても同様の結果が予想され，費用・労力の無駄に帰着するからである。裁量棄却の制度が決議に影響を及ぼさないことを要件とするのは，このよ

うな理解に起因する。もとより取消事由たる手続的瑕疵を伴う以上，決議に影響を及ぼさないからとの一事で裁量棄却が認められるべきではない。違反の事実が重大な場合に裁量棄却を認めないのは，招集手続・決議方法に関する各種手続の履践が本来的に求められるからである。

　裁量棄却の要件 2 つは，別個の要件として規定されている。それゆえ違反の事実が重大か否かを検討する際，決議に影響を及ぼすか否かの考慮は除外されるべきであり，また決議に影響を及ぼすか否かを検討する際，違反の事実が重大か否かの考慮は除外されるべきとなる。こうした相互排他性に留意して，以下では 2 つの要件を個別に概観する。

　(1) **違反の事実が重大でないこと**　この要件が充足されたか否かは，違反の事実が重大か否かの判断で左右される。程度問題となりそうだが，手続的瑕疵の違反の程度を推量する前提として，手続により保護されるべき利益への考慮が求められる。そして招集手続・決議方法に関する規制が株主の利益保護を基礎とする以上，違反の事実が重大でない手続的瑕疵とは，取り上げるに値しない些細な瑕疵であり，当該瑕疵を問題にすること自体が権利濫用に近い瑕疵とされる。

　こうした理解に基づいて，違反の事実が重大か否かが判断される。近時の事案では瑕疵の軽微さについて，議決権行使の集計における評価の方法を誤ったのみであるとし，決議に影響を及ぼさなかった旨の認定と相俟って，取消請求を裁量棄却した事例がある（東京地判平成 19・12・6 判タ 1258 号 69 頁 [判百 31]）。また監査役監査を経ない利益処分案の承認決議の取消請求について，一般論として軽微な瑕疵でないとしつつ，本件では瑕疵は重大でないとされた。監査役が原告であり，監査役が監査をしようとすれば容易にできた場合に言及した判断である（東京地判昭和 60・3・26 金判 732 号 26 頁）。

　(2) **違反の事実が決議に影響を及ぼさないこと**　決議に際し票数の数え間違いがあったが，間違えずに数えても同じ結論となる場合またはこれと同視できる場合が基本である。同視できる例としては，非株主や代理人資格のない者により議決権が行使されたケースで，違法投票を除いても決議が有効に成立する場合が典型となる。判例（前掲東京地判昭和 60・3・26）では，発行済株式総数 1,089 万株のうち 845 万株の株式数を有する株主によって承認されたこと，および議決権の過半数を占める大株主がいずれも異議なく賛成した点に言及して，決議に影響を及ぼさないと判断された。

会社法では，株主が，発行するすべての株式を譲渡制限株式にするための定款変更，または事業譲渡，吸収合併などの株主総会決議に反対するなどの場合に株式の買取請求が認められているが，その行使要件，およびこれにかかわって生じる問題について説明せよ。

[解説]

1. 株式買取請求の目的

　発行する株式すべてを譲渡制限株式にするための定款変更は，会社の閉鎖性維持には寄与するものの，投下資本回収の著しい制約となり，株式自体の価値低下を惹起する。また事業譲渡や吸収合併は，従前の事業からの撤退や変更につながるため，株主の投資目的にも影響を及ぼす。非日常的・非営業的で，株主総会の特別決議が必要とされるこれらの行為は，会社の基礎的変更と呼ばれる。

　基礎的変更を行うための株主総会の特別決議では，株主の利害に著しい影響が及びうる以上，決議に反対の株主も想定される。そのような場合における利害調整方法の一つが株式買取請求である。一方で特別多数を占める多数の株主による基礎的変更の成立を認めつつ，他方で反対株主が会社に幽閉される事態とならないよう，会社からの退出と投下資本回収の機会を保証する制度である。反対株主にとってはプット・オプションの一種であるとともに，会社にとっては買取請求に応ずることで自己株式の保有に帰着する。

　株式買取請求が認められるのは，発行する株式全部を譲渡制限株式とするための定款変更決議（会116条・117条）や事業譲渡（会469条・470条）の決議に限られない。端数が生じる株式の併合の決議（会182条の4・182条の5），さらには吸収合併・新設合併，新設分割・吸収分割，株式交換・株式移転，株式交付（会785条・786条・797条・798条・806条・807条・816条の6・816条の7）の決議等，多岐にわたる。以下では発行する株式全部を譲渡制限株式とするための定款変更決議を中心に記すが，いずれの決議であれ条文は，まず反対株主の買取請求，次に株式の価格の決定等をそれぞれ定める体裁をとる。規定の内容も類似する。

2. 行使の要件と手続

　発行する株式全部を譲渡制限株式とするための定款変更決議について，会社法

116条1項柱書は，反対株主が株式会社に対し，自己の有する株式全部を公正な価格で買い取るように請求できる旨を定める。反対株主とは，発行する株式全部を譲渡制限株式とするための定款変更決議を行う株主総会に先立って反対の旨を会社に通知し，かつ，当該株主総会にて当該決議に反対した株主である（会116条2項1号イ）。反対の事前通知のみならず，実際の株主総会で反対の議決権行使も必要とされる（ただし議決権制限株式の株主のように，当該株主総会にて議決権を行使できない株主は，事前の反対通知や反対の議決権行使は不要である）。

　反対の事前通知を可能にするべく，会社は株主に対し，定款変更の効力発生日の20日前までに定款変更を行う旨を株主に対し通知または公告をしなければならない（会116条3項・同条4項）。これに対し反対株主は，定款変更の効力発生日の20日前から前日までに，株式の数を明らかにして株式買取請求権を行使する（会116条5項）。行使すると会社の承諾がない限り，行使した株主は株式買取請求を撤回することができない（会116条7項）。

3. 株式買取請求にかかわる問題

　株式買取請求の後，買取価格の決定に向けて株主と会社間で協議が行われ，協議が調うと会社は効力発生日から60日以内に買取価格を支払う（会117条1項）。効力発生日から30日の期間内に協議が調わない場合，株主または会社は当該期間満了後30日以内に裁判所に対して価格決定を申し立てることができる（同条2項）。効力発生日から起算すると60日以内となる期間内に申立てがなければ，株主は買取請求を撤回できる（同条3項）。

　買取価格決定の申立てにおいては，株式の評価が争点となる。具体的には株式の評価方法をめぐって争われる。評価の対象会社が上場会社であれば，市場価格を基準とした評価となる。市場価格のない場合，業種が類似する上場会社の配当金額や純利益額，純資産額を参考にする方法が考えられる。類似業種比準方式と呼ばれる評価方法である。ただし上場会社を参考とするため，対象会社の規模が小さい場合にはあまり適さない。会社の規模が小さく，清算価値をもって株式の評価とするのであれば，対象会社の1株あたり純資産額を株式の価値とする純資産額方式が用いられる。

　他に著名な方法としてDCF（ディスカウント・キャッシュ・フロー）法がある。会社から得られる将来の経済的給付を予測し，当該給付が得られるまでに要する時間および将来の時点で実際に得られる金額の不確定さを割り引いて，現在価値に

引き直す方式である。予測を伴うため専門家の知見が必要とされるが，近時多用される。実務ではこれらの方法が複数併用されることが多い。そして判例によれば，「非上場会社の株式の価格の算定については，様々な評価方法が存在するが，どのような場合にどのような評価方法を用いるかについては，裁判所の合理的な裁量に委ねられていると解すべき」とされる（最決平成27・3・26民集69巻2号365頁［判百88］）。

> **関連問題** **特別支配株主による株式売渡請求**　　会社法上の特別支配株主の株式等売渡請求制度とはどのようなものかについて説明せよ。

Q-40　株主総会決議取消しの訴えと訴えの利益

　以下の2つの場合において，被告は，当該訴訟は訴えの利益を欠いているとの主張をしているが，その適否について述べよ。

①　公開会社において，新株発行の決議にかかる株主総会決議取消しの訴えの係属中に，当該新株の発行がされた場合。

②　取締役等の役員選任決議の取消しの訴えの係属中に，その決議に基づき選任された取締役等の役員がすべて任期満了により退任し，その後の株主総会決議により新たな取締役等の役員が選任された場合。なお，取締役等の役員選任決議の取消しを求める訴えに，同選任決議が取り消されるべきものであることを理由として後任役員等を選任する後行の決議の効力を争う訴えが併合されていないこととする。

（参照：最判昭和37・1・19民集16巻1号76頁，最判昭和40・6・29民集19巻4号1045頁，最判昭和45・4・2民集24巻4号223頁［判百36］）

[解説]

1. 株主総会決議取消しの訴えにおける訴えの利益の消長

　株主総会決議取消しの訴えは形成訴訟とされる。決議は取消しを命ずる判決が確定するまで有効であり，確定すると決議時に遡って決議の効力が失われる（会839条・834条17号）のは，決議取消しの訴えにより既存の法律状態が変更されるとの理解に基づく。こうした形成訴訟においては，根拠条文の定める要件が満たされれば訴えの利益は認められるのが通常だが，訴訟提起後の事情の変化により，

訴えの利益を欠くに至る場合もありうる（最判昭和28・12・23民集7巻13号1516頁）。本問の①・②は，それぞれの事案における訴えの利益の消長を問う。

2. 設問①について

公開会社における新株発行は，原則として取締役会の決議により募集事項が決定されるが，有利発行の場合には例外的に株主総会の特別決議が要求される（会201条1項・199条3項）。また新株発行後の発行済株式総数が発行可能株式総数を超えるような場合，発行可能株式総数に関する定款規定を変更するために株主総会の特別決議が必要となる（会37条3項・113条3項1号）。

これらの株主総会決議が取消事由を伴う場合，決議取消しの訴えが提起されることになる。しかしながら訴訟継続中に新株が発行された場合，当該新株発行は有効であり，効力を否定するには形成訴訟たる新株発行無効の訴え（会828条1項2号）によらなければならない。そうだとすれば有利発行や発行可能株式総数変更のためになされた株主総会決議を取り消しても，新株発行の効力は否定されない。

また有利発行のケースにおいて，株主総会決議取消しの訴えが係属中に新株が発行された場合，取締役の対会社責任（会423条1項）を追及する方途が考えられないわけではない。特に有利な金額とそうでない金額を比較し，その差額を取締役の任務懈怠により会社が得られなかった損害と捉える立論である。しかしながら取締役の対会社責任を追及するのであれば，会社法423条所定の要件が充足されれば足りる。有利発行のためになされた株主総会決議を取り消す必要はない。

以上のように考えると設問①の場合，株主総会決議取消しの訴えは，新株が実際に発行された時点で訴えの利益を失うと解される（最判昭和37・1・19民集16巻1号76頁）。決議取消しの訴えを提起した株主は，実際に発行された後は，新株の効力を否定したいなら新株発行無効の訴え，新株発行を行った取締役の対会社責任を追及したいなら会社法423条に基づく訴えを，それぞれ別に提起すべきこととなる。

3. 設問②について

取締役は株主総会で選任され（会329条1項），任期は2年が基本である（会332条1項）。選任の株主総会決議が取消事由を伴う場合，当該決議の効力自体は取り消されるまで有効であるものの，株主総会決議取消しの訴えが提起される可能性

を孕む。ただし選任された取締役の在任中に決議取消しの訴えが確定するとは限らない。設問②の事案について，まずは訴えの係属中にもかかわらず任期満了により退任した場合における訴えの利益の消長から検討を試みる。

　任期満了により退任した取締役については，取締役の権利義務者としての扱いに留意する必要がある。取締役が欠けた場合や定款所定の員数が欠けた場合，任期満了により退任した取締役は，新たに選任された取締役が就任するまで，取締役としての権利義務を有する（会346条1項。代表取締役について会351条1項）からである。取締役の権利義務者が取締役の地位を前提とする点に鑑みれば，取締役の権利義務者に該当しないと主張するべく，取締役だったことを争う実益は残っている。それゆえ任期満了による退任の一事では，選任決議取消しの訴えにおける訴えの利益は失われないと考えられる。

　それでは決議取消しの訴えで争われている選任決議（先行決議）により選任された取締役が任期満了により退任した後に，新たな取締役選任の決議（後行決議）がされた場合はどうか。後行決議により選任された者が取締役に就任すると，取締役の権利義務者としての地位も消失する。先行決議による取締役の権利義務者が現存しない以上，先行決議を取り消す実益はない。それゆえ先行決議の取消しの訴えについては，後行決議による被選任者が取締役に就任した時点で，訴えの利益が消失すると考えられる（最判昭和45・4・2民集24巻4号223頁［判百36］）。

　[注]　①最判昭和37・1・19は新株引受権（当時）を与える株主総会決議の取消しを求める訴えが係属中に新株が発行された事案である。類似判例として，株主総会決議無効確認訴訟における訴えの利益が争われた最判昭和40・6・29民集19巻4号1045頁がある。

　　②最判昭和45・4・2では，特別の事情がある旨を原告が立証すると訴えの利益が維持されると読める枠組みを示している。

関連問題　**決議取消しの訴え提起後の取消事由の追加**　　株主総会決議取消しの訴えを提起した後，原告は会社法831条1項所定の期間経過後に新たな取消事由を追加主張することは可能か。(参照：最判昭和51・12・24民集30巻11号1076頁［判百34］)

7

株式会社の機関

(1) 役員等の選任・解任

Q-41　取締役会設置会社

取締役会を設置しなければならない株式会社はどのような会社か。また，取締役会を設置するときは，株式会社はどのような機関構成を採用する必要があるか。

[解説]

1.　取締役会を設置しなければならない会社

　株式会社の機関設計は，最小限度を記すなら株主総会と取締役1名で足りる（会326条1項）。換言すれば取締役会や監査役等の機関の設置は会社の任意であり，定款自治の範疇にある（会326条2項）。ただし取締役会の設置が義務づけられる会社もある。公開会社，監査役会設置会社，監査等委員会設置会社および指名委員会等設置会社である（会327条1項）。取締役会の設置が義務化されている場合でも，設置する旨の定款規定は必要である。

　これらの会社では，株主総会の権限が会社法に規定する事項および定款で定めた事項に限られる（会295条2項）。定款規定次第では株主総会に万能機関性（会295条1項参照）を持たせることも可能だが，デフォルト・ルールに従う限り，業務執行の決定は取締役会の権限であり（会362条2項1号），株主総会の権限ではない。3人以上（会331条5項）の取締役で構成される取締役会にて，会社の経営を専門的に行うべきとの考えを基礎とする。

　取締役会は取締役の職務の執行を監督し，代表取締役の選定および解職も行う（会362条2項2号・同3号）。取締役会設置会社では，取締役の職務の執行を監査する監査役（会381条1項）の設置が原則として要求される（会327条2項本文）が，監査役が設置されるのに取締役会にて取締役の職務の執行を監督すべき理由は何か。取締役会は妥当性監査，監査役は適法性監査をそれぞれ担うとの通説的理解に立てば，監査の性質で両者を区別することは可能である。しかしながら監査機関たる監査役が設置されているにもかかわらず，業務執行の決定機関であるはずの取締役会に，取締役の職務を監督する権限が帰属すべき理由は何か。

　この点について多数説的理解は，監査権限が法定されている点を理由とする。そのうえで取締役会と代表取締役の両者を，業務執行が対内的か対外的かで区別

される並立的な機関と捉える。並立機関説と呼ばれる見解である。これに対し有力説は，株主総会の万能機関性から説き起こす。定款規定次第で株主総会が万能機関になりうる点に鑑みれば，取締役会に業務執行の権限が帰属するのは，株主総会から取締役会へ権限が授与されるからと捉える。そして業務執行のうち代表権は，取締役会にて選定された代表取締役へ，取締役会から権限が授与されると把握する。業務執行を決定と実行に二分し，決定権限は取締役会に帰属するが，実行権限は代表取締役へ授権されるとの理解である。

　こうした理解に立つ場合，株主総会は本人，取締役会は代理人，代表取締役は復代理人に準えられる。そして本人と代理人間の代理権授与契約を基礎に，復代理人を選任した代理人の本人に対する債務不履行の問題として，代理人による復代理人の監督が債務の本旨に従ってなされたか否かが問われる。取締役会の監督権限を，復代理人の監督をめぐって代理人が本人に対して負うべき責任とのアナロジーで捉えるこのような考え方は，派生機関説と呼ばれる。

2. 取締役会設置会社の機関構成

　先に記したように取締役会設置会社は，監査役の設置が原則として要求される。例外は公開会社でない会計参与設置会社である（会327条2項但書）。会計参与は公認会計士もしくは監査法人または税理士もしくは税理士法人が資格であり（会333条1項），会計に関する専門的知見を備える。閉鎖的で株主間の緊密性が存する会社において，こうした専門家が機関として加わるのであれば，監査役の設置を義務化する必要はないとの理解である。

　取締役会の設置が強制される監査役会設置会社が，公開会社かつ大会社であって，有価証券報告書提出会社である場合，社外取締役を置かなければならない（会327条の2）。監査役会を設置するこの会社の場合，大会社なので，会計監査人の設置も強制される（会328条1項）。

　また，同じく取締役会の設置が強制される監査等委員会設置会社または指名委員会等設置会社においても，社外取締役や会計監査人の設置が義務化される。監査等委員会設置会社の場合，監査等委員である取締役は3人以上でなければならず，その過半数は社外取締役でなければならない（会331条6項）。指名委員会等設置会社の場合，指名委員会，監査委員会または報酬委員会の各委員会は取締役である委員3人以上で組織され（会400条1項），委員の過半数は社外取締役でなければならない（会400条3項）。このような監査等委員会設置会社または指名委

員会等設置会社では，公開会社か否かや大会社か否かとは無関係に，会計監査人の設置が要求される（会327条5項）。反面で監査等委員会または監査委員会が設置されるので，監査役を置くことはできない（会327条2項本文括弧書）。

> **関連問題** **株式会社の役員・役員等** 会社法上で「役員」とはどのような範囲の者を指すとされているか。会社法423条の「役員等」の範囲と対比しながら説明せよ。

Q-42 取締役解任の正当事由と損害賠償責任

Ａ株式会社の取締役は，Ｂ・Ｃ・Ｄの3名である。取締役Ｂは，持病が悪化して業務を続けることが無理なため，代表取締役のＣに，体調が回復するまでしばらく休ませて欲しいと願い出た。Ｃはそれを承知したが，Ｂの回復には相当時間を要するところ，会社は現在経営拡大の重要な時期だから経営陣を一新すべきと考え，臨時株主総会を招集して，Ｂの解任と新任取締役の選任を決議した。Ｂは，解任は正当事由を欠くとして，損害賠償請求をしているが，これは認められるか。

(参照：最判昭和57・1・21判時1037号129頁［判百42］)

［解説］

1. 取締役の解任とそれに伴う利害調整

取締役，会計参与，監査役および会計監査人は，いつでも株主総会の決議により解任することができる（339条1項）。株主からの信認を基礎とするこれらの者が信認を喪失した場合に，株主の利益を保護するべく，株主総会が首尾よく解任できるようにするのが株主総会決議による解任の仕組みである。ただし信認の語彙が意味する内容は抽象的で把握しづらい。信認を喪失したか否か，そもそも選任時における信認は具体的にどのような内容だったか等，信認喪失を解任できる事由として扱うと，株主総会決議による解任の仕組み自体が無機能化しかねない。

こうした不都合を回避するべく，会社法339条1項では解任事由が規定されていない。事由の如何を問わず，株主総会は解任を自由に決議しうる。解任決議の定足数要件および決議要件は，選任決議のそれと基本的に同じである（会341条）。もっとも，地位安定の観点から，累積投票により選任された取締役，監査役また

は監査等委員である取締役については，決議の要件が加重されている（会309条2項7号）。

利害調整の必要性は，株主の利益保護や役員の地位安定にとどまらない。役員の利益保護にも考慮を要する。取締役・会計参与は2年，監査役は4年が基本的な任期であり（会332条1項・334条1項・336条1項），在任中は会社に対し報酬を請求しうる（会361条・379条・387条）。事由の如何を問わずに解任を決議しうる状況において任期中の報酬への期待を保護するべく，解任決議により解任された者は，解任に正当な理由がある場合を除き，会社に対し損害賠償を請求することができる（会339条2項）。

なお損害賠償請求訴訟において，解任決議により解任された原告は，解任決議により解任された旨，因果関係および損害の各要件を主張・立証する。被告である会社の故意や過失は要件とされない。また，解任に正当な理由がなかった旨の主張・立証は求められない。反対に会社は，原告からの攻撃に対する防御として，解任に正当な理由があった旨を主張・立証することになる。

2. 正当な理由による利害調整

(1) **責任の性質**　　かつては不法行為や債務不履行とする見解が唱えられた。しかしながら解任自体は不法行為に該当しない。また債務不履行責任を問う前提となる債務を想定しようとすれば，任期中は解任しない旨の特約が就任時に存する必要があろう。けれども解任の自由が株主の利益保護に由来する点に鑑みれば，当該特約は株主の利益保護と抵触しかねない。債務不履行との理解も適切でないため，会社法339条2項の損害賠償責任は法定特別責任と解されている。

法定特別責任なので，損害賠償の一般原則は必ずしも妥当しない。請求に際して会社の故意や過失は必要ない。債務不履行や不法行為ならばall or nothingでない中間的結論を導き出す方策の一つとして過失相殺（民418条・722条2項）を利用しうるが，法定特別責任なので当然には利用できない。そのため妥当な中間的結論を導き出すべき理由となる事情の詳細な説示が必要となる。たとえば残存任期が10年に及ぶ場合（会332条2項参照）もありうる以上，会社が解任に躊躇することのないよう，会社による解任の自由と取締役による報酬への期待の調整が欠かせない。そのため損害額の算定期間を限定するべく，会社の経営状況や取締役の職務内容等が説示される（東京地判平成27・6・29判時2274号113頁［判百A16]）。

(2) **正当な理由**　　解任しても会社が損害を賠償しなくて済む正当な理由

として，①取締役の職務執行における不正の行為や法令・定款違反，②心身の故障，および③経営能力の欠如が挙げられる。もとより職務の遂行に耐えられない程度の事情が要求される。①は解任の正当理由となるのみならず，仮に解任決議が否決されたような場合，解任の訴え（会854条）へ展開する可能性を有する。②は本問のケースである（前掲最判昭和57・1・21）。体調回復に相当な期間を要する点も正当理由ありとの理解につながる。③は経営者としての適格性とも換言できる。違法と判断されるリスクがあり，小売業者との信頼関係を破壊し，会社のグループ全体の経営に重大な悪影響を及ぼすおそれのある事業を企図・実行した取締役について，適格性に疑問を抱かせると判断した事例がある（東京地判平成30・3・29判タ1475号214頁）。

なお，解任のみならず，任期を短縮する定款変更も解任と同様に扱われる。また損害については，残存任期中の報酬のほかに退職慰労金も対象である。ただし退職慰労金支給に関する定款規定や株主総会決議，従前の慣行等から，退職慰労金が支給される蓋然性の考慮が欠かせない。

> **関連問題** **職務代行者の選任** 株式会社がその取締役の職務執行を停止し，その職務代行者の選任を裁判所に申し立てることができるのはどのような場合か。

Q-43　代表取締役解任の登記の効力

Ａは，非上場のＢ株式会社の代表取締役であったが，知らない間に，取締役を退任させられ，代表取締役の資格を失った。その1か月後，Ｂ会社は，後任の代表取締役にＣを選任し，Ａの代表取締役退任とＣの代表取締役就任の登記を行った。Ａは，Ｄ社との間でＢ会社代表取締役として取引契約を締結しているが，その締結時期がいつかにより，契約の効力に違いはあるか。

（参照：最判昭和49・3・22民集28巻2号368頁［商法判百6］）

[解説]

1. 商業登記の効力

商業登記の意義は公示に存する（商登1条参照）。換言すれば実体的な法律関係には影響を及ぼさないのが原則である。法人格付与という実体的法律関係に影響を及ぼす会社の設立登記（会49条）のような規定は，例外と位置づけられる。登記

事項は会社等にかかる信用の維持を図り，取引の安全と円滑に資することを目的に政策的に決定される（商登 1 条参照）。株式会社の代表取締役については，氏名および住所が登記事項である（会 911 条 3 項 14 号）。本問では A の代表取締役退任および C の代表取締役就任について，変更登記（会 909 条）が行われている。

登記の効力（会 908 条 1 項前段）は登記の前後で大別される。登記前の時点で登記当事者たる株式会社は，登記すべき事項について善意の第三者に対抗することができない。登記後の時点では，登記当事者は登記済の事項を善意の第三者に対抗することができる。講学上，登記前における商業登記の効力は消極的公示力，登記後におけるそれは積極的公示力と呼ばれる。

事実の公示が意義なので，登記と事実は一致すべきが本来である。しかしながら事実発生と登記には基本的に前後関係があり，その間は事実と登記が不一致の状況となる。時系列を少し拡大すると，①株式会社の設立時に代表取締役が正しく登記される限り，事実と登記は一致する。②その後に代表取締役が交代したにもかかわらず，代表取締役の変更登記が未了の時期があり，この時期に事実と登記の不一致が生ずる。③その後変更登記が正しくなされると，事実と登記は再び一致する。消極的公示力は②，積極的公示力は③の時点における商業登記の効力である。

なお①と③では登記が行われる。当該登記にて虚偽を登記した場合，不実の登記の問題となる（会 908 条 2 項）。事実と登記に相違がある点では同様だが，会社法 908 条 1 項は真実を登記した場合の規定であるのに対し，会社法 908 条 2 項は不実を登記した場合の規定である。時系列における行為時と登記時の相違に留意する必要がある。さらにいえば請求時にも留意を要する。登記の効力として対抗の可否が問われるのは請求時だからである。

対抗の可否が問われる典型は同時履行の抗弁（民 533 条）である。発生・移転・行使という権利の論理的前後関係に照らした場合，同時履行の抗弁では，原告の主張する権利が有効に発生した点，および権利が有効に移転し原告に帰属する点のいずれも被告は認める。しかしながら被告は原告の権利行使を拒む。双務契約において原告が債務の履行を拒むので，被告自身も債務の履行を拒むという抗弁である。

2. 実体的法律関係と登記による対抗の可否

設問の事例について，まず実体的法律関係を確認しておく。本問の A が B 株式

会社代表取締役の資格を喪失した後，Ａの行為は無権代理（無権代表）となる。表見代理や追認，無権代理人の責任等が問われる状況であり，本問では代理権消滅後の表見代理（民112条）の問題となる。資格喪失後にＢ会社の代表取締役として行ったＡの行為は，無権代理の事実についてＤ社が善意の場合，Ｄ社が無過失なら民法112条の表見代理が成立する。こうした実体的法律関係について，法律行為の原理・原則論に立つ限り，法律行為の効力は行為の時点で決せられるべきとなる。締結時期によりＤ社との契約の効力に違いがあるかを問う本問では，代理権の消長および表見代理の成否により，契約の効力は決せられる。

　それでは変更登記の時期は何も影響を及ぼさないか。登記は実体的法律関係に何も影響を及ぼさない。Ｄ社との契約の効力自体に，登記は影響を及ぼさないのが本来である。ただし登記は請求の可否に影響を及ぼす。Ｄ社の主張する債権が有効に発生し，当該債権がＤ社に有効に帰属しているとしても，Ｂ社はＤ社の権利行使を拒みうる。前記③において積極的公示力が機能する場面である。Ａ退任の事実についてＤ社が善意であり，民法112条の表見代理が成立する場面であっても，Ｄ社からの請求に対しＢ社はＡの退任登記をもって抗弁を対抗しうる（前掲最判昭和49・3・22［商法判百6］）。

　なお積極的公示力ではＤ社の善意が要件となるのに対し，Ａの退任登記によりＢ社はＡ退任について悪意との見解もありえよう。悪意擬制説と呼ばれる見解である。ただし悪意擬制説によれば，登記が実体的法律関係に影響を及ぼすことになる。登記により生ずる効果は抗弁対抗が可能になることであり，実体的な事実として悪意が擬制されるわけではないとの理解に抵触する。のみならず悪意擬制説によれば，実体的法律関係において，表見代理をはじめとした善意者保護規定の適用が困難となる点も問題となる。

　　［注］　①最判昭和49・3・22は，法律行為の効力と抗弁対抗の可否を区別するように読めるが，悪意擬制説を前提とするように読めなくもない。

（2）取締役・取締役会・代表取締役の権限

Q-44　代表取締役の選定

　株式会社における代表取締役の意義はどのようか。また，代表取締役を定める手続はどのようかについて説明せよ。

[解説]

1．代表取締役の意義

　代表取締役は主として2つの権限を有する。業務執行権（会348条1項・363条1項1号）と代表権（会349条）である。業務執行権は，①代表取締役のほかに，②取締役会設置会社では取締役会の決議により取締役会設置会社の業務を執行する取締役として選定された者（選定業務執行取締役と呼ばれる。会363条1項2号）にも帰属しうる。③その他の取締役に業務執行権の一部を付与することも可能であり，①ないし③を業務執行取締役と総称する（会2条15号イ）。

　代表権は代理権を基礎とするものである。代理権との主要な相違点として，代理では必要とされる個別具体的な代理権授与が，代表では不要となる点が挙げられる。代表取締役の地位にある者が代表取締役として行った行為は，当然に会社の行為となる。また代表権は包括性を備える。株式会社の業務に関する一切の裁判上または裁判外の行為をする権限が，代表取締役には当然に帰属する（会349条4項）。

　もとより代表権の制限は可能である。包括性を所与としつつ，たとえば1,000万円以上の取引については取締役会の決議事項とするような制限である。制限された行為を代表取締役が行った場合，会社は，当該行為が無権代理行為であり，無権代理の本人たる会社に効果が帰属しない旨を善意の第三者に対抗することができない（会349条5項）。第三者からの請求時における抗弁対抗の可否である。

　ただし当該行為の効果は行為の時点で決せられる。表見代理の成否が決せられるのも行為時である。権限外の代表行為について表見代理（民110条）が成立しない場合，その後に会社による追認がなければ，会社に対する権利自体は第三者に発生しない。しかしながら第三者が善意の場合，会社は無権代理である旨の抗弁を対抗することができない。被告の会社が防御を講じえないため会社が敗訴し，そのため第三者が勝訴し請求は認容される。権利はないが請求は認められる結果

である。

2. 代表取締役の選定手続

　取締役会設置会社においては，代表取締役の選定は取締役会の権限であり（会362条2項3号），取締役会は取締役の中から代表取締役を選定しなければならない（会362条3項）。選定は取締役会決議によって行われ，デフォルト・ルールによれば，議決に加わることができる取締役の過半数が定足数であり，出席した取締役の過半数が決議要件である（会369条1項）。これに対し取締役会設置会社でない株式会社では，定款，定款の定めに基づく取締役の互選または株主総会の決議によって，取締役の中から代表取締役を定めることができる（会349条3項）。取締役会設置会社か否かを問わず，代表取締役は取締役の中から選ばれる仕組みである。それゆえ株主総会における取締役の解任決議（会339条1項）をはじめとして，取締役の地位を喪失した場合，当該取締役が代表取締役だったならば，代表取締役の地位も喪失する。

　取締役会設置会社でない株式会社では，株主総会で代表取締役を選定することができるが，取締役会設置会社ではどうか。取締役会設置会社でない株式会社の株主総会が万能機関性を有する（会295条1項）点に着目すると，定款，定款の定めに基づく取締役の互選と並んで株主総会の決議で代表取締役を定めることができるのは，万能機関性から説明できそうである。そして取締役会設置会社においては，株主総会の権限が会社法に規定する事項および定款に定めた事項に限られる（会295条2項）ので，株主総会による代表取締役の選定は認められないようにみえる。

　ただし株主総会で代表取締役を選定できる旨を定款に規定した場合はどうか。会社法295条2項は定款で定めれば株主総会の決議としうる旨を定めるとも読める。のみならず同条項の「定款で定めた事項」については特に制限されていない。万能機関性を所与とせずとも，定款規定が設けられていれば，取締役会設置会社でも株主総会で代表取締役を選定することができそうである。

　もっとも，同じ取締役会設置会社でも，公開会社か否かでは取締役会設置が強制されるか否かで異なる（会327条1項1号参照）ため，取締役会に期待される役割は必ずしも同じとは限らない。また株主総会に代表取締役の選定権限を認める定款規定が，株主総会のみに権限を認めるか，取締役会にも権限を認めるかにより，当該定款規定の効力を同じ扱いとしてよいとは限らない。

解職を含む監督権限とその実効性をめぐり議論は錯綜するが，近時の最高裁決定は一定の範囲で見解を示した。公開会社でない取締役会設置会社において，取締役会の決議によるほか株主総会の決議によっても代表取締役を定めることができる旨の定款の定めは有効であるとの見解である（最決平成29・2・21民集71巻2号195頁［判百41]）。もとより本決定の射程をめぐっては議論が継続している。

Q-45　取締役の権限

取締役会を設置する株式会社における取締役会および取締役のそれぞれの権限について説明せよ。

[解説]

1.　取締役会の権限

取締役会はすべての取締役で組織され（会362条1項），以下の職務を行う。(1)業務執行の決定，(2)取締役の職務の執行の監督，ならびに(3)代表取締役の選定および解職の3つである。これらのうち(3)とりわけ解職については，取締役会による代表取締役への監督を基礎とするので，取締役会の権限は(1)と(2)に大別できる。

(1)の業務執行の決定については，以下に記す7つの事項その他の重要な業務執行の決定が，必ず取締役会で決定されなければならず，取締役へ委任できない事項とされる（会362条4項）。(a)重要な財産の処分および譲受け，(b)多額の借財，(c)支配人その他の重要な使用人の選任および解任，(d)支店その他の重要な組織の設置，変更および廃止，(e)社債の募集，(f)取締役の職務の執行が法令および定款に適合することを確保するための体制その他株式会社の業務ならびに当該株式会社およびその子会社から成る企業集団の業務の適正を確保するために必要なものとして法務省令で定める体制，(g)定款に基づく取締役等の責任の一部免除。

ただし指名委員会等設置会社では，過半数を社外取締役が占める各委員会が強い権限を有する（会404条1項ないし3項）とともに，業務執行の決定も取締役会から執行役へ広汎に委任することができる（会416条4項）。監査等委員会設置会社においても同様の効果が定められている。取締役の過半数が社外取締役の場合および取締役会決議により重要な業務執行の決定を取締役に委任できる旨の定款規定がある場合には，重要な業務執行の決定を取締役へ広汎に委任できる（会399

条の13第5項・同条6項)。業務執行の決定権限を大幅に委任した取締役会は,(2)の取締役の職務の執行の監督が主要な権限となる。

　取締役会の主要な役割を監督機能に求めるこのような考え方は,モニタリング・モデルと呼ばれる。これに対し,主要な役割を意思決定機能に求める考え方はマネジメント・ボードやオペレーション型と呼ばれる。主要な役割のほかに,取締役会の構成を社外者または社内者のいずれを中心として描くか,取締役会にて決定された業務執行を実際に行う者が取締役会に加わるか否か等,対照的に捉えられる事柄は複数に及ぶ。もっとも,モニタリング・モデルとマネジメント・ボードは対照的な理念型の呼称に他ならず,取締役会の実際の役割が二者択一というわけではない。両者の折衷型も想定可能であり,しばしばハイブリッド・モデルと呼ばれる。

　いずれの理念型を想定するにせよ,(2)の監督権限を担うべく,代表取締役および選定業務執行取締役には取締役会への報告義務が定められている(会363条2項)。3か月に1回以上の頻度で,自己の職務の執行状況に関する報告である。指名委員会等設置会社における執行役にも同様の義務が定められている(会417条4項)。さらに取締役会の監督権限に寄与するべく,監査役にも義務が定められている。監査役は取締役の不正行為もしくはそのおそれがあるとき,または法令・定款違反の事実や著しく不当な事実があるときは,取締役会へ報告しなければならない(会382条)。さらに監査役は,取締役会へ出席し必要があるときは意見を述べる義務を負う(会383条1項)。

2. 取締役会設置会社における取締役の権限

　業務執行は決定の後に実行の段階へ移る。もとより会議体である以上,取締役会自身による実行は不可能であり,実行行為者を用意することになる。代表取締役および選定業務執行取締役が実行行為者の典型(会363条1項)だが,これら以外の取締役が実行しても構わない。現実に実行した取締役と代表取締役・選定業務執行取締役をまとめて業務執行取締役と呼ばれ,これに執行役または支配人その他の使用人を含め業務執行取締役等と呼ばれる(会2条15号イ)。

　業務執行取締役等は社外取締役になれない。換言すれば社外取締役は業務執行の実行には関与せず,取締役会の権限である業務執行の決定と監督に取締役会構成員として携わることになる。こうした原則論に対し,令和元年(2019年)改正により例外が設けられた。社外取締役を置いている会社において,会社と取締役

の利益が相反する状況にある場合，その他取締役が会社の業務を執行することにより株主の利益を損なうおそれがある場合における例外である。これらの場合に会社は，その都度，取締役会の決議により，当該会社の業務執行の実行を社外取締役に委託できる（会348条の2第1項）。指名委員会等設置会社については，会社と執行役の利益相反を主な内容とする同様の規定がある（同条2項）。利益相反およびそれに類する状況への対応を念頭に置いた例外である。

> **関連問題** **取締役会非設置会社における取締役** 取締役会を置かない株式会社における取締役は，どのような権限を有しているかについて説明せよ。

Q-46 取締役会への権限の委託

株式会社において，①事業の全部または重要な一部を譲渡することの決定，および②取締役の報酬の決定を取締役会の権限とすることができるかについて述べよ。

(参照：旧司法試昭和55年)

[解説]

1. 株主総会の権限

株式会社の機関設計で株主総会は最高機関とされる。役員および会計監査人の選解任権が株主総会に帰属する（会329条・339条）点が，最高機関性を示唆する。選解任権を基礎とした上下関係である。また権限分配の観点から眺めた場合，取締役会設置会社において，取締役会の権限とされる事項は，定款規定により株主総会の権限としうる（会295条2項）ので，定款規定次第で株主総会は万能機関へ近づく。

それでは株主総会に帰属する事項を，株主総会よりも下位の機関へ委任できるか。機関の上下関係に照らすと，設問はこのような意味合いを有する。とりわけ設問は，定款規定があれば下位機関に属する権限を上位機関自身の権限としうる旨を定める会社法295条2項とは反対のケースなので，単に定款自治の問題としては片付けられない。設問の①・②が本来的に株主総会の権限とされる理由の検討が必要となる。

会社法が定める株主総会の決議事項は，以下の4つに分類される。(a)役員・会

計監査人の選解任に関する事項，(b)会社の基礎的変更に関する事項，(c)株主の重要な利益に関する事項，および(d)取締役に委ねると利益相反が生じ株主の利益が害されるおそれの大きい事項の4つである。設問の①は事業譲渡であり(b)に該当し，②は取締役の報酬であり(d)に該当する。

2. 事業譲渡と株主総会決議

事業全部の譲渡は会社法467条1項1号，事業の重要な一部の譲渡は会社法467条1項2号に該当する。いずれも株主総会の特別決議が必要である（会309条2項11号）。もっとも，株主総会へ付するに先立ち，事業の全部または重要な一部の譲渡を総会の目的である事項の決定として取締役会で決議しなければならない（会298条4項）。のみならず事業の全部または重要な一部の譲渡は重要財産処分（会362条4項1号）や重要な業務執行（会362条4項柱書）に該当する可能性が高い。取締役会におけるこうした手続を履践したうえで，さらに株主総会の特別決議が要求されている点に鑑みれば，事業の全部または重要な一部の譲渡を取締役会の権限としうるかについては，否定的に解されよう。

ただし事業の重要な一部の譲渡については簡易手続が規定されている。譲渡資産の簿価が総資産額の20％以下の場合に，株主総会決議を不要とする手続である（会467条1項2号括弧書き）。簡易手続に該当するなら株主総会決議は不要であり，総会の目的事項として取締役会で決議する必要もない。さらに重要財産処分や重要な業務執行にも該当しないならば，取締役会決議も不要となる。該当する限りで取締役会決議は必要だが，当該決議は事業の重要な一部の譲渡に関する契約の承認ではない。その意味で，事業の重要な一部の譲渡の決定が取締役会の権限となるわけではない。権限は株主総会に帰属したままと解されよう。

3. 取締役の報酬と株主総会決議

取締役の報酬，賞与その他の職務執行の対価として会社から受ける財産上の利益については，定款で定めるか，定款で定めていないときは株主総会の決議で定めなければならない（会361条1項）。多数説的理解によれば，会社と取締役間で利害が対立し，取締役によるお手盛りの弊害があるので，定款で定めるために定款変更の特別決議を行う（会309条2項11号）場合も含め，株主総会の決議が要求される。

なお株主総会決議が要求されるのは，お手盛り防止の政策的理由によるのでは

なく，取締役の報酬の決定権限は選任機関に帰属すべきとの理解に基づくとの有力説も唱えられている。このような有力説によれば，取締役の報酬に関する株主総会決議は，上記の(d)ではなく(a)に分類される。もっとも，いずれの見解であれ，株主総会決議が必要となる点に変わりはない。

のみならず，このような理由に基づいて株主総会決議が必要となる以上，株主総会から取締役会への報酬決定権限授権は基本的に認められない。少なくとも取締役全員の報酬総額の上限額は株主総会の決議が必要とされる。反面で，個々の取締役への具体的配分は取締役会の決定に委ねることができ，株主総会の決議で各取締役の報酬額を個別に定めることまでは必要ではないとされる（最判昭和60・3・26判時1159号150頁）。設問②については，個々の取締役への具体的配分について，株主総会から取締役会へ決定権限を授権しうると解される。

なお指名委員会等設置会社では，報酬委員会が取締役および執行役の個人別の報酬等の内容を決定する（会404条3項）。株主総会に報酬決定権限は帰属しないが，株主総会から報酬委員会へ当該権限が授権されたわけではない。指名委員会等設置会社となった時点より当該権限は報酬委員会に帰属する。選任権と報酬決定権の帰属不一致のように映るが，選任権の実質が指名委員会に帰属する点に鑑みれば，委員会に帰属する限りで不一致は生じていないとも解される。

> **関連問題** **代表取締役への権限の委託**　会社法上で，取締役会がその決定を代表取締役その他の機関に委ねることができないとされている事項はどのようなものか。また，その理由はどのようか。

Q-47　特別利害関係人の参加した取締役会決議

A株式会社においては，代表取締役Bの解職を取締役会で決議しようとしているが，Bはその議決に参加することができるか。

（参照：司法予備試平成31年，最判昭和44・3・28民集23巻3号645頁［判百63］）

[解説]

1.　特別利害関係人をめぐるルール

取締役会の決議は，議決に加わることができる取締役の過半数が定足数であり，出席した取締役の過半数が決議要件である（会369条1項）。いずれも定款により

加重できる。こうした決議方法を定めつつ，決議について特別の利害関係を有する取締役は，議決に加わることができない（会369条2項）。特別利害関係の存在という要件を満たせば，議決権排除および定足数不算入という効果が生ずるルールである。

議決権排除により多数決原理は事前に変容する。議決権行使後に不首尾・不適切な結果を修正する方策としては議決権濫用が想定されるが，会社法369条2項のルールは事前に定足数不算入とする。不首尾・不適切な結果を招来するか否かは，決議の時点では未来の事柄であり，誰にも断言はできない。取締役会における議決権の前提となるのは株主総会による取締役の選任であり，取締役会にて適切に議決権を行使してくれるとの信認を株主から受けて選任されている点に照らすと，議決権排除は消極的な方向へ傾きがちとなる。

もっとも，議決権排除は，取締役会のみならず株主総会でも見受けられる。たとえば，譲渡制限株式の買取りを決議する株主総会における譲渡等承認請求者（会140条3項）や，特定の株主からの自己株式取得を決議する株主総会における当該特定の株主（会160条4項）等について，議決権排除が定められている。他方で，特別の利害関係を有する者の議決権行使は排除されておらず，そのような議決権行使により著しく不当な決議がされた場合に決議取消事由となる扱い（会831条1項3号）である。特別の利害関係のみでは議決権を排除せず，特定の事項に排除を限定する対処と理解される。

2. 解職決議と特別利害関係

株主総会決議に関するこうした対処は，取締役会決議に関する会社法369条2項の解釈に反映する。まず同条項の目的については，忠実義務違反の防止と取締役会決議の公正確保が目的とされる。取締役は会社に対し，会社の利益を犠牲にして自己または第三者の利益を図ってはならないという忠実義務を負う。こうした忠実義務に違反して議決権を行使する危険性が高い場合への対応である。

このような理解をふまえ，会社法369条2項の特別利害関係については，ある決議について，忠実義務を履行することが定型的に困難と認められる個人的利害関係または会社外の利害関係と解されている。忠実義務の遵守が困難な場合を広く想定するのではなく，定型的に困難な場合に絞り込むのは，多数決原理の事前変更となる点を加味した限定的対処を意図するものである。具体例としては，競業取引・利益相反取引の承認（会356条1項・365条1項）や，定款の定めに基づく

対会社責任の一部免除（会426条1項）等の取締役会決議が，特別利害関係に該当すると解されている。

　判例は具体例をさらに加える。代表取締役の解職決議も特別利害関係と解する（最判昭和44・3・28民集23巻3号645頁［判百63］）。代表取締役は会社の経営，支配に大きな権限と影響力を有する。そのような代表取締役の解職決議は，本人の意思に反して代表取締役の地位から排除することの当否が論ぜられる場合である。当該代表取締役に対し，一切の私心を去って，忠実義務に従い公正に議決権を行使することは期待しがたい。判例のこうした理解は，学説でも多くの支持を集める。

　ただし反対説も少なくない。反対説はおよそ次の4点を論拠とする。①自己の利益追求が会社の利益を犠牲にするとは限らない。②解職は会社経営をめぐる取締役間の対立であり，取締役と会社間の利害対立ではない。③解職は会社支配権争奪の一環でもあり，株主の勢力を反映することになるが，議決権排除により株主の勢力が解職決議に反映されなくなる。④選定決議が特別利害関係に該当しないのであれば，解職決議も同様に扱うべきである。

　解職決議の特別利害関係該当性をめぐる議論は現在も続く。議論のポイントは，解職の対象となった代表取締役による議決権行使が客観的で誠実な判断を伴わない危険性への対処である。危険性除去という目的と議決権排除という手段の対応関係の適否について，議論は続く。その議論においては，議決権濫用を理由とした事後的対処や，取締役間の対立関係を介さずに株主の勢力関係を反映する解任決議による対処にも考慮が及ぼされることになろう。

Q-48　内部統制システム

　大会社の取締役会が決定すべきとされている「会社の業務の適正を確保するために必要なものとして法務省令で定める体制の整備」（いわゆる内部統制システム）とはどのようなものか。

［解説］

1. 内部統制システムの意義と位置づけ

　設問の文中には業務，適正，確保，体制等の語彙が散見される。株式会社の事業は多種多様であり，種類や規模も様々である。ただし，どのような事業をどのように営もうとも，株式会社ならば取締役が存在し業務を執行する。取締役会設

置会社ならば，取締役は取締役会の構成員として，会社の業務執行の決定，取締役の職務の執行の監督，代表取締役の選定・解職に携わる。もとより業務執行取締役は，取締役会で決定された業務執行を実行する。社外取締役は業務執行を実行しないが，取締役会構成員としての職務を負う。

　取締役のこうした職務は，事業規模が小さく，事業内容も複雑化していなければ，それほど問題なく執行可能であろう。しかしながら事業の規模が大きく内容も複雑化すると，実行行為はミスを伴いやすくなる。もとより取締役は善管注意義務を負う（会330条，民644条）。大規模で複雑化した会社の業務執行を，取締役各自の善管注意義務に任せるだけでは，適切な実行行為やその監督は困難となり，善管注意義務の履践を補う仕組みが欠かせない。

　仕組みの代表例を2つ記す。一つは内部監査である。監査役や会計監査人とは別に設けられ，各部署や支店・出張所等でなされる業務執行に対して払われるべき取締役の善管注意義務を補完する。任意設置の組織であり，総務部が担当する事務の一つとされるケースもあれば，監査室やコンプライアンス推進室等の名称で独立するケースもある。任意性のメリット発揮に留意すれば，規模や業種に過不足なく適合する監査が期待できる。

　もう一つは内部統制システムである（取締役会設置会社でない会社につき会348条3項4号，会社則98条。取締役会設置会社につき会362条4項6号，会社則100条。監査等委員会設置会社につき会399条の13第1項1号ロハ，会社則110条の4。指名委員会等設置会社につき会416条1項1号ロホ，会社則112条）。設問の「会社の業務の適正を確保するために必要な……体制」であり，内部監査も内部統制システムに組み込まれる。業務執行を実行する際や，取締役の職務の執行を監督する際に尽くすべき注意を体系化・システム化し，システム全体で善管注意義務の適切な履践を図る体制である。すべての株式会社・すべての事業を想定するため抽象的な文言で言い表されるが，実行行為のミスを防止するためのダブルチェックや情報漏洩を防ぐためになされる一定時間ごとのパスワード再入力等，体制に組み込まれるべき事柄は広汎に及ぶ。また事業の内容や規模がシステムに反映されるため，個別具体的なシステムの細部は会社ごとに異なっていても不可解ではない。

2.　会社法の内部統制システムの特徴

（1）　法務省令の定め　　取締役の善管注意義務を出発点とするので，均一的・画一的なものではなく，内部統制システムには会社ごとの個別性・独自性が

反映される。もっとも，会社法では内部統制システムを，法務省令で定める体制と規定する。たとえば会社法施行規則100条では，情報の保存・管理，損失リスクの管理，取締役の職務執行の効率性確保，使用人による職務執行の法令・定款適合性確保等について，体制を整備すべき旨が規定されている。

(2) **大会社における設置義務**　　取締役の善管注意義務が首尾よく履践されれば問題ないので，内部統制システムの設置は任意が本来である。しかしながら大会社では設置が強制される（会348条4項・362条5項）。事業規模が拡大し，会社債権者が多数となる点に鑑みた設置強制である。

(3) **監査等委員会設置会社および指名委員会等設置会社における設置義務**
これらの会社では，大会社か否かにかかわらず設置が強制される。監査等委員会および監査委員会による監査は過半数を占める社外取締役によって行われる（会331条6項・400条3項）。独立性・中立性は期待できそうだが，業務執行の状況には精通していないので，内部統制システムを利用した組織的な監査を行うことが前提とされている。そのため取締役のみならず監査等委員会または監査委員会の職務の執行についても，内部統制システムの一部とされる（会399条の13第1項1号ロ・416条1項1号ロ）。

(4) **金融商品取引法の内部統制との相違**　　上場会社においては金融商品取引法24条の4の4第1項により，内部統制報告書を有価証券報告書とともに提出しなければならない。そのため提出の前提として，金融商品取引法が要求する財務報告の適正を確保するための内部統制システムの整備が要求される。会社法に加えた体制の整備義務化である。ただし金商法の内部統制システムが投資家を念頭に，情報開示の適正確保を目的とするのに対し，会社法のそれは善管注意義務の履践を補完するという目的である。

Q-49　特別取締役

　会社法において，「特別取締役」とはどのような者を指すか。特別取締役の制度の意義はどのようなものか。

［解説］

1. 問題の所在

　近年，コーポレートガバナンス・コード等のソフト・ロー（行動規範）が制定され，

上場企業においてコーポレート・ガバナンスの改革が進展している。その中で社外取締役を活用し，監督と執行を分離する，モニタリング機能を重視する会社が増えている。会社法は，モニタリング機能重視のために，どのような制度を準備しているか。

2. 重要財産委員会から特別取締役制度へ

　企業において迅速な意思決定を行うため，会社法は従前認められていた重要財産委員会制度を特別取締役による取締役会決議等に制度を変更し，規制を緩和している。すなわち，大規模な会社において取締役が6名以上いる場合，あらかじめ3名以上の特別取締役を選定しておき，取締役会で決定すべき事項のうちで迅速な意思決定が必要と考えられる重要な財産の処分・譲受け（会362条4項1号）と多額の借財（同2号）について特別取締役により決議し，それを取締役会決議とすることができる制度である（指名委員会設置会社を除く。会373条1項括弧書参照）。この場合，会社の意思決定が特別取締役に委任されるため，1名以上の社外取締役を含む取締役会では，監督機能の強化が図られている。

　この場合，特別取締役は主に社内取締役が就任し，業務に精通し，意思決定も可能な能力を持つ取締役が就任することが多い。その結果，たとえば毎月開かれる取締役会まで決断を遅らせるようなことがなく，適時に業務執行の判断が可能となる。他方，特別取締役による業務執行に濫用の危険性がないように，株主総会で選任された社外取締役が独立の立場から，意思決定の内容や業務執行に瑕疵がないか厳格な監査が求められる。

3. 特別取締役と独立社外取締役

　特別取締役の制度は，監督と執行を分離し，執行は社内の取締役らの特別取締役による迅速な意思決定と，独立した社外取締役による監査機能の強化を意図した制度である。監督と執行の分離は，わが国会社法においては，指名委員会設置会社制度において認められているが，指名委員会設置会社は報酬の決定と人事を社外取締役に委ねるなどアメリカ型のガバナンスが敬遠されているのか，採用する上場企業は80社前後にとどまる。そこで，監査役会制度のもとで，監督と執行の分離を可能とする制度として，特別取締役制度が注目されている。

　これは，裏側に会社法において大会社に社外取締役設置が求められた（会327条の2）ことと，コーポレートガバナンス・コードにより，独立社外取締役を3分の

1以上選任すべき事が定められたことがある。つまり，独立社外取締役が一定数在籍している状況があるため，特別取締役制度が認められたともいえる。

4. まとめ

　以上のとおり特別取締役制度は，独立社外取締役の設置による監査の強化を前提に取締役会の形骸化を防ぎつつ，日常業務の性質を持つ一定の事項につき迅速な意思決定を可能にする制度である。その結果，取締役会がスリム化し，社内取締役の人数が減り，社内の業務執行は，特別取締役の迅速な意思決定のもとで，従業員である執行役員を中心に迅速な業務執行が図られている。

Q-50　取締役会決議の瑕疵

　Ａ株式会社は，公開会社でない会社だが，取締役会を設置している。代表取締役はＢであり，他に取締役としてＣ・Ｄ・ＥおよびＦがいるが，Ｆはいわゆる名目的取締役であり，これまで取締役会にはまったく出席しておらず，経営にも関与してこなかった。Ｂは，事業拡大のため，Ｇ銀行から多額の融資を受けようと考え，取締役会を開催することとし，Ｃ・Ｄ・Ｅに招集通知を発したが，Ｆには発しなかった。取締役会当日，Ｂ・Ｃ・Ｄの３名が出席し，出席者全員の賛成により，Ｇ銀行からの借入れにかかる決議が承認された。本件取締役会決議の効力について述べよ。

（参照：会計試平成 28 年，最判昭和 44・12・2 民集 23 巻 12 号 2396 頁［判百 62]）

[解説]

1. 問題の所在

　取締役会設置会社であるＡ会社は，「多額の借財」（会 362 条 4 項 2 号）をする場合，取締役会によって決定されなければならないが，本件取締役会においてＦに対して招集通知がなされておらず，有効な取締役会の決議があったとはいえないのではないか。すなわち，取締役会において，招集手続に瑕疵がある場合，当該取締役会で行われた本件決議は有効だろうか。

2. 判例の解釈と特段の事情

　(1) **判　例**　　この点について，判例（前掲最判昭和 44・12・2）は，一部の

取締役に対する招集通知を欠き招集手続に瑕疵がある場合，「特段の事情がない限り民法の一般原則に従い，当該取締役会決議は無効となるが，判例は，その取締役が仮に出席してもなお決議の結果に影響がないと認められるべき特段の事情があるときは，その瑕疵は決議の効力に影響がないものとして，決議は有効になる」と判示して，原審に差し戻した。

(2) **特段の事情**　しかし前掲判例は，特段の事情が何を指すか具体的に判示していない。その後の下級審判決は，どのような事情が特段の事情にあたるかについて，①取締役会に出席せず，会社の運営を他の取締役に一任していた取締役に招集通知漏れがあった場合，②招集通知漏れの取締役はかねてより会社内で影響力を持たず，同じ意見の取締役は参加したが圧倒的多数で敗れている場合，等が挙げられている。

(3) **学　説**　これに対し，学説には，判例に同調するものや特段の事情を厳格に解して，判例に賛成するものもある。しかし他方，招集通知漏れの取締役が出席した場合，決議に影響がないとはいえない，とする学説や，招集通知漏れ自体は取締役の取締役会参加権を奪う重大な瑕疵である，として判例に反対する学説がある。どのように考えるべきであろうか。

(4) **解　釈**　思うに，①それまでの状況から当該取締役が出席しても決議が変わらないと推定され，および②当該取締役の従前の行動等が名目的取締役のそれに該当し，会社経営に何ら積極的な行動をして来なかったような事情がある場合には，その事情は特段の事情に該当し，Fに通知をしなかった当該取締役会決議は有効と解するべきである。そう解しないと，事実上取締役会が機能せず，会社の意思決定がなされない事例が相当数存在すると考えられ，会社実務に大きな影響があるからである。

3. 本問へのあてはめ

以上の規範を本問についてみると，Fはいわゆる名目的取締役であり，これまでの取締役会には出席しておらず，経営にも関与してこなかったのであるから上記要件②に該当し，また取締役5名のうち，Fを除く4名に招集通知が発送されており，その際3名が参加して全員賛成であったので，仮にFに招集通知が発送され，取締役会に参加しても，決議は賛成多数だったと理解されるので上記要件①も満たす。したがって，上記特段の事情があるといえる，

よって，その取締役が仮に出席してもなお決議の結果に影響がないと認められ

るべき特段の事情があるので，招集通知漏れは決議の効力に影響がないものと認められ，本件取締役会決議は有効である。

関連問題　取締役会決議の無効　　株式会社の取締役会においてなされた決議が無効とされるのはどのような場合か。また，誰がどのような方法で決議の無効を主張できるか。

Q-51　取締役会決議を欠く代表取締役の行為

　A株式会社は取締役会設置会社である。代表取締役Bは，独断でA会社が保有する時価評価で総資産額の20％に相当する資産である上場会社のC株式会社の株式を，時価を大幅に下回る価格で，D会社に売却し，D会社は，当該株式を，事情を知らない第三者に転売した。その後，Bの行為を知ったA会社取締役会は，本件株式売買は取締役会決議が必要な事項であり，当該売買は無効だと主張して，Bを代表取締役から解任した。本件株式売買契約の効力，およびBがA会社に対して負う会社法上の損害賠償責任について述べよ。

（参照：会計試令和元年，最判平成6・1・20民集48巻1号1頁［判百60］）

[解説]

1.　問題の所在

　会社法362条4項によれば，取締役会は，本項各号に掲げる事項その他の重要な業務執行の決定を取締役に委任することができない。つまり，会社法362条4項各号に定められた事項は，取締役会決議を要することになる。もっとも，会社法362条4項各号により取締役会決議を要すると定められている事項（例：重要財産の処分）であるにもかかわらず，取締役会決議を欠いてなされた代表取締役の行為の効果について，明文の規定はない。そのため，取締役会決議を欠く代表取締役の行為の効果は解釈によることになる。

　会社法362条4項各号により取締役会決議を要すると定められた事項について，当該取締役会決議がない場合には，当該取締役会決議を要すると定められた行為の効力は無効である，と考えるのは，素直な解釈である。なぜなら，取締役会決議を欠いていても当該行為の効果に影響がまったくなければ，取締役会決議を会

社法により求める意味がなくなるからである。しかし，取締役会決議も会社の内部的意思決定であり，会社の外部から伺い知ることは，容易ではない。しかも，代表取締役は，包括的な代表権限を有している（会349条4項・同条5項）。そのため，会社以外の第三者の保護も考慮しなければならない。ここで，代表取締役が，法令により求められる取締役会決議を経ないでした対外的な取引の効力が問題となるのである。

2. 重要財産の処分

　取締役会決議が必要な事項の一つとして，「重要な財産の処分及び譲受け」が挙げられている（会362条4項1号）。「重要な財産の処分及び譲受け」における重要性の判断基準が問題となる。

　上記の重要性の判断基準について，判例（前掲最判平成6・1・20）は，「当該財産の価額，その会社の純資産に占める割合，当該財産の保有目的，処分行為の態様及び会社における従来の取扱い等の事情を総合的に考慮して判断すべきもの」としている。つまり，①処分される財産の価額，②処分する会社の純資産に占める割合，③処分される財産の保有目的，④処分行為の態様，⑤会社における従来の取扱い等の事情が判断の要素となる。

　本問において，処分されるC株式会社の株式は，A社の総資産額の20％に相当する資産である事実（上記②），および，時価を大幅に下回る価格で，D会社に売却した事実（上記④）を読み取ることができる。しかし，当該財産の価額（上記①），当該財産の保有目的（上記③），および会社における従来の取扱い等の事情（上記⑤）は，問題文からは不明である。

　そこで，以下では，本問における本件株式売買契約が重要な財産の処分（会362条4項1号）に該当する前提で論じることとする。本件株式売買契約が重要な財産の処分に該当すれば，A社の取締役会における決議が必要となる。

3. 取締役会決議を欠く行為の効力

　（1）判例理論　　代表取締役が取締役会決議を欠いて行った取引等の効力が問題となる。判例（最判昭和40・9・22・民集19巻6号1656頁［判百61]）は，取締役会の決議を欠いた重要な財産の処分行為について，「代表取締役は，株式会社の業務に関し一切の裁判上または裁判外の行為をする権限を有する点にかんがみれば，代表取締役が，取締役会の決議を経てすることを要する対外的な個々的取引

行為を，右決議を経ないでした場合でも，右取引行為は，内部的意思決定を欠くに止まるから，原則として有効であつて，ただ，相手方が右決議を経ていないことを知りまたは知り得べかりしときに限つて，無効である」と解している。つまり，代表取締役が取締役会決議を欠いて行った取引等の効力は，原則として有効と解されている。例外的に，相手方が，取締役会決議を経ていないことを知りまたは知り得べかりしときに限り，会社は無効を主張できる。このように，過失のある相手方は保護されないため，相手方は，相応の調査義務を負うことになる。

　上記の無効主張は，会社のみができるのか，ということが問題となる。判例（最判平成21・4・17民集63巻4号535頁）は，会社法362条4項が「重要な業務執行についての決定を取締役会の決議事項と定めたのは，代表取締役への権限の集中を抑制し，取締役相互の協議による結論に沿った業務の執行を確保することによって会社の利益を保護しようとする趣旨」と解したうえで，「株式会社の代表取締役が取締役会の決議を経ないで重要な業務執行に該当する取引をした場合，取締役会の決議を経ていないことを理由とする同取引の無効は，原則として会社のみが主張することができ，会社以外の者は，当該会社の取締役会が上記無効を主張する旨の決議をしているなどの特段の事情がない限り，これを主張することはできないと解するのが相当である」としている。つまり，判例によれば，原則として，会社のみ無効主張ができることになる。

　(2) 学説　判例（上記(1)）の見解に対しては，①代表取締役には会社を代表する意思はあるので，心裡留保と類似の構成を採用することはできない，②相手方は，取締役会決議を欠くことについて善意・無過失（調査義務を尽くしたにもかかわらず，取締役会決議がないことを知らなかったこと）の場合のみ保護されるが，保護される相手方の範囲が狭すぎる，という批判がある。

　そこで，⑦会社法349条5項の「制限」に法令上の制限（例：会362条4項）や内部的制限（例：取締役会規則による制限）が含まれることを前提に，本条により，相手方が取締役会決議を欠くことについて善意・無重過失である場合には，取引の効果は有効であると解する見解や⑦会社は，（取締役会決議を欠くことについて）悪意である者に対して，一般悪意の抗弁により対抗できることを前提に，相手方が取締役会決議を欠くことについて善意・無重過失である場合には，取引の効果は有効であると解する見解などが主張されている。

4. 本問へのあてはめ

　判例の見解を前提にすれば，D 会社が本件株式売買契約について取締役会決議を経ていることを確認する義務を怠っている場合には，本件株式売買契約の効力について，A 会社は無効を主張しうる。仮に A 会社・D 会社間における本件株式売買契約の効力が無効であったとしても，D 会社は，当該株式を，事情を知らない第三者に転売しているので，第三者は当該株式を善意取得すると解される（社振 144 条。なお，C 社株式は上場株式であるから，振替株式になることに注意を要する）。

　上記 3 の本件株式売買契約の効力にかかわらず，代表取締役 B には任務懈怠があるから，本件株式売買契約により A 会社に損害が発生していれば，A 会社に対して，損害賠償責任が生じる（会 423 条 1 項）。

Q-52　代表取締役の権限濫用

　A 会社の代表取締役 B は，取締役会の決議を経ることなく，A 会社として C 銀行から 2 億円を借り入れた。この借入れが実際には B の遊興費支払いのためであったとしたらこの取引の効力はどうか。

（参照：旧司法試昭和 63 年）

［解説］

1. 問題の所在

　代表取締役の権限濫用の特徴は，真実は自己または第三者の利益を図る目的で行われるにもかかわらず，外形上，代表取締役の権限の範囲内の行為であるようにみえる点にある。この点が，取締役会決議を欠く代表取締役の専断的行為と異なるところである（取締役会決議を欠く代表取締役の行為については，Q-51 参照）。代表取締役の権限濫用は，自己または第三者の利益を図る目的でなされるものであるので，会社保護の観点から，本来ならば，無効と解すべきであろう。しかし，代表取締役の権限濫用は，外形上，代表取締役の権限の範囲内の行為であるから，権限濫用か否かを外部から識別することは困難である。そのため，第三者の保護も配慮する必要がある。

　代表取締役の権限濫用の効果について，明文の規定はない。そのため，代表取締役の権限濫用行為の効果は解釈によることになる。このような背景から，代表取締役の権限濫用が会社以外の第三者との間で行われた場合，その法的効果が問

題となるのである。

2. 代表取締役の権限濫用

代表取締役の権限濫用とは，客観的には代表取締役の権限の範囲内の行為であるが，主観的には自己または第三者の利益を図る目的を有しているものである。たとえば，代表取締役が，自己の借金の返済に充てるために会社を代表して銀行から金員の貸付けを受けて，会社に無断で，当該金員を自己の債務の返済に充てるような行為である。

前述のように，代表取締役の権限濫用は，外形上，代表取締役の権限の範囲内の行為であるから，権限濫用か否かを外部から識別することは困難である。そのため，代表取締役の権限濫用に基づく代表行為の法的効果が問題となる。

3. 代表取締役の権限濫用行為の法的効果

(1) **判例理論**　判例（最判昭和 38・9・5 民集 17 巻 8 号 909 頁）は，「株式会社の代表取締役が，自己の利益のために表面上会社の代表者として法律行為をなした場合において，相手方が右代表取締役の真意を知りまたは知り得べきものであつたときは，民法 93 条但書の規定を類推し，右の法律行為はその効力を生じない」とする。つまり，権利濫用行為の対外的効果は，当該行為が客観的には代表権限内に属する行為であるから，取引の安全を考慮して，原則として有効と解されているのである。また，判例の見解によれば，相手方が右代表取締役の真意を知りまたは知り得べきものであったときは，代表取締役の権限濫用行為は，無効となる。このことから，代表取締役の真意を過失によって知ることができなかった相手方は保護されないことになる。

(2) **学　説**　判例理論に従えば，代表取締役の権限濫用においては，外形上，会社と代表取締役の利益相反状況が不明であるが，代表取締役の権限濫用について善意・無過失でなければ，相手方は保護されることはない。他方，外形上，会社の利益と相反することが明らかな利益相反取引の場合は，第三者は（取締役会の承認決議がなかったことについて）悪意でない限り，無効主張されない（最判昭和 43・12・25 民集 22 巻 13 号 3511 頁 [判百 56]）。このように，相手方の保護要件として，代表取締役の権限濫用について善意・無過失を求める判例の見解は，利益相反取引における判例理論との均衡を失するという批判がある。このため，会社は，（代表取締役の権限濫用について）悪意である者に対して，一般悪意の抗弁によ

り対抗できることを前提に，相手方が代表取締役の権限濫用についてについて善意・無重過失である場合には，取引の効果は有効であると解する見解などが主張されている。

(3) 民法改正の影響　ところで，代表取締役の権限濫用について，代理権の濫用に関する（平成 29 年［2017 年］改正）民法 107 条が類推適用されると解するならば，代表取締役が自己または第三者のために行為を行うことについて，相手方が悪意または不知であったことに過失がある場合には，当該行為の効果は会社に帰属しないこととなろう。

4. 本問へのあてはめ

本問の場合，C 銀行から 2 億円の借入れが実際には B の遊興費支払いのためであれば，代表取締役の権限濫用に該当する。判例の見解を前提にすれば，金融機関である C 銀行は融資した資金の用途に関する計画書などの提出を求めるのが通常であろうから，このような調査義務を怠った場合には，C 銀行に（B の権限濫用について）過失があることになる。C 銀行に過失があれば，A 会社は，本件借り入れの無効を C 銀行に主張することができる。

Q-53　表見代表取締役

A 株式会社は，公開会社でない会社であるが，取締役会設置会社である。A 会社の代表取締役 B は，以前から同社の従業員である C に対して，C が A 会社専務取締役 C の名義を使用することを認めていた。C は，A 会社専務取締役 C の名義で，D 株式会社から備品を購入する売買契約を締結したが，C にはこのような契約締結の代理権は与えられていなかった。A 会社は，会社法上，D 会社に対して本件購入契約の代金を支払う責任を負うか。

（参照：会計試平成 28 年）

［解説］

1. 問題の所在

本問では，表見代表取締役の規定（会 354 条）の適用されるケースにあたるか否かが問題となる。しかし，本問は従業員の行為の問題なのに対して，同条は取締役の行為を対象としている。後述のように，本条は従業員の行為にも類推適用さ

れると解されているので，まず，会社法354条の適用要件について検討を行うことになる。

2. 表見代表取締役

(1) **会社法354条の趣旨**　会社法354条は，会社が代表取締役以外の取締役に社長，副社長等の会社を代表する権限を有すると認められる名称（役付きの肩書き）を付した場合には，会社は，この取締役がした行為について，善意の第三者に対して責任を負うとする。指名委員会等設置会社の代表執行役についても同様の規定がある（会421条）。この規定の趣旨は，表見支配人，名板貸しに関する規定と同様であり，その理論的根拠は権利外観理論にあるとされ，帰責的に作出された外観に信頼する取引相手方を保護するものである。なお，本条の適用対象は取引行為に限られている。権利外観理論の適用要件は，①責任を負う者の帰責性，②帰責者により作出された外観の存在，③第三者の外観に対する信頼（善意）である（Q-3参照）。

(2) **会社の帰責性**　会社法354条は，会社がその取締役に会社を代表する権限を有すると認められる名称を付与して使用を許諾することに，会社の帰責性をみている。名称使用の許諾は黙示でもよい（最判昭和42・4・28民集21巻3号796頁）。本問では，取締役会設置会社であるA会社の代表取締役Bが，従業員CにA会社専務取締役との名義の使用を許諾しているが，会社の作出した外観に信頼した取引相手方の保護のため，行為者が従業員の場合にも，本条が類推適用されると解されている（最判昭和35・10・14民集14巻12号2499頁）。

(3) **代表取締役の外観の存在**　本問で使用を許諾された名称は，「専務取締役」という役付取締役の肩書きである。取締役会設置会社において，取締役会で業務執行取締役として選定された者（会363条1項2号）に専務取締役，常務取締役との肩書きが付されることが多い。これらの者は，代表取締役のような包括的な代表権を有さないが，一定の範囲で対外的行為にかかる代理権を与えられている場合が多い。表見代表取締役に関する平成17年（2005年）改正前商法262条では，名称の例として「社長，副社長，専務取締役，常務取締役」とされていたのに対して，会社法354条は，「専務取締役，常務取締役」を除外している。同条が専務取締役等にまで及ぶかに関しては議論がある。代表権を有する取締役らしい外観が認められるか否かは，取引社会の通念により判断される問題だが，取締役会設置会社においては，今日，専務取締役・常務取締役が代表権を有する例は

少ないため，会社法は，これらの名称を対象から除外していると指摘されている（江頭憲治郎『株式会社法〔第8版〕』448頁（有斐閣，2021年））。他方，取締役会非設置会社では，取締役が2人以上いる場合にも各自が代表権を有するところ，その中から代表取締役を定めてよいとされており（会349条1項・同条3項），この場合には，表見代表取締役に専務等の役付取締役も該当するとしてよい。中小会社を中心に，具体的な取引関係の中で代表権限に関する信頼が生じていて取引相手を保護すべき場合には，専務取締役・常務取締役などの肩書きに関しても会社法354条の適用を認めてよいと解される。また，一定範囲の業務執行権限を与えられている執行役員（多くは従業員にあたる）に専務・常務の肩書きが付されているときには類推適用される。

　　(4)　**取引相手方の信頼**　　会社法354条により保護されるのは，表見代表取締役が実際には代表権限を有していないことを知らない取引相手方であり，重過失によりこの事実につき不知のときは悪意と同視される（最判昭和52・10・14民集31巻6号825頁［判百46]）。D会社に悪意・重過失のない限り，CをA会社の代表者と信頼して売買契約を締結したD会社は保護されて，A会社は購入代金の支払義務を負い，D会社は代金を請求できる。悪意・重過失の証明責任はA会社が負う。

3.　登記と表見責任

　　株式会社の代表取締役の氏名は登記事項である（会911条3項14号・915条1項）。それでは，この規定と会社法354条との関係はどのように理解すればよいか。会社法908条1項により登記によって第三者の悪意が擬制されるのであれば，本来的に外観信頼保護の規定の適用の余地はなくなってしまい，会社と取引をする相手方は常に会社の登記を確認しないと，予期しない損害を被る危険性があることになる。学説では，登記の効力に関しては会社法908条1項が原則的に適用されるが，会社法354条等の外観信頼保護規定は，その適用要件が充足されるときには，例外的に会社法908条1項に優先して適用されると解するのが通説である。

(3) 取締役の義務と責任

Q-54　取締役の義務

　株式会社において，取締役が会社に対して負う善管注意義務および忠実義務の意義はどのようか。またこれら2つの義務の関係はどのようか。

[解説]

1. 問題の所在

　取締役と会社との関係は委任に関する規定による（会330条）。そのため，取締役は会社に対して善良なる管理者としての注意義務を負う（民644条）。他方で，会社法は，取締役に対して法令・定款の定めのほか株主総会の決議を遵守し，会社のために忠実にその職務を遂行する義務を規定している（会355条）。この義務を忠実義務という。

　善管注意義務は，取締役が職務上尽くすべき注意の程度に関するものであるが，忠実義務は，取締役がその地位を利用して会社の利益を犠牲にして私益を図ってはならないとする義務である。2つの義務は本質的に異なる義務ではなく，その性質は同質であるとされる。

2. 善管注意義務

　株主総会の選任を受け，取締役と会社との間で任用契約が結ばれる。この契約は，会社と従業員との間の雇用契約ではなく，会社と取締役との間の契約には委任に関する規定が適用されると会社法330条に定められている。本人に代わって相手方との売買契約をする代理人のように，取締役は（本人である）会社のために法律行為・事実行為の双方を行うため，取締役と会社との間には委任（準委任）契約があるといえる。

　売買契約等の代理人は，本人からの委託を受けて，相手方との契約締結の際，関連事実を確認したり，契約書を作成・チェックしたり，必要であれば相手方と再交渉することで，本人の利益になるようにいくつもの行為を行う法的義務を負う。これが善管注意義務（注意義務）であり（民644条），同様に，受託者である取締役は，会社からの委託を受け，会社の業務執行を行ううえで善管注意義務を負う。

3. 忠実義務

忠実義務（会355条）は，自己または第三者の利益を会社の利益よりも優先させてはならないと解されている。したがって，取締役が会社の利益と衝突するポジションに立った場合，会社の利益を優先させなければならない。

取締役が忠実義務を負うのは，職務行為や職務関連行為に限られないが，取締役が会社の外で個人的にする行為すべてを規制するのは過剰規制である。取締役退任後は取締役の義務は負わないが，取締役であったときの影響力を背景に会社の従業員をスカウト（引き抜き）をした場合，忠実義務違反を理由として損害賠償責任が認められている（東京高判平成16・6・24判時1875号139頁）。

4. 両義務の関係

最高裁の大法廷判決は，忠実義務は善管注意義務を敷衍し，それを明確にしたものであり，委任関係に伴う善管注意義務とは別の高度な義務を規定したものではないと解している（最判昭和45・6・24民集24巻6号625頁［判百2]）。このように両義務を同じ性質（同質）なものと判例・多数説が位置づける一方で，両義務は異質なものである考える有力な見解もある。これは，忠実義務はアメリカ法から導入された義務であり，委任関係とは別の英米法上の信認関係から生じたものとする。

英米においては，注意義務と忠実義務とは法律上大きく異なる。すなわち，注意義務では義務を負う者の過失の有無が問題となるが，忠実義務では問題とならず，無過失責任である。また，違反があった場合の義務を追う者の責任範囲は，注意義務違反では被害者が受けた損害の賠償であるが，忠実義務違反では義務を負う者が得た利益の吐き出し（disgorgement）である。こういった取締役の責任における差異を日本でも認めることは容易ではなく，両義務を異質ととらえるのではなく，同質ととらえるべきであろう。

> **関連問題** **内部統制システム構築に関する義務**　　株式会社において，取締役がいわゆる内部統制システムの構築に関して負っている義務と取締役の善管注意義務との関係について述べよ。

Q-55 　役員等の任務懈怠責任

　株式会社の役員等に任務懈怠があり，会社に対して損害賠償責任を負うとき，その責任の範囲はどのようか。また，会社が役員等の損害賠償責任を免除または軽減をするためには，どのような手続による必要があるか。

[解説]
1. 問題の所在

　役員等の行為が，定款の定め・株主総会決議・法令に違反するものである場合，取締役は任務懈怠として，会社法 423 条 1 項に基づく会社に対する損害賠償責任を負う。この場合の法令の規定には，役員等の具体的義務を定めている規定のほか，注意義務（会 330 条）といった包括的義務を定める規定も含まれる。損害賠償責任を負わせることで，会社は被った損害の塡補が可能となるとともに，各役員等により慎重に職務にあたらせる効果も期待できる。ただ，ときに賠償額が億円を超えて兆円レベルとなったこともあり，責任を恐れて役員候補者がいなくなることも懸念される。そこで，一定の手続のもとで，任務懈怠責任の免除・軽減が会社法上認められている。

2. 任務懈怠責任

　役員等は会社に対して注意義務を負い，義務を怠った場合には債務不履行責任（民 415 条）として会社に対する損害賠償責任が生じる。しかし，役員等の任務は委任契約の内容だけに定まらず，当事者の意思にかかわりなく，法律上，当然に発生する場合もある。そこで，会社法は役員等が自らの任務を怠ったときは，会社に対して生じた損害を賠償させる責任を定め（423 条 1 項），役員等の責任は過失の有無により判断される。

　役員等が法令に違反した行為を行った場合，任務懈怠責任が発生する。会社は法人として社会的存在である以上，事業を遂行するうえで日本国内で有効な会社を名宛人とする法令を遵守する義務を負う（最判平成 12・7・7 民集 54 巻 6 号 1767 頁 [判百 47]）。この事件では独占禁止法の規定が法令に含まれるとした。

　会社の事業が法令の規定に違反しないように業務執行を決定・実行・監視することは，取締役（会）の職務内容である。そのため，取締役は注意義務の内容として，法令遵守の体制を構築しなければならない。適切な法令遵守体制の構築を

怠った結果，会社の事業が法令の規定に違反し，それにより会社に損害が生じた場合には注意義務違反（任務懈怠）として，取締役は会社に対する損害賠償責任を負う場合もある。

3. 損害賠償責任の免除・軽減

　総株主の同意があれば，役員等の責任を免除することができる（会424条・120条5項・462条3項）。くわえて，任務懈怠責任（会423条1項）であり，職務を行うにつき善意無重過失であるときは，会社法が定める最低限度額を超える範囲で責任を免除・軽減することが認められている。

　1つ目は，株主総会の特別決議による責任の事後的な一部免除である（会425条）。2つ目は，定款の定めに基づく取締役会決議による一部免除であるが（会426条），この一部免除は，監査役会設置会社・監査等委員会設置会社・指名委員会等設置会社においてのみ可能である。3つ目は，非業務執行取締役・監査役・会計監査人・会計参与と会社との間で定款の定めに基づく事前免責契約（責任限定契約）を結ぶ方法である（会427条）。こうした責任軽減は，在職中に職務執行の対価（報酬等）として受ける財産上の利益の年額の，①代表取締役・代表執行役は6年分，②取締役・執行役は4年分，③社外取締役・監査役・会計監査人・会計参与は2年分，の金額を控除した額の限度で免除できる（会425条1項1号）。

　なお，利益供与（会120条）に関与した取締役・執行役の責任については，一部免除の対象から除外されている（会425条・426条・427条参照）。これは，そうした取締役・執行役が自己の無過失を立証することが困難であるだけでなく，利益供与の行為は会社に対する損害にとどまらず，反社会性が認められるためとされる。

> **関連問題　責任限定契約**　株式会社が役員等と締結する定款の定めに基づく責任限定契約とはどのようなものか。

Q-56　経営判断の原則

　株式会社の取締役の経営判断について，取締役に善管注意義務違反があったとして株主から株主代表訴訟が提訴された場合に，取締役の経営判断について善管注意義務違反があるか否かの判断において，重要な判断基準としていわゆる経営判断の原則が指摘されているが，その内容，判断の基準について述べよ。

（参照：最判平成 22・7・15 判時 2091 号 90 頁 [判百 48]）

[解説]

1．問題の所在

　経営判断原則（business judgement rule）は，アメリカにおいて判例法理として生成・展開され，わが国ではアメリカの判例等を参照しつつ，取締役の注意義務の内容や注意義務の有無を審査する基準の明確化が図られている。下級審判決だけでなく，最高裁判決においても，経営判断原則が確認される。

2．経営判断原則

　取締役は自らの経営判断において，当然に注意義務を果たさなければならないが，会社経営には常にリスクがあり，会社がおかれている環境につき確実な予測をすることは困難である。それゆえ，取締役の経営上の判断が結果的にミスであったとされるケースは少なくない。こうした場合に，注意義務違反であるとして損害賠償責任を常に追及されるとすると，取締役の判断は萎縮してしまう。

　そこで，取締役の経営判断により会社に損害をもたらす結果を招いてしまっても，経営判断が誠実性・合理性をある程度確保する一定の要件下で行われた場合には，裁判所が経営判断の妥当性につき事後的に介入はせず，注意義務違反として取締役の責任は問わないとされる。このように，事後的に裁判所は経営判断に介入しないという考え方を経営判断原則という。

　大手百貨店の取締役の責任が問題となった事例（東京地判平成 16・9・28 判時 1886 号 111 頁）では，「企業の経営に関する判断は不確実かつ流動的で複雑多様な諸要素を対象にした専門的，予測的，政策的な判断能力を必要とする総合的判断であり，また，企業活動は，利益獲得をその目標としているところから，一定のリスクが伴うものである。このような企業活動の中で取締役が萎縮することなく

経営に専念するためには，その権限の範囲で裁量権が認められるべきである。したがって，取締役の業務についての善管注意義務違反又は忠実義務違反の有無の判断に当たっては，取締役によって当該行為がなされた当時における会社の状況及び会社を取り巻く社会，経済，文化等の情勢の下において，当該会社の属する業界における通常の経営者の有すべき知見及び経験を基準として，前提としての事実の認識に不注意な誤りがなかったか否か及びその事実に基づく行為の選択決定に不合理がなかったか否かという観点から，当該行為をすることが著しく不合理と評価されるか否かによるべきである」とされた。この事例では，十分な調査・検討を尽くしたうえでの経営判断である以上，結果として会社に損害が生じたとしても，取締役は注意義務違反を免れるとした。

経営判断原則が適用され，注意義務違反はないとされるには，①問題とされた行為が経営上の専門的判断に委ねられた事項であること，②経営判断の意思決定のプロセスに著しい不合理がないこと，③経営判断の意思決定の内容に著しい不合理がないこと，が求められる（前掲最判平成22・7・15）。

3. 情報収集

経営判断に際して，必要な情報を収集することは非常に重要である。情報に基づかない判断は，任務を怠ったと評価される。そして，情報に基づく判断に合理性が認められなければならないともいえそうだが，合理的かどうかは高度に経済的な判断という面もありえ，裁判所ではそうした判断に合理性があったか否かより，不合理なものでなかったかどうかが問われているとされる。取締役としての義務を果たすには，何よりも情報に基づく経営判断の重要性を強く認識すべきであろう。

Q-57　監視義務違反

　A株式会社は取締役会設置会社であるが，実際に取締役会が開かれることはなく，会社業務は支配株主である代表取締役Bに任せきりであり，その独断専行で行われていた。Bは他の取締役のC・Dに相談することなく，事業拡張の資金1,000万円を独断で金融会社Eから借入れたが，結局，事業拡張に失敗して借入金の返済ができず，A会社は倒産した。そこで，E会社は，取締役C・Dに対して監視・監督義務違反を理由に，会社法429条に基づき損害賠償請求をしようとしているが，これは可能か。

（参照：最判昭和48・5・22民集27巻5号655頁［判百67］）

[解説]

1. 問題の所在

　取締役会設置会社の取締役は，注意義務の一内容として，代表取締役・業務執行取締役の業務執行につき監視する義務を負っている。代表取締役等に対する監督機関である取締役会のメンバーであることに由来する。取締役は取締役会に決議事項として上程された事項を監視するだけでは不十分である。代表取締役等の業務執行を全般的に監視し，必要に応じて，取締役会を招集する等により業務執行が適正に行われるよう監視しなければならない。こうした監視義務を怠った結果，第三者に損害を及ぼした場合，監視義務違反の取締役には会社法429条に基づく損害賠償責任が発生しうる。

2. 監 視 義 務

　取締役会は取締役の職務の執行を監督する（会362条2項2号）。それゆえ，取締役は取締役会のメンバーとして，他の取締役の業務執行を監督する義務（監視義務）を負う。取締役会非設置会社の取締役は，自らの業務執行権限を行使するうえで取締役の業務執行に対する監視義務がある。取締役の監視義務は，取締役会に上程されていない事項に及ぶ（前掲最判48・5・22）。ただ，この判例で想定されているのは，閉鎖的な会社における取締役の第三者責任（会429条）の基礎となる監視義務であり，上場会社等のいわゆる大規模公開会社にまで及ぶものであるかは定かではない。

　その後の判例（東京地判平成19・5・23金判1268号22頁）では，一定規模以上の

「ある程度の規模の会社においては，会社の事業活動が広範囲にわたり，取締役の担当業務も専門化されていることから，取締役が，自己の担当以外の分野において，代表取締役や当該担当取締役の個別具体的な職務執行の状況について監視を及ぼすことは事実上不可能であり，違法な職務執行が行われていたことのみをもって，各取締役に監視義務違反があったとすることは，いわば結果責任を強いるものであり，本来の委任契約の債務の内容にも反するものであって相当ではない。そこで，このような取締役の監視義務の履行を実効あらしめ，かつ，その範囲を適正化する観点から，個々の取締役の職務執行を監督すべき取締役会が，個々の取締役の違法な職務執行をチェックしこれを是正する基本的な体制を構築すべき職責を有しており，これを前提に，会社の業務執行に関する全般的な監督権限を有する代表取締役と当該業務執行を担当する取締役が，その職務として，内部管理体制を構築し，かつ，そのような管理体制に基づき，個々の取締役の違法な職務執行を監督監視すべき一次的な職責を担っていると解すべきであり，その他の取締役については，取締役会において上程された事項ないし別途知り得た事項に限って，監督監視すべき義務を負うと解すべきである」とする。

3. 内部統制

取締役は，従業員を指揮して会社の業務執行をするが，会社の規模が大きくなり業務が複雑化すると，業務の状況を逐一観察することができなくなる。そこで，定められた手順に従い，業務が執行されているかを確認する人的・システム的インフラが重要となる。こうした要請に応えるために会社内部に整えられた業務執行に手順や人的組織等を内部統制と呼ばれ，大会社の内部統制構築義務は会社法に明文化されている（会362条5項，会社則100条・118号2号）。

4. 取締役の第三者に対する責任

取締役の第三者に対する責任は，経済社会において重要な地位を占める株式会社の活動は取締役の職務執行に依存していることを前提に，会社法429条1項は，不法行為責任とは別に，第三者保護の立場から特別の法的責任を定めたものとされ（最判昭和44・11・26民集23巻11号2150頁［判百66]），取締役の第三者に対する責任が成立するには，①取締役，②任務懈怠，③②についての悪意または重過失，④第三者の損害，⑤②と④との間の因果関係，の各要件が必要とする。なお，④の第三者の損害は，任務懈怠との相当因果関係が認められる限りにおいて，第三

者に直接的に生じた損害（直接損害）のほか，会社が損害を被った結果，第三者に間接的に生じた損害（間接損害）でも構わないとされる。

5. 本問への適用

　A社は支配株主であり代表取締役でもある代表取締役Bの独断専行により経営されていた会社であった。そうした中，取締役会も開かれず，代表取締役Bの他の取締役でもあるCとDは何ら取締役としての責務を果たした形跡はない。

　取締役C・DはA社の役員等であり，A社の代表取締役Bの業務執行を監視・監督し，必要があれば取締役を招集し，事実関係などを問い質し，場合によっては代表取締役の解職を求める等の措置を講じる義務を負っている。これは，いわゆる名目的取締役であっても同様であり，C・Dはいずれも法律上の取締役である以上，そうした監視・監督義務を果たさなければならない。

　A社に適切な内部統制システムが構築・運用されていれば別だが，A社は代表取締役Bの独断専行で経営されていたので，適切な内部統制は確認できないのであり，C・Dには悪意または重過失による任務懈怠がある。A社の債権者である金融会社Eは，A社の倒産により，A社に対する融資を回収できなくなったことによる損害を被っている。C・Dが監視・監督義務を適切に果たしていれば，Eの損害の発生を回避できた可能性がある。そうだとすると，C・Dの任務懈怠とEの損害との間には相当因果関係があるといえる。

　以上により，E会社は，取締役C・Dに対して監視・監督義務違反を理由に，会社法429条に基づき損害賠償請求をすることは可能である。

Q-58　競業取引

　関東地方に店舗網を有し，衣料品の販売業を営んでいるA株式会社は，かねてから関西地方に進出することを企画していた。A会社の取締役Bは，大阪にC株式会社を設立して，その代表取締役となり，衣料品の販売を開始したが，この場合に，A会社は，Bに対してどのような措置をとることができるか。

（参照：旧司法試昭和56年，東京地判昭和56・3・26判時1015号27頁［判百53]）

［解説］

1. 問題の所在

　BはA会社の取締役であるにもかかわらず，新たにC会社の代表取締役として衣料品販売業というA会社の事業の部類に属する取引を開始している。取締役は会社に対し，善管注意義務（会30条，民641以下），忠実義務（会355条）を負っており，会社の利益を自己の利益よりも優先させなければならないから，一定の制限がある。本問では，取締役Bが自己または第三者の利益のためにA会社の事業の部類に属する取引（競業取引：衣料品販売）を行っているようにみえるが，A会社はBに対し，どのような措置をとることが可能か。

2. 競業取引とその規制

　(1) 競業の制限　　取締役等が会社の事業と競合する事業を行うことは，当該取締役等が会社の顧客等を奪う可能性が高く，会社の利益を害する可能性が高い。役員等が個人で事業を行う場合のほか，本問のように別の会社を代表して競業取引を行う場合も同様である。すなわち，ある取引が競業取引に該当する場合，取締役会非設置会社では，取締役は，その取引について事前に重要な事実を開示したうえで，株主総会の普通決議による承認（会356条1項1号）を必要とし，また取締役会設置会社では，取締役は，同様に重要な事実を開示したうえで，取締役会の承認をそれぞれ得なければならない（会365条1項・356条1項1号）。しかし取締役等が，会社の事業以外の事業を行うことを過度に制限することも妥当ではない。そこで制限される競業の範囲が問題となる。

　(2) 会社の事業の部類に属する取引　　会社の事業の部類に属する取引とは，会社が実際に行っている取引，および目的物・市場が競合する取引である。「会社の事業に属する取引」とは，会社の事業の目的である取引と同種または類似の商品・役務を対象とする取引であって，会社が実際に行う事業と市場において取引が競合し，会社と取締役との間に利益衝突をきたす可能性がある取引をいう。なおこの場合，会社が現に行っていなくても，新規に進めている事業等は規制の対象となる（前掲東京地判昭和56・3・26）と理解するべきである。

　(3) 自己または第三者のため　　会社法356条1項の自己または第三者の「ために」の意味について，自己または第三者の「計算において」と解する見解と，自己または第三者の「名において」と解する見解に分かれるが，会社法上「計算において」（会120条参照）と「ために」は使い分けられているから，後者が妥当

という見解もあるが，通説は自己の売上げおよび計算で決算処理されると解している（判例：前掲東京地判昭和56・3・26同旨）。

3. 承認を得なかった取引の効力

(1) **競業取引の有効性**　　上記の要件に該当する競業取引は，事前に重要な情報を開示して，事前に取締役会または株主総会の承認を取るべきであった。事前に承認を得た場合は，当該行為は有効となる。

しかし本問のとおり，事前に承認を取らなかった競業取引は，無効となるか。取引に必要な承認がない場合，通常は一般的な法原則（民108条）からは無効となり，会社は取締役に対して，承認していないのだから，当該取引は無効であると主張できる。しかし，会社・取締役以外の第三者に利害が生じている場合には例外的に，当該第三者が承認を欠いていることについて善意である限り，会社は無効であることを主張できない。その結果，当該競業取引は有効であるのと同じような状態になる。つまり，会社側が，第三者が会社の承認を欠いていることについて悪意であることを立証できない限りは無効という主張ができない。

(2) **競業取引を行った取締役等の責任**　　一方，会社が承認した取引でも，会社に損害が生じていれば取締役の責任が免除されない。つまり，仮に取引の結果として会社に責任が生じた場合は取締役が会社に対して任務懈怠として損害賠償責任を負う（会423条1項）。

ではもし，事前に承認を得ていなかったような競業取引を行った場合，取締役らの責任はどのようなものであるか。この場合も当該取締役の任務懈怠責任を追及できる。その際，当該取締役が負う責任は，填補責任が原則であり，より重い責任となる。さらに，取締役への賠償請求を本案として，差押えも可能となる場合があろう。

4. 本問へのあてはめ

上記規範を本問についてみると，A会社取締役Bが株式会社Cを代表して「第三者のために」，衣料品の販売という「会社の事業に属する事業」を営もうとしており，上記事前の承認が必要であった。しかし本問では，Bが承認を得たかについては，明確な記載がないため場合分けが必要となる。

(1) **承認を得ていなかった場合**　　承認を得ていなかった場合，契約の当事者でない会社の内部事情によって取引の効力が左右されるのは，第三者にとっ

て不測の被害となることから，取引自体は無効にならないが，会社は取締役に対し，任務を怠ったものとして損害賠償請求をすることができる（会423条1項）。その取引によって取締役または第三者が得た利益の額は，会社に生じた利益の額と推定される（同条2項）。この場合，差止めや刑事責任（背任等）が問題となる可能性がある。

　　(2)　**承認を得ていた場合**　　　承認を得ていた場合であっても，会社に損害が生じた場合，A会社はBに対し，当該損害の賠償を請求できる（会423条1項）。この場合の損害は，実際にA会社が失った利益となる。

> **関連問題**　**利益相反取引の株主全員による同意**　　取締役会設置会社である株式会社とその取締役との間で行われる取引について，会社の株主全員による同意がある場合には，取締役会の承認は不要となるか。

Q-59　内部統制システムにかかる善管注意義務違反

　A株式会社は，公開会社でありかつ大会社である。A会社の取締役会は，取締役の職務の執行およびその他会社の業務の適正を確保するための仕組み（内部統制システム）が不十分なものであるのにそれを放置し，また各自で必要な対応をすることもなく，代表取締役のBに経営を任せきりにしていた。このような状況の中で，Bは金融商品の取引に十分な知識・経験もないまま，独断でハイリスクの金融商品取引を投機目的で行い，A会社に多額の損失を生じさせた。BらA会社の役員の会社に対する損害賠償責任について述べよ。

（参照：会計試平成29年，最判平成21・7・9判時2055号147頁［判百50］）

[解説]

1.　問題の所在

　会社法は，株式会社のうち，大会社・公開会社である取締役会設置会社については，取締役会においていわゆる内部統制システムの構築に関する事項を決議し，決定しなければならないものとしている（会362条5項・同条4項6号）。大会社は，多くの業務を抱え，それを多くの従業員に委任しており，代表取締役らがすべてを適切に監督することは，難しい。そこで，会社法は監査役・執行役を含む役員等にリスク管理体制を含む内部統制システムを整備し，法令遵守とともに，効率

的な経営を求めている。

　本問では，A会社は大会社・公開会社である取締役会設置会社であるので，内部統制構築義務を負うところ，適切な内部統制を行う体制を構築せず，また各役員らがその義務を果たすこともなく，経営を代表取締役Bに任せておいたところ，Bは独断でハイリスクの金融商品取引を行い，その結果，会社に多額の損害を生じさせた。この損害は，取締役らの内部統制構築義務に違反し，役員らの義務違反と損害との間に因果関係があれば，役員らは損害賠償責任を負うだろうか。

2. 役員らによる内部統制構築義務と監視義務等

　(1)　**内部統制構築義務**　　　会社法が規定する内部統制構築義務に関しては，具体的に取締役会が内部統制システムの大綱を決定し，代表取締役および業務担当取締役がその決定の執行責任として，具体的な内部統制システムを構築する義務を負う。内部統制構築義務の内容としては，①コンプライアンスを含むリスク管理体制，②監査役および監査の実効性を確保する体制の整備である。決定の内容と内部統制システムの運用状況の概要は，事業報告の対象とされ，内容の相当性は監査の対象となる。したがって，内部統制に関し内容の相当性のある決議をすることが取締役の善管注意義務等の内容となり，またシステム構築や運用も同様である。

　(2)　**取締役の監視義務等**　　　各取締役は，会社に対し，代表取締役および業務担当取締役が具体的な内部システムを構築する義務を適切に履行しているか監視する義務を負う（大阪地判平成 12・9・20 判時 1721 号 3 頁）。さらに，取締役は，取締役の構成員として，取締役会に上程された事項だけでなく，代表取締役の不正行為を含む業務執行一般について監視義務を負うと理解されている（最判昭和 48・5・22 民集 27 巻 5 号 655 頁 [判百 67]）。したがって各取締役は，代表取締役の職務執行一般につき監視義務を負い，特に適切な内部統制構築については代表取締役および業務担当取締役が適切に義務を履行しているか監督する義務を負っている。

　(3)　**代表取締役の任務懈怠**　　　本問では，A会社の代表取締役Bは，適切な内部統制を構築せず，監視もしなかったが，B自身金融商品の取引に十分な知識・経験もないまま，独断でハイリスクの金融商品取引を投機目的で行い，A会社に多額の損失を与えている。この行為は，取締役の具体的法令違反ではないが，善管注意・忠実義務違反となる。この場合，経営判断原則による免責が問題とな

るが，免責されない場合，取締役の任務懈怠行為として，賠償責任を負担する（会423条1項）。

　　(4)　**義務の不履行**　　これらの義務が履行されない場合には善管注意義務（民644条）および忠実義務（会355条）違反が生じ，Ａ会社の取締役らは任務懈怠責任（会423条）を負う。

3.　本件における義務違反

　上記の規範を本問の事情にあてはめる。

　　(1)　**内部統制構築義務・監視義務違反**　　代表取締役Ｂおよび業務担当取締役はリスク管理に適切な内部統制システムを構築していなかった。他の取締役もこれを放置し，各自で必要な対策もとっていなかった。十分な内部統制システムが構築されていれば，代表取締役Ｂに通常の業務執行以外の投機について，何らかの対策がとられ，始まる前に当該投機を止めさせることが可能であり（内部統制構築義務違反），会社に損失も発生しなかったと考えられる。

　同時に他の取締役らは，代表取締役Ｂの職務執行一般について，適切な監督義務違反を尽くすことなく，代表取締役Ｂに経営を任せきりにしていた。もし，他の取締役が十分に代表取締役Ｂに対し監視義務を尽くしていれば（監視義務違反），通常，十分な知識・経験のないＢにハイリスクな投機をさせることはなく，Ａ会社に損失も発生しなかったと考えられる。

　　(2)　**代表取締役Ｂの任務懈怠**　　そもそも代表取締役Ｂには，独断でリスクの高い金融商品投機を行っており，当該行為は取締役として善管注意・忠実義務違反（会330条・355条）となり，取締役の任務懈怠となる（会423条1項）。

　　(3)　**結　語**　　以上のとおり，代表取締役Ｂには，独断でリスクの高い金融投機行為を行い，善管注意・忠実義務違反となる。さらに，内部統制システム構築義務違反も存在し，これらは会社の損害と相当因果関係に立つ。したがって代表取締役Ｂは，任務懈怠により，会社に損害を与えたため，損害賠償義務を負う。

　他取締役については，内部統制構築義務および代表取締役Ｂの業務執行一般について監視義務違反によってＡ会社の損害は発生し，各取締役は義務違反について少なくとも重大な過失があるといえる。

　よって，会社はＢら取締役に損害賠償請求をすることができる（会423条1項）。

Q-60 子会社管理に関する取締役の責任

　A株式会社の100％子会社であるB株式会社は，違法な取引を行っていた。A会社は，取締役会設置会社であり，内部統制システムの一環として，子会社から成る企業集団の業務の適性を確保する体制も構築していた。A会社の取締役会において，公認会計士からB会社の取引に不審な点があると指摘され，調査委員会を立ち上げたが，B会社の担当者から聞き取りをし，B会社から報告書を提出させただけで，特に問題はないと報告された。その後，B会社の違法な取引が明るみに出て，A会社も損害を被った。そこで，A会社の株主が，A会社の取締役に対して，A会社の被った損害の賠償を求めて，株主代表訴訟を提起した。本件株主代表訴訟による請求は認められるか。なお，株主代表訴訟の手続は適法に行われたものとする。

（参照：福岡高判平成 24・4・13 金判 1399 号 24 頁 [判百 51]）

[解説]

1. 問題の所在

　B会社は，A会社の完全子会社であり，A会社は取締役会設置会社として，内部統制の構築義務を負っている。その際，内部統制の対象には，子会社を含む企業集団の業務適正性を確保する体制も含まれるが，A会社株主は，A会社取締役がB会社の監督義務を怠ったとして，株主代表訴訟を提起し損害賠償請求をすると考えられる（会847条1項・423条1項）。A会社取締役にB会社の監督義務はあるのか。親会社取締役の子会社に対する監督義務の有無が問題となる。その結果，A社取締役らには，任務懈怠責任が生じ，損害との間の因果関係が認められ，株主代表訴訟により賠償請求がなされるだろうか。

2. 親会社取締役による子会社の監査

　(1) **親会社の義務**　　この点について，親会社取締役は，子会社の業務を直接監督する法的権限は持たないが，株式保有を通じて親会社が子会社に対して有する影響力を行使して，子会社の取締役会に対し，その業務を監督することは可能である。会社法は，「株式会社の業務並びに当該株式会社及びその子会社から成る企業集団の業務の適正を確保するために必要なものとして法務省令で定める体制の整備」をする義務を負う（会362条4項6号等）。そこで，親会社取締役は，

親会社に対する善管注意義務（会330条）・忠実義務（会355条）の一内容として合理的な範囲で，子会社の業務を監視する義務を負うと解する（田中亘『会社法〔第3版〕』）286頁（東京大学出版会，2021年））。

　　(2)　**義務の範囲**　　　しかし，親会社は別会社である子会社の業務をどこまで監督するべきかは，当該子会社の規模やグループにおける重要性，利益率などを考慮し，他方監査にかかる経費なども考慮しながら，決定すべきであり，子会社に不祥事があったからといって，直ちに親会社の取締役に善管注意・忠実義務違反が認められるわけではなく，親会社の取締役の経営上の裁量の一環として，経営判断原則の枠組みで認められるべきである。

　ただし子会社の従業員からの内部通報があり，親会社の取締役らに直接通報されるような制度が整備されていたような場合には（最判平成30・2・15判時2383号15頁参照），当該取締役らは当該通報を適切に対応する信義則上の義務を負う，とされる。つまり，本件のように，子会社から成る企業集団の業務の適性を確保する体制も構築していた状況の中で，A会社の取締役会において，公認会計士からB会社の取引に不審な点があると指摘されたような場合には，A社取締役らは，実際に自らそのような取引がないか確認する信義則上の義務を負うと解するべきである。その結果，A会社の取締役らは本件B会社の不祥事を防止することができたと理解され，それをしなかったのは任務懈怠となる。

3.　**本件について**

　では，本問において，A会社取締役は，子会社の業務の適性を確保するグループ内部統制システム（会362条4項6号等）を整備していたが，内部統制構築義務違反として十分だったか。

　本問において，A会社取締役会は，公認会計士からB会社の不審な取引について指摘されたにもかかわらず，B会社担当者からの聞きとりと報告書の提出をさせただけで，A会社取締役がB会社の取引を問題なしと判断する過程，内容に著しく不合理な点がないとはいえない。自ら構築した内部統制の一つであるグループ内部統制システムに何らかの問題があると合理的に疑われるような事象が起きた場合には，A会社取締役らは，自ら子会社等に生じている問題を正確に監査し，監督する義務があるにもかかわらず，その義務に違反したからである。これは，経営判断原則によっても，免責されない。この任務懈怠とA会社に生じた損害との間には因果関係があるといえる。

したがって，A 会社取締役が設置していたグループ内部統制システムは，B 会社の監督義務を尽くすに足りるものとはいえず，A 会社取締役は「任務を怠った」といえ，A 会社の損害との間の因果関係が認められる。

よって，A 会社株主は上記請求を株主代表訴訟で追及することができる（会847条1項）。

Q-61　利益相反取引

A 株式会社は公開会社であり，取締役会設置会社である。A 会社の代表取締役 B は，自己が C 会社に対して負う債務について，B が A 会社を代表して債務を引き受ける（債務引受）契約をしようと考えている。

この場合に，B は，どのような手続をとる必要があるか。仮に，この手続が一切履践されることなく，B が A 会社を代表して，C 会社との間で債務引受契約を締結した場合，A 会社は，本件債務引受契約の無効を主張することができるか。

（参照：会計試平成 26 年，最判昭和 43・12・25 民集 22 巻 13 号 3511 頁 [判百 56]）

[解説]

1. 問題の所在

A 会社は，取締役 B が C 会社に対して負う債務を引き受けようとしているが，会社が取締役の債務を引き受けることは，間接取引（会 356 条 1 項 3 号）にあたる。これは利益相反取引の一つと考えられるが，A 会社が責任を負うためにはどのような手続が必要となるか。また，取締役 B がそのような手続をとらない場合，当該間接取引の効力は無効となるか。またその無効は誰が主張できるか。

2. 間接取引の効力と会社の承認

(1)　**間接取引の承認**　　　間接取引すなわち利益相反取引をしようとする取締役は，取締役会設置会社においては取締役会に対し重要な事実を開示し，その承認を受けなければならない（会 365 条 1 項・356 条 1 項柱書）。したがって公開会社 A においては，B は重要な事実を開示し取締役会の承認を受ける必要がある。

(2)　**間接取引の無効**　　　かかる承認がなかった場合，A 会社は本件債務引受契約の無効を主張することができるか。この点につき，判例は，本件のような

間接取引について，取締役が会社の承諾を得ないで，取引をした場合には，民法 108条の類推により，無効と解している。その無効は，会社が当該取締役に対し主張できることは明らかであるが，C会社が手続の瑕疵について，善意のときにも無効主張できるだろうか。

(3) **相手方の保護**　　この点について，会社は，取引の相手方に対しては，取引安全と会社の利益保護の調和の見地から，当該取引について取締役会の承認がないこと，および相手方が承認のないことについて悪意であることを会社が主張・立証しない限り，無効を主張できないと解する（前掲最判昭和43・12・25同旨）。

3. 結　論

代表取締役Bは，A社取締役会に対し重要な事実を開示し，本件間接取引にかかる承認を受けなければならない。もしBが上記承認を得なかった場合には，A会社は，Bに対して無効主張をすることができ，相手方であるC会社については当該取引について取締役会の承認がないこと，およびその点につき，C会社が悪意であることを主張立証しなければならない。よってかかる主張・立証をしない限り，A会社はC会社に無効を主張することができない。

関連問題　**直接取引・間接取引**　　取締役による利益相反取引の規制の対象である直接取引および間接取引について，具体例を挙げて説明せよ。

（4）　取締役の報酬等

Q-62　取締役の報酬

　Ａ株式会社は取締役会設置会社である。Ａ会社には，取締役の報酬等に関する定款の定めはなく，株主総会の決議により取締役全員に支給する報酬総額の最高限度額を定め，各取締役への支給額の決定は取締役会に委ねられていたが，実際には，株主総会決議の定めた総額内で，職務に応じて支給額を定めることが慣行になっていた。そのうち，代表取締役は月額200万円，非常勤取締役は月額20万円とされていたが，総会後に代表取締役Ｂの著しく不適切な業務執行が発覚したため，取締役会はＢを代表取締役から解職し，非常勤取締役に降格して，報酬を月額20万円に引き下げた。Ｂは，従前の報酬額の支払いを要求しているが，認められるか。

（参照：会計試令和元年，最判平成4・12・18民集46巻9号3006頁［判百A23］）

[解説]
1.　問題の所在
　取締役の報酬等に関する事項は，定款に定めるか株主総会の決議によって定めるものとされている（会361条1項）。実務では定款の定めではなく，株主総会の決議により取締役全員に支給する報酬総額の最高額を定め，各取締役への支給額の決定は取締役会に委ねられていて，通説・判例もこのような方法を認めている。本問においては，取締役会により，Ａ会社の取締役Ｂがその任期中に代表取締役から非常勤取締役に降格され，Ａ会社の慣行に従いＢの報酬が月額200万円から20万円に減額されている。株式会社によるこのような措置が有効か否かが問題となる。

2.　取締役の報酬
　取締役と会社との関係は委任ないし準委任である（会330条）。民法上，委任契約は無報酬が原則である（民648条1項）。しかし，取締役と会社間には報酬を支給する旨の明示ないし黙示の特約が存在するとし，取締役には報酬請求権があるとするのが通説・判例である。もっとも，ここにいう報酬請求権は抽象的なものに過ぎず，具体的な報酬請求権は会社法に規定されている定款の定めまたは株主

総会決議によって発生するとされている。

　会社法による取締役の報酬規制について，その趣旨は従来取締役によるいわゆる「お手盛り防止」に求められていた。すなわち，取締役に支払われる報酬の内容は，本来任用契約の一部であることから，報酬の決定は業務執行の一環である。したがって，報酬の決定も業務執行者である取締役が行うことになる。しかし，取締役自身に自らの報酬の決定を任せた場合，過大な報酬を定め，会社財産を浪費し，株主の利益を害するおそれがあることから，会社法は定款の定めか株主総会の決定を求めることで，報酬の決定を株主に委ねていると理解されてきた。

　ところが，近年では，報酬による取締役へのインセンティブの付与や取締役への監督といった面が注目され，令和元年（2019年）会社法改正における取締役の報酬規制は，取締役に対するインセンティブ付与または監督という目的を前面に打ち出したものとなっている（会361条1項7項参照）。

　ところで，通説・判例で認められた方法で取締役の報酬額が具体的に定められた場合，その額は取締役と会社間の契約内容となる。したがって，その契約内容は契約当事者である取締役と会社の双方を拘束し，職務内容に著しい変更があり，それに伴って会社側が報酬の減額を決定しても，取締役が同意しない限り取締役は従前の報酬の請求権を失うことはないとする見解が多い。

3. 任期中の報酬額の変更が許容される場合

　取締役の職務内容に変更があっても当該取締役の同意がなければ，一切の報酬額の変更は認められないのか，任期中の報酬額の変更が許容される場合はないのか議論されている。

　この点について，①たとえば取締役の役職ごとに報酬額が定められており，任期中に役職の変更が生じた取締役には当然に変更後の役職について定められて報酬額が支払われるといった慣行ないし明示・黙示の特約があっても，取締役の同意なくかつ正当な理由なく役職が変更された場合には，会社法339条2項の潜脱を許し，職務内容の変更という名目で報酬の減額が行われる可能性を否定しえないことから，報酬の減額は許されないという見解がある。

　これに対して，②上述のような報酬額についての慣行ないし明示・黙示の特約があり，その内容を了知して取締役に就任した場合には，任期中に役職が変更され，それに伴って報酬額が減額されても，それについて当該取締役は報酬額の減額に同意していると解してよいとする見解がある。

4. 本問への適用

　本問では，A 会社においては，取締役の報酬は，株主総会決議の定めた総額内で，職務に応じて支給額を定めることが慣行となっていた。そして，B は代表取締役を解任され非常勤取締役に降格されその報酬が減額されている。

　上述の①見解によれば，B の同意がなければ報酬の減額は許されないということになる。他方，②の見解によれば，A 会社には報酬額に関する慣行があり，B は代表取締役であり，この慣行を了知しているものと考えられることから，報酬の減額は許されるということとなる。

[参考判例]　名古屋高判平成 10・6・12 資料版商事 178 号 96 頁，最判平成 22・3・16 判時 2078 号 155 頁

Q-63　取締役のインセンティブ報酬

　株式会社が，取締役に対してインセンティブ報酬として募集株式または募集新株予約権を交付するためには，どのような手続による必要があるか。あわせて，上場会社が取締役に対してその報酬等として募集株式または募集新株予約権を無償で交付しようとするときには，どのような手続による必要があるかについて説明せよ。

[解説]

1. 問題の所在

　取締役の報酬は，以前は，取締役と会社・株主との利益相反の側面が強調されその会社法上の規制が説明されてきた。しかし，近年は取締役の報酬は取締役にインセンティブを与え，取締役を監督しうるものとしての側面が注目され，令和元年（2019 年）会社法改正が行われた。取締役に対するインセンティブ報酬として募集株式または募集新株予約権の交付があるが，これらは，あくまでも募集株式または募集新株予約権の交付である以上，既存株主や投資家との利害調整が必要である。

2. 取締役に対する報酬としての募集株式または募集新株予約権の交付

　取締役に対して報酬として募集株式または募集新株予約権を交付するには，①募集株式または募集新株予約権そのものを報酬として与える方法と，②金銭を報

酬としたうえで，取締役に募集株式を割り当て，引受人となった取締役に会社に対する当該金銭報酬の支払請求権を現物出資させたり，取締役に募集新株予約権を割り当て，引受人となった取締役に会社に対する当該金銭報酬の支払請求権を募集新株予約権の払込金額の払込債務と相殺させたりする方法がある。

上記①②のいずれの方法による場合でも，定款または株主総会決議により，取締役が引き受ける募集株式や募集新株予約権の数の上限，その他法務省令で定める事項を定めなければならない（会361条1項3～5号，会社則98条の2～98条の4）。

①の方法による場合，取締役は対価を払い込むことなしに募集株式や募集新株予約権の交付を受けることになる。募集株式については，払込金額またはその算定方法は募集事項として必須であるが，募集新株予約権については，無償の発行も認められている。募集株式および募集新株予約権についての募集事項は，原則として，株主総会の特別決議により決定しなければならないが（会199条1項2号・同3号・同条2項・238条1項1号・同2号・同条2項・309条2項5号），公開会社では，取締役会の決議により決定することができる（会201条1項・240条1項）。

ただし，当該募集株式の払込金額が引受人に特に有利な金額である場合および当該募集新株予約権の発行を無償とすることが引受人に特に有利な条件である場合には，公開会社においても，取締役は，株主総会で，当該払込金額または条件で引受人を募集することを必要とする理由を説明し，株主総会の特別決議によって募集事項を決定しなければならない（会199条3項・201条1項・238条3項1号・240条1項）。

また，開示規制として，取締役は，書面投票等を行う際に求められる株主総会参考書類（会301条）による情報開示を行わなければならない。すなわち，取締役が取締役の報酬に関する議案を提出する場合には，報酬の算定基準や退職金の支給基準等が開示される（会社則82条）。

さらに，公開会社においては，事業報告（会435条2項）による情報開示も行わなければならない。すなわち，①報酬についての株主総会の決議に関する事項，②報酬の決定方針に関する事項，③株式会社が職務執行の対価として交付した募集株式に関する事項，④株式会社が職務執行の対価として交付した募集新株予約権に関する事項等が開示される（会社則121条4～6号の3）。事業報告においては，社外役員（会社則2条3項5号）の報酬は区別して開示されなければならない（会社則124条5号）。

3. 上場会社における取締役に対する報酬としての募集株式または募集新株予約権の無償交付

　上場会社においても，上述の手続規制が課されるが，上場会社の取締役に対する報酬としての募集株式の交付については，対価の払い込みを要しないとする取扱いが認められている（会202条の2第1項）。

　また，上場会社においても，上述の開示規制が課されるほか，金融商品取引法に基づく有価証券報告書による開示が課されている（金商24条1項）。すなわち，有価証券報告書中の「コーポレート・ガバナンスの状況等」に記載すべき事項として，取締役の区分ごとに報酬等の総額，報酬等の種類別の総額および対象となる取締役の員数を開示しなければならない。特に，当該有価証券報告書の対象となる事業年度の報酬等の総額が1億円以上の取締役については各人ごとに総額および種類を開示しなければならない（企業内容の開示に関する内閣府令15条1号，第三号様式第二部第4・第6および記載上の注意（38），第二号様式第二部第4・第6および記載上の注意（57）参照）。

Q-64　退職慰労金の支給

　A株式会社は取締役会設置会社である。取締役Bが退任するため，株主総会において，Bに支給する退職慰労金について，その金額・支給時期・支給方法をA会社が定めた役員退職慰労金支給規定に従って決定することを取締役会に一任する旨，決議する予定である。会社法上，適法に退職慰労金を支給するためには，どのような措置が必要かについて論述せよ。

（参照：会計試平成25年，最判昭和39・12・11民集18巻10号2143頁［判百59］）

[解説]

1. 退職慰労金の意義，その支給方法にかかる慣行

　取締役の退職慰労金とは，取締役が退任する際，この者に対して会社が支給する一時金または年金のことであり，日本企業でいまも広くみられる慣行である。退職慰労金は，その性質が取締役に対する報酬の後払い分であるか，それとも在任中の会社への功労を理由とする一種の賞与であるかにかかわらず，職務執行の対価として会社から受ける財産上の利益である限りは，会社法所定の報酬決定手続に服する（前掲最判昭和39・12・11。会361条1項柱書参照）。すなわち，指名委員

会等設置会社では，報酬委員会が退任取締役への個別の支給内容を決定しなければならず（会404条3項），それ以外の会社では，定款に支給内容に関する定めがあるときはそれに従い，ないときは株主総会の普通決議をもって支給内容を定めなければならない（会361条1～6項・309条1項）。

多くの日本企業では，株主総会の場で取締役個々人の業績および報酬の査定をさせることに対して忌避感があるといわれている。そのため，在任中の取締役の報酬支給額の決定に関しては，株主総会が一定の員数の取締役に対する報酬総額の上限額を定め，個別支給額の決定を取締役会に一任するという方法がとられている。この方法は判例でも是認されている（大判昭和5・4・30新聞3123号8頁。指名委員会等設置会社を除く）。しかし，同じ方法を退職慰労金の支給の際に用いようとすると，退任者が1名であるときには，特定個人に対する具体的支給額または上限額を株主総会に示さざるをえないこととなる。

そこで，本問の設例にあるように，確定額または上限額を会社が明らかにしないまま，株主総会で，一定の基準に従い支給の額・時期・方法等を決定することを，取締役会に一任するという決議がしばしば行われている。本問は，会社法上の報酬関連規制の趣旨をふまえながら，そのような株主総会決議（ひいてはこれに基づく退職慰労金の支給決定）を適法なものとするための条件を問うたものである。

2. 問題の所在

取締役報酬（職務執行対価）の決定に関する，上記の会社法上の規制は，報酬という取締役任用契約の内容の決定が業務執行事項に属することを根拠に，業務執行機関（取締役または取締役会）に無制限に権限を与えてしまうと，自己または同僚に対する恣意的な業績査定と報酬決定が行われ，会社との間で利益相反を生じるおそれがあることに鑑みたものである。したがって，本問において，株主総会が一任決議をする場合には，取締役会の権限行使の適正範囲を事前に確保するために，A会社の役員退職慰労金支給規定（以下，本件規定）の相当性を株主総会が判断することができるよう，本件規定の内容を株主または株主総会が知ることができなければならないといえる。最高裁判例も，退職慰労金の支給基準が株主に推知可能であったことを理由として，株主総会による取締役会への一任決議が有効であるとしている（最判昭和44・10・28判時577号92頁）。

3. 適法な支給のために A 会社がとるべき措置

　もし，株主総会で書面投票または電子投票が行われるならば，A 会社は，株主総会参考書類において本件規定の内容を開示しなければならない（会社則82条2項本文）。ただし，各株主が当該基準を知ることができるようにするための適切な措置が講じられている場合には，この開示は免除される（同項但書）。

　株主総会参考書類での開示が行われないとき，本件規定についてどの程度の開示が行われていれば，株主がその内容を知るうえで適切な措置が講じられたといえるのだろうか。この点に関して最高裁判例は，株主の請求に基づいて退職慰労金支給規定の内容および関連する慣行を会社が説明することとしていた点を挙げて，取締役会への一任決議を適法としている（最判昭和58・2・22判時1076号140頁）。同判例をふまえると，たとえば本店において株主の請求があるときに本件規定の内容を説明することができる態勢を会社が整えていれば，一応十分ということになる。なお，株主総会の議場において株主が本件規定の内容の説明を求めたならば，会社はこれに応じなければならない（会314条）。株主の請求を待たずに会社がウェブサイト等で開示をすることは望ましいといえるが，法律上義務づけられているわけではない。

　最後に，本件規定は，利益相反回避という上述の制度趣旨をふまえる限り，退職慰労金の具体額を一意に導くものでなく，一定の範囲を示すものであってもよいと思われる。しかし，当該額または範囲を算出するうえで必要となる退任者のデータ（在任中の役職，在任期間等）もまた，株主からの開示請求がある場合には，本件規定の内容と並んで，なるべく詳細に示すべきであろう。もっとも，この点を明らかにした判例はなく，学説も確立していない。

　　[参考判例]　東京地判昭和63・1・28判時1263号3頁

（5）取締役（役員等）の責任追及

Q-65　株主代表訴訟の提起

　株主が役員等を相手どって自ら株主代表訴訟を提起することができるのはどのような場合か。また，原告適格を有する者の範囲はどのようか。さらに，株主代表訴訟の提起のために必要な手続はどのようなものか。

[解説]

　会社法では会社が役員に対し責任を追及できる旨の規定が散在し，責任追及についてはいくつもの工夫が設けられている。たとえば会社と取締役間の訴えにおける会社代表である（会 353 条・364 条・386 条・399 条の 7・408 条）。代表取締役には株式会社の業務に関する一切の裁判上または裁判外の行為をする権限がある（会 349 条 4 項）ので，会社が当事者となる訴訟は代表取締役が会社を代表すべきが本来である。しかしながら会社が代表取締役を相手に訴えを提起するような場合，被告代表取締役が原告会社を代表する事態となり，馴れ合い訴訟に陥りかねない。このような不都合を防ぐべく，会社法 353 条をはじめとする特則が設けられている。

　株主代表訴訟も工夫の一つである。会社が役員に対し責任追及が可能でも，仲間意識・同僚意識が災いして訴えを提起しないまま放置の可能性がある。提起されて責任追及が認容されれば株主の利益に寄与する点に鑑みると，放置は株主の利害にも影響を及ぼす。放置の不都合を避けるべく，会社に代わって株主が訴えを提起することが認められている。こうして提起される訴訟が株主代表訴訟である。

1. 株主代表訴訟の対象

　対象となる訴えは，以下の 3 つである（会 847 条 1 項）。①発起人，設立時取締役，設立時監査役，役員等（取締役，会計参与，監査役，執行役または会計監査人），または清算人の責任を追及する訴え。②設立，募集株式の発行等または募集新株予約権の発行における株式もしくは新株予約権の引受人または新株予約権者に対して支払いまたは給付を求める訴え（会 102 条の 2 第 1 項・212 条 1 項・285 条 1 項・213 条の 2 第 1 項・286 条の 2 第 1 項）。③違法な利益供与を受けた者に対して利益の返還を求める訴え（会 120 条 3 項）。

　①は会社法が定める役員等の責任に限られず，取締役が会社に対して負担するすべての債務を含む（最判平成 21・3・10 民集 63 巻 3 号 361 頁 [判百 64]）。①の代表例は，役員等が任務懈怠責任の理由となる行為に基づく訴え（会 423 条 1 項）である。当該行為時に役員だったことが前提であり，役員だったならば退任後も株主代表訴訟の対象である。反面で，役員等であった者が退任後に株式会社に対し負担することになった債務についての責任は対象外となる（東京高判平成 26・4・24 金判 1451 号 8 頁）。

2. 原 告 適 格

　株主代表訴訟の原告は，6か月以上継続保有する株主である（会847条1項）。単独株主権なので1株でもよい。継続保有要件は定款により緩和しうるとともに，公開会社でない株式会社では継続保有自体が要件でない（同条2項）。もっとも，訴訟継続中は株主であり続けなければならない。

　ただし次の3つの場合には，例外的に原告適格が認められる。まず(1)提訴時は株主だったが，その後の組織再編行為により株主でなくなった場合である。(a)株式交換・株式移転により完全親会社株式を取得した場合，(b)新設合併の設立会社株式を取得した場合，(c)吸収合併の存続会社株式を取得した場合，および(d)前記(c)の存続会社の完全親会社の株式を取得した場合が該当する（会851条1項）。

　次に，(2)前記(a)および(d)の場合には，株式交換・株式移転または吸収合併後でも提訴できる（会847条の2）。(1)との違いは，(2)では提訴時に原告が，責任追及の対象たる者が役員である会社の株主でない点である。この点に着目して，旧株主による責任追及の訴えと呼ばれる。株式交換・株式移転または吸収合併の効力発生日までに，6か月の継続保有をはじめとした提訴請求の要件を満たしていた株主に原告適格が認められる。

　もう一つは，(3)親会社の株主には，子会社の役員等の責任を追及する訴えの提起が認められる（会847条の3）。特定責任追及の訴えと呼ばれる。完全親子関係の存在を前提に当該株主は，完全親会社の総株主の議決権の100分の1以上の議決権または100分の1以上の数の株式を6か月前から継続保有していなければならない。また完全子会社の役員等に責任原因となる事実が生じた時点において，完全親会社における完全子会社株式の帳簿価額が，完全親会社の総資産額の5分の1を超える場合に限られる。

3. 手 続

　まず原告適格を有する株主は会社に対し，責任追及等の訴えの提起を請求する（会847条1項）。会社自らが訴えを提起する機会の確保を意図するものであり，提訴請求と呼ばれる。提訴請求をふまえ，提訴するか否かを誰が判断するのかについては，会社と取締役間の訴えにおける会社代表のルールに従う。会社法353条が適用されるケースでは，株主総会が会社を代表する者を定めない場合に代表取締役が判断することも想定される。もとより代表取締役は忠実義務（会355条）を負うので，馴れ合い的に判断すると任務懈怠を問われる可能性がある。

提訴請求日から60日以内に責任追及等の訴えを提起しない場合，提訴請求をした株主は会社のために責任追及の訴えを提起することができる（会847条3項）。裁判管轄は，会社の本店所在地を管轄する地方裁判所である（会848条）。60日以内に会社が訴えを提起しない場合で提訴請求株主から請求を受けたときは，会社は遅滞なく訴えを提起しない理由を請求した者に対し通知しなければならない（会847条4項）。不提訴理由の通知であり，当該通知の内容をふまえて提訴請求した株主が実際に訴えを提起するか否かを判断する仕組みである。

> **関連問題　株主代表訴訟の原告適格**　会社法において，株主が株主代表訴訟の提起後に株主としての地位を失ったときでも，原告適格を喪失しないとされているのはどのような場合か。

Q-66　株主代表訴訟における担保提供

株主代表訴訟の提起が行われた場合において，被告の申立てにより裁判所が原告株主に対して担保提供を命じることができるのはどのようなときか。

[解説]

1. 担保提供制度の趣旨

株主代表訴訟における訴訟の目的の価額の算定については，財産権上の請求でない請求にかかる訴えとみなされる（会847条の4第1項）。この規定により訴訟の目的の価額は160万円とみなされ，提訴手数料は13,000円とされる（民事訴訟費用等に関する法律4条2項，別表第1第1項）。請求額の多寡にかかわらず13,000円なので，濫用的に提訴される可能性を孕む。役員への嫌がらせや会社への損害，株主自身の不正な利益等を目的とする訴訟である。

もっとも，濫用的に提起された訴訟は会社への不法行為に該当し，会社は不法行為に基づく損害賠償を請求しうる。責任追及等の訴えが株主もしくは第三者の不正な利益を図り，または会社に損害を加えることを目的とする場合には，会社への提訴請求自体ができないとされている（会847条1項但書）。それにもかかわらず提訴請求し，さらに株主自らが訴えを提起するなら，提起自体が不法行為に該当するとの理解である。

このようにして濫用的に提訴した株主は，自身が損害賠償責任を負う結果にな

るはずである。しかしながら自己の責任負担に帰着することを承知していながら濫用的に提訴する人物なので，勝訴判決を得て損害賠償を請求しても会社は賠償金を得られない可能性が高い。こうした不首尾・不都合を回避するための方策が担保提供である。株主等が責任追及の訴えを提起した場合，被告となった役員等は，訴えの提起が悪意によるものであることを疎明して申し立てることにより，裁判所は提訴した株主等に対し相当の担保を立てるように命ずることができる（会847条の4第2項・同条3項）。

　担保提供の制度は，このようにして不法行為に基づく損害賠償請求権を担保する目的で設けられた。ただし当該目的と担保提供という手段は必ずしも首尾よく整合しない。むしろ株主代表訴訟に対する防御・対抗を目的とする手段として担保提供が意識されるようになった。担保を立てるべき期間内に担保を立てない場合，裁判所は訴えを却下することができるからである（民訴78条・81条）。担保を立てられない提訴株主は，却下判決を避けるには訴えを取り下げる他ない。損害賠償請求権の担保という当初目的から離れ，担保提供は株主代表訴訟提起の抑止力として機能する状況に至る。

2. 「悪意」の解釈

　このような状況になると，担保提供を求めるべき濫用的訴訟か否かの吟味が欠かせない。吟味の役割を担うのが会社法847条の4第3項の悪意である。悪意の解釈をめぐっては，害意説と悪意説が基本的に対立してきた。害意説は不当に会社の利益を害する意図を指すと解し，悪意説は原告株主が被告役員を害することを知っていることを指すと解する。害意説では，株主総会決議取消しの訴えにおける担保提供に際して問われる悪意（会836条3項）が害意と解されていることとの平仄が唱えられる。これに対し悪意説では，株主代表訴訟と株主総会決議取消しの訴えとの相違を指摘する。株主総会決議取消しの訴えでは争点が明確であり疎明は困難でないため害意へと要件を加重するのが適切だが，このような理解が株主代表訴訟には妥当しないので平仄を合わせる必要のない旨が説かれる。

　両説のこうした対立をふまえ，現在は対立を止揚する見解が有力となっている。悪意の意義を不当訴訟要件と不法不当目的要件に再構成する見解である。不当訴訟要件とは原告の請求に理由がないこと，不法不当目的要件とは原告に不法不当な目的があることを指す。被告が担保提供を求める際には，これら2要件のいずれかについて疎明が要求されると有力説は解する。近時の決定も同様の見解に立つ

（東京高決平成7・2・20判タ895号252頁［判百65]）。

　故意により不当訴訟を提起した場合，原告の請求に理由がないことを原告自身が知っていながら故意に提訴したと主張して，被告は担保提供を請求することになる。それでは過失の場合はどうか。原告の請求に理由がないことを原告自身の過失により知らなかったような場合である。この点について先に紹介した決定は，理由がないことを知らないとの事実は悪意という文言に沿わないと判断する。悪意の疎明とは捉えず，被告の担保提供請求を認めないとの判断である。

Q-67　会社の補助参加

　株主が役員等の責任を追及しようとして株主代表訴訟を提起する場合に，当該株式会社が被告である役員等を補助する目的で訴訟に参加するためには，どのような手続による必要があるか。

［解説］

1. 株主代表訴訟における補助参加の利益

　株主代表訴訟では訴訟参加として，株主による共同訴訟参加または会社による補助参加が，それぞれ訴訟参加として認められている（会849条1項）。株主による共同訴訟参加では，他の株主が提起した株主代表訴訟のみならず，会社が提起した責任追及等の訴えにも参加可能である。

　会社による補助参加では民事訴訟法42条が適用され，訴訟の結果について有する利害関係と会社による補助参加の名宛人が論点となる。株主代表訴訟における請求権自体は会社に帰属するものであり，株主は当該請求権を会社に代わって行使しているとの理解に立つならば，訴訟の結果について有する利害関係とは被告たる役員等からの金員支払いである。また，会社が補助すべき訴訟当事者は株主となる。被告の役員等と会社は支払う側と支払われる側の対立的な関係であり，補助する側とされる側の関係とはならない。そのため会社は株主代表訴訟において被告側への補助参加は認められないと解されてきた。

　しかしながら利害関係は必ずしも被告側からの金員支払いにとどまるものではない。そのような例として，株主代表訴訟の原告株主が会社の意思決定プロセスをめぐって違法性を主張するような場合が挙げられる。具体的には，計算書類に粉飾があったにもかかわらず取締役会の承認（会436条3項）を受け，その後に剰

余金が配当された場合に，粉飾決算を指示した役員に対して株主代表訴訟が提起されたようなケースである。このケースで原告が勝訴すると，取締役会の承認決議を前提とする法律関係に影響が及ぶ可能性があり，会社は被告側の敗訴を防ぐ点に利害関係を有すると考えられそうである。

2. 判例と法改正

　敗訴を防ぐために会社は被告側に補助参加できるか。判例によれば特段の事情がない限り肯定される（最判平成13・1・30民集55巻1号30頁［判百A25]）。判例は，被告側の敗訴を防ぐ点に，民事訴訟法42条が定める法律上の利害関係を認める。被告側への補助参加を認めると公正な訴訟運営が損なわれそうだが，会社が補助参加するか否かはそれ自体が取締役の責任にかかわる経営判断の一つであると捉える。経営判断ならば善管注意義務・忠実義務が及ぶ。それゆえ補助参加を認めたからといって株主の利益を害するような補助参加がされるとはいえない旨を判示する。補助参加を認めても著しい訴訟の遅延や複雑化を招くおそれはない旨も言及する。

　ところで，この判決が平成13年（2001年）1月に言い渡された後，同年12月に法改正が行われた。現行の会社法849条3項へと受け継がれていく改正であり，会社が被告側に補助参加するには監査役，監査等委員または監査委員全員の同意が必要との改正である。さらに平成17年（2015年）の会社法制定により現行の会社法849条1項のように規定が改められ，会社による被告側への補助参加は明文で認められるに至った。

3. 議論の現状

　ただし補助参加の利益の要否については，現在も見解が対立する。会社法の立案担当者は不要説を示す。すなわち，原告株主の提起する株主代表訴訟の結果について，会社が利害関係を有しないことはほとんど考えられない。原告が勝訴すれば会社は費用の支払請求を受ける（会852条1項）立場にあるので，訴訟遂行方法についても重大な利害関係を有する。それにもかかわらず会社が取締役側に補助参加するたびに，その可否をめぐる争いが生ずるのは裁判の迅速性や訴訟経済の点から望ましくない。こうした理解を支持する学説も少なくない。

　裁判の迅速性や訴訟経済への考慮は，会社法849条1項但書に現れている。訴訟参加があると，ない場合に比べて時間が多く必要となり，事務負担が多くなる

のは当然に想定される。もっとも，訴訟手続の遅延や裁判所の過大な事務負担は訴訟参加一般に懸念されると認識するなら，株主代表訴訟についてのみ会社法849条1項但書にて明文で言及する必要はないはずであろう。それにもかかわらず明文で規定した点に照らすと，訴訟手続の遅延や裁判所の過大な事務負担が株主代表訴訟においては相当に深刻とも認識されよう。不要説の主要な論拠は，こうした深刻な状況への対処に求められる。

　これに対し必要説も有力である。すなわち，民事訴訟法42条が定めるように民事訴訟一般に必要とされる補助参加の利益を，会社法849条1項にて不要と読み取ることはできない。会社法849条1項の規定により補助参加の利益が不要と解されるのであれば，当事者適格のない者も民事訴訟法52条の共同訴訟参加が可能となってしまい，被告取締役側に株主が共同訴訟参加することも認められてしまう。

　補助参加の利益の要否をめぐる対立は，先に紹介した判例の意義に結びつく。不要説をとるなら判例法としての意義を失い，必要説なら意義を保つ。監査役・監査等委員・監査委員全員の同意を得るべき旨を定める会社法849条3項が補助参加の利益を不要と解することに寄与しうるか否かという論点も含め，必要説と不要説の対立を軸とした議論は今後も続きそうである。

> **関連問題** **役員等の責任追及の訴えにかかる和解**　　会社または株主が役員等の責任追及の訴えを提起する場合に，原告である会社または株主が被告役員等と和解をしようとするときは，会社法上どのような手続による必要があるか。

Q-68　第三者による損害賠償請求

　取締役をはじめとする役員等が職務を行うにあたり，第三者が損害を被った場合に，この第三者が当該役員等に対して損害の賠償を請求できるのはどのような場合か。また，その責任の法的性質，およびその責任を負う範囲はどのようか。

[解説]

1. 問題の所在

　会社法は，役員等に，会社に対する責任だけでなく，第三者に対して損害賠償

責任を負う場合を定める（会429条）。役員等が職務を行うについて，悪意または重大な過失があったときは，これにより第三者に生じた損害を賠償する責任を負う（同条1項）。本条に規定する第三者責任は，裁判例が非常に多い。会社が倒産した場合に，債権者が役員個人の責任追及をする事例が多いためだが，有限責任との関係で，あまり諸外国に類似の規定の例は多くなく，その法的性質が問題となる。その法的性質，適用範囲はどうなるだろうか。

2. 429条1項の法的性質

　(1)　**判例多数説**　　最高裁は，会社法429条1項の法的性質について以下のように説示する（多数説）（最判昭和44・11・26民集23巻11号2150頁 [判百66]）。すなわち，第三者保護の見地から取締役等に対し，法が政策的観点から不法行為責任とは別に定めた特別の法定責任であると解されている（法定責任説）。

　その要件は，①取締役において悪意または重過失により，善管および忠実義務に違反し，これにより第三者に損害を被らせたときは，②役員等の任務懈怠行為と第三者の損害の間に相当因果関係がある限り，③直接損害（直接第三者が役員等から損害を被った場合）か間接損害（会社が損害を被り，その結果，第三者が損害を被った場合）かを問わず（両損害包含説），当該取締役は直接第三者に損害賠償責任を負う。

　法定責任説は④役員等が職務を行うについて，故意または過失により直接第三者に損害を加えた場合において，一般不法行為との競合を妨げるものではないが，⑤第三者としては，任務懈怠について取締役の悪意または重過失を立証すれば自己に対する加害につき，故意または過失あることを主張・立証する必要はないとする。

　(2)　**少数説**　　他方，最高裁の少数説（特に著名なのは松田裁判官の少数説である）は，①取締役の悪意重過失は，対外関係について存在することを要し，任務懈怠において生じるものではない，②不法行為について会社法429条1項は，不法行為の特則であり，民法709条の適用を排除する。つまり軽過失の場合の責任を免除し，③対象は直接損害のみで間接損害は対象に含まれない，④本条は第三者に対し不法行為により直接損害を与えた取締役の責任に関する規定であるとした（不法行為特則説）。

　思うに，上場企業の役員のように不特定多数の第三者と接する取締役は，責任が重くなりすぎるため，損害は直接の損害に限るという解釈も成り立ちうるが，

これまで本判決が中小企業債権者の債権回収のために利用されてきたことを鑑みると，法的責任説が妥当であろう。以下，法的責任説に立ち，説明する。

2. 責任の範囲

　法定責任説から，「悪意又は重大な過失」の対象は，任務懈怠についてあれば足り，第三者に対する加害についてまでは要求されない。また，同項の責任の範囲は，直接損害・間接損害の両方を含むと解される。ただし，直接損害を受けた株主は「第三者」にあたるが，間接損害を受けた株主は「第三者」にあたらない。その理由は，直接損害の場合は株主も「第三者」にあたると解さないと保護されなくなってしまうが，間接損害の場合は，取締役の責任を追求する手段として，株主には責任追及等の訴え（会847条〜847条の4）が用意されており，会社が取締役から賠償を受ければ株主の損害も填補されたことになるからである。

　さらに，特定の書類や登記・公告等に虚偽の記載・記録をした場合には，役員等は，特定の行為をしたことにつき注意を怠ったことを立証しない限り，第三者に対する損害賠償責任を負う場合がある（会429条2項）。

3. 結　語

　役員等の第三者責任について，判例により，法的責任説が採用され，その対象は直接損害・間接損害両方を包含し，役員等が職務を行うについて，任務懈怠について，悪意または重過失があった場合には，役員等は第三者に対し損害の賠償責任を負う（会429条1項）。この場合の第三者の範囲は，役員等以外の第三者であるが，直接損害を受けた株主は第三者に含まれるが，間接損害を受けた株主は第三者に含まれない。

Q-69　辞任取締役の対第三者責任

　Ａ株式会社の取締役Ｂは，代表取締役Ｃに辞任を申し出て了承されたが，Ｃはその辞任登記について放置していた。Ｂの辞任の半年後，Ａ会社は経営に行き詰まり倒産するに至り，Ａ会社の債権者のＤは，Ｂに対してその第三者責任に基づいて損害賠償請求をしようと考えているが，それが認められるのはどのような場合か。

（参照：最判昭和62・4・16判時1248号127頁［判百68］）

[解説]

1. 問題の所在

A会社の取締役Bは，辞任したが，その登記は未了だった。一方，A会社の債権者Dは，役員等に対し，自らの債権を請求する際，Bに対し会社法429条1項に基づく損害賠償施請求をすると考えられるが認められるか。退任登記未了の辞任取締役は会社法429条1項の責任を負うかが問題となる。

2. 役員等の第三者責任と間接損害

(1) 法的性質 最高裁は，会社法429条1項の法的性質について，いわゆる法定責任説の立場から，以下のように説示する（多数説）（最判昭和44・11・26民集23巻11号2150頁 [判百66]）。すなわち，第三者保護の見地から①取締役において悪意または重過失により，善管および忠実義務に違反し，これにより第三者に損害を被らせたときは，②役員等の任務懈怠行為と第三者の損害の間に相当因果関係がある限り，③直接損害（直接第三者が役員等から損害を被った場合）か間接損害（会社が損害を被り，その結果，第三者が損害を被った場合）かを問わず（両損害包含説），当該取締役は直接第三者に損害賠償責任を負う。

さらに，④役員等が職務を行うについて，故意または過失により直接第三者に損害を加えた場合において，一般不法行為との競合を妨げるものではないが，⑤第三者としては，任務懈怠について取締役の悪意または重過失を立証すれば，自己に対する加害につき，故意または過失あることを主張・立証する必要はない，とする。

(2) 間接損害事例 間接損害事例は，役員等の悪意・重過失により会社が損害を被り，その結果，（会社の倒産等で）第三者も損害を被った場合である。会社の取締役が，善管注意義務に違反して経営に行き詰まり（任務懈怠行為），会社自体倒産（債務超過）となり，会社の債権者であるDの債権が焦げ付いたため，Bに対し，会社法429条1項の責任追及するような事案である。

このように本件の損失は間接損害であり，会社法429条1項を法定責任と考えないと，損害賠償の対象とならない。

3. 辞任登記未了と会社法429条1項

会社法429条1項は，記述したとおり，会社が倒産した場合に，わが国では債権者が旧経営者に損害賠償請求をする事例が多いため，訴訟数が多い。そのため，

代表者以外にも，名目的な取締役や登記簿上の取締役など，資金力はあり，実際に代表取締役として経営をしていなかった役員等に対しても，債権者が責任追及する訴訟も多い。

　(1)　**登記簿上の取締役**　　そもそも，辞任取締役は，現職ではないから「役員等」にあたらない。

　また，登記が残存しているが，不実の登記を残存させたのは会社であるから，会社法908条2項を適用して，会社法429条1項責任を負わせることもできない。しかし，会社法908条2項の趣旨は権利外観法理にあるところ，辞任取締役に帰責性がある場合には同項の類推適用の余地がある。

　判例は，いったん辞任したが，辞任登記未了だった事例で，不実の登記を残存させることに明示的に承諾を与えていたなどの特段の事情がある場合，会社法908条2項の類推適用により，会社法429条1項を適用し，取締役としての責任を免れることができないと解するべきである，とした（前掲最判昭和62・4・16）。この判旨は外観保護の法理からも，辞任取締役には明示的に承諾を与えるなど一定の帰責性はあるので，本件での適用は妥当である。

　(2)　**本件におけるB会社の責任**　　以上のとおり，取締役を辞任した者が，登記申請者である当該株式会社の代表者に対し，辞任登記を申請しないで不実の登記を残存させることにつき明示的に承認を与えていたなど特段の事情がある場合には，会社法908条2項の類推適用により，善意の第三者に対して当該株式会社の取締役を辞任したことをもって対抗することができない結果，「役員等」にあたり会社法429条1項の責任を負う。

　したがって，上記特段の事情があり，Dがそのことにつき善意であれば，DはBに対し，上記請求をすることができる。

Q-70　取締役の違法行為の差止め

　会社法上，株主に取締役の違法行為の差止請求権が認められるのはどのような場合か。

[解説]

1. 問題の所在

　取締役の任務懈怠によって会社や第三者が損害を被った場合，会社や第三者は

当該取締役に対して損害賠償を請求することができる（会423条1項・429条1項）。このような事後的な救済は可能であるが，事後的に救済を受けるには時間やコストがかかり，当事者にとって負担が大きい。それよりも事前に損害の発生をくい止めることができれば，それに越したことはない。

　取締役が違法行為をなすときそれを差し止めるのは，会社と取締役との間の委任契約の関係から，まず，会社である。もっとも，取締役の行為を離れた会社の行為は考えられず，会社法上，取締役には他の取締役を監視する義務があると考えられている（取締役の監視義務。会348条1項・362条2項2号）。すなわち，取締役は他の取締役の職務の執行を監視し，他の取締役が違法行為をなし会社に損害を与えるとき，必要な措置をとる義務がある。しかし，取締役の同僚である取締役にこのような機能を必ずしも期待できないことも現実である。そこで，取締役のカウンターパートとしてその職務の執行を監査する役員である監査役が置かれる（会381条1項）。ただし，監査役はすべての株式会社に置かれるわけではなく，また，取締役と同様必ず機能するともいえない。

　そこで会社法は，一定の要件のもとに，株主にも取締役の違法行為の差止請求権を認めている。

2. 差止請求権の行使要件

　非公開会社で非監査役設置会社においては，取締役が会社の目的外の行為その他法令・定款に違反する行為をしこれにより会社に著しい損害を生ずるおそれがある場合には，株主は会社のためにその行為の差止めを請求することができる（会360条1項・同条2項）。

　また，非公開会社で監査役設置会社，監査等委員会設置会社または指名委員会等設置会社においては，取締役が会社の目的外の行為その他法令・定款に違反する行為をしこれにより会社に回復できない損害を生ずるおそれがある場合には，株主は会社のためにその行為の差止めを請求することができる（会360条1項・同条2項・同条3項）。

　そして，公開会社で監査役設置会社，監査等委員会設置会社または指名委員会等設置会社においては，取締役が会社の目的外の行為その他法令・定款に違反する行為をしこれにより会社に回復することができない損害を生ずるおそれがある場合には，6か月前から株式を有する株主は会社のためにその行為の差止めを請求することができる（会360条1項・同条3項）。

差止請求できる株主には，株式の保有期間については定めがあるものの，持株数や持株割合について要件が定められていないので，取締役の違法行為差止請求権は単独株主権である。また，要件としての損害の程度については，非監査役設置会社においては，「著しい損害」とされているのに対し，監査役設置会社においては「回復することができない損害」とされている。「著しい損害」に対して「回復することができない損害」のほうがより重大な損害であると考えられる。このように損害の程度に差が設けられているのは，監査役設置会社であれば株主の前にまず監査役が差止請求をすべしとされているからである（会385条1項・399条の6第1項・407条1項参照）。

3. 訴訟による差止請求

会社法上，差止請求権の行使方法には制限はない。しかしながら，株主が直接取締役に違法行為の差止めを請求しても，無視されてしまうだろう。実効性をもって取締役に対して違法行為の差止めを請求するためにはやはり訴えによることが必要である。もっとも，訴訟を提起し判決が確定するまでは相当の期間を要するため，その間に取締役の違法行為により会社が損害を被ってしまいかねない。そこで，実際には取締役を被告とする差止めの訴えを本案訴訟として，取締役に一定の行為の不作為を命じるための仮処分命令（民保23条2項）を先行させて申し立てることが多い。株主の申立てにより，仮処分を命ずる場合，裁判官はその裁量により，申立人に担保を立てさせることができる（民保14条1項。他方，監査役等の申立てにより仮処分を命ずる場合には，担保は立てさせない。会385条2項・399条の6第2項・407条2項）。

Q-71　補償契約

会社法上で，役員等にかかる「補償契約」の制度が設けられている趣旨はどのようなものか。また，補償契約に関する会社法上の規制について説明せよ。

［解説］
1. 問題の所在

補償契約とは，株式会社が，役員等に対してその職務に関して発生した費用や

損失の全部または一部を当該株式会社が補償することを約する契約である（会430条の2第1項柱書）。このような契約は，役員等として優秀な人材を確保することや，役員等に対してその職務執行にインセンティブを与えることになるが，他方で，役員等の職務執行の適正性や役員等の民事および刑事責任を定める規定の趣旨が損なわれるおそれがあり，また，取締役等と株式会社との間の利益相反という問題もある。

2. 趣　旨

会社法は，補償契約の有用性を認めながら，それが適切に運用されるよう，補償契約を締結するための手続や補償できる範囲等を明確にするなど，補償契約に関する規定を設けている（会430条の2）。

3. 規　制

（1）**手　続**　　取締役会設置会社が，補償契約の内容を決定するには取締役会（非取締役会設置会社にあっては，株主総会）の決議によらなければならない（会430条の2第1項柱書）。

（2）**範　囲**　　補償契約の範囲は原則として次のとおりである。

①役員等が，その職務に執行に関し，法令の規定に違反したことが疑われ，または責任の追及にかかる請求を受けたことに対処するために支出する費用（役員等が，会社または第三者からの損害賠償請求や，刑事手続の対象になった場合の弁護士費用などいわゆる防御費用。会430条の2第1項1号），②役員等が，その職務の執行に関し，第三者に生じた損害賠償責任を負った場合の損害賠償金や和解金（会430条の2第1項2号）。

ただし，①については，通常要する費用を超える部分（会430条の2第2項1号），②については株式会社が第三者に対して損害を賠償した場合において当該役員等に対して求償することができる部分（同2号）ならびに役員等がその職務を行うにつき悪意または重大な過失があったことにより第三者に対して損害賠償責任を負う場合における賠償金および和解金（同3号）については，補償することができない。

役員等が不当な目的で職務をしていたような悪質な場合でも，株式会社の費用で防御費用が補償されるとすると役員等の職務の執行の適正性が損なわれるおそれがある。そこで，株式会社が，防御費用を補償した後で，当該役員等が自己も

しくは第三者の不正な利益を図り，または当該株式会社に損害を加える目的で職務を執行したことを知ったときは，当該役員等に対し，補償した金額に相当する金銭を返還することを請求することができる（会430条の2第3項）。

(3) **情報開示**　補償契約に基づく補償をした取締役および当該補償を受けた取締役は，遅滞なく，当該補償についての重要な事実を取締役会に報告しなければならない（会430条の2第4項）。

また，株式会社が当該事業年度の末日において公開会社である場合に，会社役員（取締役，監査役または執行役に限る）と当該株式会社との間で補償契約を締結しているときは，次の事項について，事業報告によって情報を開示しなければならない（会社則119条2号）。

① 当該会社役員の氏名。

② 当該補償契約の内容の概要（当該補償契約によって当該会社役員の職務の執行の適正性が損なわれないようにするための措置を講じている場合にあっては，その内容を含む）（以上，会社則121条3号の2）。

③ 当該株式会社が会社役員（取締役，監査役または執行役に限り，当該事業年度の前事業年度の末日までに退任した者を含む）に対して補償契約に基づき防御費用を補償した場合において，当該会社役員が職務に執行に関し法令の規定に違反したことまたは責任を負うことを知ったときは，その旨（会社則121条3号の3）。

④ 当該株式会社が会社役員（取締役，監査役または執行役に限り，当該事業年度の前事業年度の末日までに退任した者を含む）に対して補償契約に基づき，会社役員の第三者に対する損害賠償金や和解金を補償したときは，その旨および補償した金額（会社則121条3号の4）。

(4) **利益相反**　株式会社と取締役との間の補償契約の内容の決定については，利益相反に関する規定（会356条1項・365条2項）は適用されない（会430条の2第6項）。また，会社法に従ってその内容が定められた補償契約の締結については，民法108条の規定は適用されない（会430条の2第7項）。

関連問題　**役員保険**　会社法で「役員等のために締結される保険契約」の制度が設けられている趣旨はどのようか。また，役員等のために締結される保険契約に関する規制について説明せよ。

計算書類の虚偽記載と対第三者責任

　A株式会社は前年度から急速に経営が悪化し，今年度も赤字は免れない状況であったが，代表取締役B，取締役副社長C，経理担当取締役Dが協議して，粉飾決算を行うこととし，虚偽の数字による計算書類を作成して，取締役会の承認を受けた。そして，当該計算書類について，会計監査人から適正意見を受けた。次いで，当該計算書類を利用して，E銀行から融資を受けたが，その後倒産した。E銀行は，A会社の取締役および会計監査人に対して，回収できなくなった融資相当額の損害を被ったとして，会社法429条に基づき損害賠償請求を請求しようと考えているが，これは可能か。

（参照：東京地判平成19・11・28判タ1283号303頁［判百69］）

[解説]

1. 問題の所在

　本問では，A株式会社は赤字必至の状況であったが，代表取締役B，取締役副社長C，経理担当取締役Dらが，粉飾決算を計画し，会計監査人が適正意見を出した。E銀行は，その計算書類を前提に，A会社に融資を実行した。しかし，その後，A会社は倒産したため，融資相当額の損害を被った。E銀行はB・C・Dおよび会計監査人に対し，会社法429条2項により責任追求が可能だろうか。具体的には，損害と計算書類の虚偽記載の間に因果関係が損するか，また会計監査人は公認会計士として監査業務に善管注意義務を尽くしたかが問題となる。

2. 粉飾決算と損害の間の因果関係

　(1)　**粉飾決算と間接損害**　　本問において，B・C・Dらは，共謀して，粉飾決算を行っており，計算書類に虚偽記載を行った。その際，E銀行から融資を受けるためということで，粉飾決算および虚偽記載を行ったのであれば，刑法上の詐欺罪を構成する可能性もあり，また民事的にも共同不法行為（民719条）が成立する可能性もある。

　本問では，粉飾決算および虚偽記載により，E銀行に対する借入について，A会社が破綻したため，返済が不可能になったことについて，間接損害として，429条の適用はあるか。

　(2)　**法定責任説に基づく第三者責任と間接損害**　　最高裁は，会社法429条

1項の法的性質について，いわゆる法定責任説の立場から，以下のように説示する（多数説。前掲東京地判平成19・11・28）。すなわち，第三者保護の見地から①取締役において悪意または重過失により，善管および忠実義務に違反し，これにより第三者に損害を被らせたときは，②役員等の任務懈怠行為と第三者の損害の間に相当因果関係がある限り，③直接損害か間接損害かを問わず（両損害包含説），当該取締役は直接第三者に損害賠償責任を負う。

さらに，④一般不法行為との競合を妨げるものではないが，⑤第三者としては，任務懈怠について取締役の悪意または重過失を立証すれば，自己に対する加害につき，故意または過失あることを主張・立証する必要はないとする。この考え方は妥当である。そう解しないと本問のような間接損害の事例で債権者が救済されないからである。

本問は会社の倒産により被害を被った間接損害事例であり，役員等の悪意・重過失により会社が損害を被り，その結果，（会社の倒産等で）第三者も損害を被った場合である。会社法429条1項を法定責任と理解するので，間接責任も損害賠償の対象となる。

(3) **429条2項の責任**　　なお本件は計算書類の虚偽記載の事例であり，これにより第三者に生じた責任について賠償責任を負う。ただし役員等が注意を怠らないことを立証したとき（立証責任の転換），また役員等は軽過失でも責任を負うことを考えると，会社法429条2項は，会社法429条1項の役員等の第三者責任をさらに役員等に負担を重くしたものといえる。

(4) **虚偽記載と因果関係**　　この点，民法上の不法行為の成立には，故意または過失はE銀行の融資を得て損害を与える認識について共通の認識が必要だが，会社法429条2項にいう計算書類の虚偽記載についてであれば，虚偽記載までの故意または過失があれば，間接損害まで因果関係が認められる。

(5) **粉飾決算および虚偽記載に関する公認会計士の過失**　　本問において，本件計算書類について会計監査人は適正意見を出した。判例（前掲東京地判平成19・11・28）では，企業会計審議会の定めた「監査実施基準」に基づき監査をした事例において，同基準は一般に公正妥当と認められる監査の基準であるから，会計監査人がこれに従い監査手続を行い，その過程において会計監査人に通常要求される程度の注意義務を尽くしたときは，たとえ計算書類に虚偽記載を発見できなかったとしても，職務を行うにつき，注意を怠らなかったということができ，会社法429条2項の但書により賠償責任を免れるとする。

なおＡ会社が上場企業であれば，金融商品取引法21条の２第１項により，有価証券報告書等の継続開示書類に虚偽記載等が存在した場合，その提出者等に，流通市場で有価証券を取得した投資者に生じた損害を賠償する責任を課している。この場合，過失がなかったことの立証責任が転換されているため，無過失の立証は困難であり，金融商品取引法上の責任が発生することとなろう。

3. 本件について

(1) B取締役らの責任

　本件Ｅ銀行の損害は，Ａ会社の破綻により被った損害（間接損害）であり，会社法429条１項および同２項の解釈から法的責任説が妥当であり，間接責任も賠償される損害に含まれる。

　Ｂら取締役は，「計算書類……に記載し，又は記録すべき重要な事項な事項について虚偽の記載又は記録」（会429条２項１号ロ）をしているので，これにより生じた本件間接損害をＥ銀行に賠償する損害を賠償する責任を負う。

　なお，本問は計算書類の虚偽記載の事例であり，これにより第三者に生じた責任について賠償責任を負うが，役員等が注意を怠らないことを立証したとき（立証責任の転換），また役員等は軽過失でも責任を負う（会429条２項）。本問では，役員等が当該行為をすることにつき注意を怠らなかったことを証明したときはこの限りでない（同項柱書）が，本問についてはＢらは故意に行っているので責任を負わない余地はない。

　この場合，本件間接損害とＢら取締役の故意との間には因果関係が認められるため，Ｅ銀行はＢ取締役に対し，Ａ会社に貸し付けた金額を損害として，賠償請求が可能である（会429条２項１号ロ）。

(2) 会計監査人の責任

　会計監査人も同様の責任を負いうるが，判例（前掲東京地判平成19・11・28）は，「監査実施基準」に従い監査をしたことで，注意を怠らなかったとしており，本問についてもそのような事情があれば，責任を免れる可能性がある。

　したがって，会計監査人は本件監査において，公正なる会計慣行に従った「監査実施基準」に従って監査をしており，会計監査人の善管注意義務に従い監査をしていた場合には，免責される。

　なお，Ａ会社が上場企業の場合には，粉飾決算および虚偽記載が認められれば，免責はほぼ認められないため，Ｂらにはより厳しい責任が課せられている。

(6) 監査役・監査役会等

Q-73　監査役の職務と権限

　監査役の職務および監査権限の内容はどのようか。また，監査役が会社に対して負う義務と責任はどのようか。さらに，監査役の第三者に対する責任に関して述べよ。

[解説]

1. 総　説

　監査役は，取締役（会計参与設置会社の場合には，取締役および会計参与）の職務の執行を監査する。監査役は，社外取締役と異なり，株式会社の業務執行の決定に参画するのではなく，取締役等の職務の執行を監査する点に特徴がある。以下では，取締役会設置会社であり，かつ，会計参与非設置会社である株式会社を前提に説明することとする（なお，監査権限の詳細は，次項も参照）。

2. 職務および監査権限

　監査役は，取締役の職務の執行を監査する。監査役は，業務監査と会計監査を行うのが原則である。監査役は，法務省令で定めるところにより，監査報告を作成しなければならない（会381条1項後段）。

　上記の監査報告を作成するためには，監査役は，①取締役会の意思決定プロセスを監視することや，②調査することが必要となる（なお，実務では，「経営会議」等の法令上の根拠を有さない社内の重要会議に出席することも，有効な調査手段となることに留意）。まず，上記①の取締役会への出席についてである。監査役は，取締役会に出席し，意見を述べる権利がある（会383条1項）。また，取締役会の招集が必要と考えれば，監査役は取締役会の招集を請求し（同条2項），一定期間を経過しても取締役会が招集されない場合には，自ら取締役会を招集することができる（同条3項）。

　次に上記②の調査権限についてである。監査役は，いつでも，取締役および会計参与ならびに支配人その他の使用人に対して事業の報告を求め，または監査役設置会社の業務および財産の状況の調査をすることができる（会381条2項）。監査役は，その職務を行うため必要があるときは，監査役設置会社の子会社に対し

て事業の報告を求め，またはその子会社の業務および財産の状況の調査をすることができる（同条3項。なお，拒絶できる場合について，同条4項も参照）。

　仮に，違法行為が行われようとしている場合には，監査役は，取締役が監査役設置会社の目的の範囲外の行為その他法令もしくは定款に違反する行為をし，またはこれらの行為をするおそれがある場合において，当該行為によって当該監査役設置会社に著しい損害が生ずるおそれがあるときは，当該取締役に対し，当該行為をやめることを請求することができる（会385条1項）。

　なお，監査の独立性を確保する観点から，監査役の選任議案に関する同意（会343条）や会計監査人の選任議案の提出権（会344条）および解任権（会340条）を有する。

3. 監査役の責任

　監査役も役員である（会329条1項括弧書）。そして，株式会社と監査役との関係は，委任に関する規定に従う（会330条）。つまり，監査役は，その職務を行うことについて会社に対して善管注意義務を負うことになる。そのため，会社に対する任務懈怠も観念することができる。このことから，会社に対する責任（会423条）を負う場合がある。つまり，監査役がその任務を怠ったときは，株式会社に対し，任務懈怠によって生じた損害を賠償する責任を負う（同条1項）。また，監査役がその職務を行うについて悪意または重大な過失があったときは，当該監査役は，これによって第三者に生じた損害を賠償する責任を負う（会429条1項）。判例（最判昭和44・11・26民集23巻11号2150頁［判百66］）によれば，「その職務を行うについて悪意又は重大な過失があったとき」とは，悪意または重大な過失により会社に対する善管注意義務に違反したことを解されるので，監査役が，悪意または重大な過失により任務を怠り，当該任務懈怠の行為と第三者の損害との間に相当の因果関係がある限り，当該監査役が直接に第三者に対し損害賠償責任を負うのである。また，監査役が，監査報告に記載し，または記録すべき重要な事項についての虚偽の記載または記録を行った場合には，当該虚偽の記載等と第三者の損害との間に相当の因果関係があれば，当該監査役が当該行為をすることについて注意を怠らなかったことを証明しない限り，当該監査役が直接に第三者に対し損害賠償責任を負う（会429条2項）。

関連問題 監査役設置会社 株式会社で、監査役設置会社および監査役会設置会社とはどのような会社かについて説明せよ。

Q-74 監査役の監査権限と取締役会の監督権限

監査役が有する監査権限と取締役会が有する監督権限との違いはどのようか。また、監査役の監査権限の行使と取締役会の監督との連携に関して述べよ。

[解説]

1. 総 説

監査役は、取締役（会計参与設置会社にあっては、取締役および会計参与）の職務の執行を監査する（会381条1項前段）。これに対して、取締役会は、取締役の職務の執行の監督する（会364条2項2号）。このように、両者には、「監査」と「監督」という権限の違いがある。以下では、公開会社である取締役会設置会社の監査役を前提に、監査役の監査権限を、取締役会の監督権限と比較しながら、説明することとする。

2. 監査役の監査権限

監査役は、会計監査と業務監査を行う。この監査権限は、①業務執行の法令・定款違反または②善管注意義務違反に相当する著しい不当性の有無を監査するもの（上記①と②を総称して、「適法性監査」と称することがある）であり、③取締役の裁量的判断の適否の監査（妥当性監査）をするものではないとされる。

監査権限に関連して、監査役は、いつでも、取締役および会計参与ならびに支配人その他の使用人に対して事業の報告を求め、または監査役設置会社の業務および財産の状況の調査をすることができる（会381条2項）。また、監査役は、その職務を行うため必要があるときは、監査役設置会社の子会社に対して事業の報告を求め、またはその子会社の業務および財産の状況の調査をすることができる（同条3項。なお、拒絶できる場合について、同条4項も参照）。

監査役は、取締役が不正の行為をし、もしくは当該行為をするおそれがあると認めるとき、または法令もしくは定款に違反する事実もしくは著しく不当な事実

があると認めるときは，遅滞なく，その旨を，取締役会設置会社にあっては，取締役会に報告しなければならない（会382条）。また，監査役は，取締役会に出席し，必要があると認めるときは，意見を述べなければならない（会383条1項本文）。そして，監査役は，取締役が監査役設置会社の目的の範囲外の行為その他法令もしくは定款に違反する行為をし，またはこれらの行為をするおそれがある場合において，当該行為によって当該監査役設置会社に著しい損害が生ずるおそれがあるときは，当該取締役に対し，当該行為をやめることを請求することができる（会385条1項）。このように，監査役の監査権限は，取締役の違法行為について，意見陳述や当該行為を差し止める権限に結びつくことにより，実効性あるものとされている。

3. 取締役会の監督権限

そもそも，取締役会が行った業務執行の決定を実際に執行するのは，代表取締役や業務執行取締役（会363条1項2号）である（代表取締役等の指揮命令を受けた従業員も執行する）。また，取締役会から決定の委任を受けた事項（会362条4項参照）を代表取締役等は決定することもできる。このように，取締役会が重要事項を決定し代表取締役等が決定事項を執行（委任事項については決定および執行）するという枠組みを前提に，取締役会は，決定・委任した事項について，職務の執行が適切に行われているのか確認するために，代表取締役等に対する監督を行う必要がある。つまり，取締役会は業務執行の決定機関であるので，監査を行う監査役と異なり，監督権限を有するのである。

代表取締役や業務執行取締役は，3か月に1回以上，自己の職務の執行の状況を取締役会に報告しなければならない（会363条2項）。前述のように，取締役会の監督権限は，取締役会が行った業務執行の決定や決定の委任が，代表取締役等によって適切に行われているのかを確認する趣旨であるから，代表取締役等の報告義務は，取締役会の監督権限の前提となる情報の獲得手段でもある。また，取締役会の監督権限は，取締役会が有する代表取締役の選定・解職権限（会362条2項3号）により実効性が確保されている。つまり，取締役会の監督権限は，「人事権」によって裏付けられているのである。この点が，監査役の監査権限とは大きく異なる点でもある。

4. 監査役の監査権限の行使と取締役会の監督との連携

　監査役は取締役会に出席する義務があり，取締役会で発言する権利もある（会383条1項参照）。これは，監査役の業務監査権の行使として捉えることもできる。このような取締役会での発言権を通じて，代表取締役等に直接意見を述べることはもちろん，取締役会の意見形成にも影響を与えうるので，取締役会による監督権限の行使を促すことができる（実務では，任意に設置されている指名・報酬委員会や社外役員連絡会議などで，社外監査役と社外取締役が，会社の状況について随時意見交換をしているため，社外監査役は，取締役会における意見形成に影響を与えうることに留意）。

　監査役も取締役会を通じて，実質的に代表取締役等を監督することもできる。また，取締役会も監査役からの情報提供や助言を通じて，取締役会の監督権限の実効性を高めることができる。このように，監査役の監査権限の行使と取締役会の監督との連携により，代表取締役等に対する監督は強化されるのである。

> **関連問題　常勤監査役と社外監査役**　　監査役会設置会社における，常勤監査役の意義はどのようか。また，社外監査役の意義について述べよ。

Q-75　監査役の独任制

　監査役のいわゆる独任制の意義について，監査役会における監査役の職務とのかかわりも含めて説明せよ。

[解説]

1. 総　説

　複数の監査役がいる場合であっても，各監査役が独立して監査権限を行使する。これを独任制という。監査役が行う監査は，適法性監査である。適法か否かの判断は，多数決原理になじむものではなく，他の監査役の意見に左右されるべきものではないこと，適法か否かを判断するうえで，調査権限の独立性が重要であることから，監査役の独任制が導かれる。

　監査役の独任制は，その意義のとおり，複数の監査役が存在する場合に顕在化する。監査役会非設置会社において，複数の監査役がいる場合であっても，各監査役が独立して監査権限を行使する（独任制）。この独任制により，各監査役は，独自に，①いつでも，取締役および会計参与ならびに支配人その他の使用人に対

して事業の報告を求め，または監査役設置会社の業務および財産の状況の調査をすること（会381条2項），②その職務を行うため必要があるときは，監査役設置会社の子会社に対して事業の報告を求め，またはその子会社の業務および財産の状況の調査をすることができる（会381条3項）。つまり，このような調査権限の行使について，他の監査役の同意は不要である。また，違法行為が行われようとしている場合には，監査役は，取締役が監査役設置会社の目的の範囲外の行為その他法令もしくは定款に違反する行為をし，またはこれらの行為をするおそれがある場合において，当該行為によって当該監査役設置会社に著しい損害が生ずるおそれがあるときは，当該取締役に対し，当該行為をやめることを請求することができる（会385条1項）。このような違法行為差止請求権も，各監査役は単独で行使することができ，他の監査役の同意は不要である。

　以下で，監査役会における監査役の職務とのかかわりも含めて説明することとする。

2. 各監査役と監査役会との関係

　監査役会設置会社とは，「監査役会を置く株式会社又はこの法律の規定により監査役会を置かなければならない株式会社」をいう（会2条10号）。監査役会設置会社においては，監査役は，3人以上で，そのうち半数以上は，社外監査役でなければならない（会335条3項）。監査役会は，監査役の独任制を前提としつつ，複数の監査役による組織的な監査を可能にする制度である。具体的には，監査役会は，①監査報告の作成，②常勤の監査役の選定および解職，③監査の方針，監査役会設置会社の業務および財産の状況の調査の方法その他の監査役の職務の執行に関する事項の決定という職務を行う（会390条2項）。監査役の独任制は，監査役会が設置された場合に貫徹され，上記③の決定は，監査役の権限の行使を妨げることはできない（会390条2項但書）。

　そのため，独任制により，各監査役は，監査役会の決定にかかわりなく，①いつでも，取締役および会計参与ならびに支配人その他の使用人に対して事業の報告を求め，または監査役設置会社の業務および財産の状況の調査をすること（会381条2項），②その職務を行うため必要があるときは，監査役設置会社の子会社に対して事業の報告を求め，またはその子会社の業務および財産の状況の調査をすることができる（会381条3項）。これは，監査等委員会等設置会社における監査等委員会（監査等委員会が選定する監査等委員が調査を行う。会399条の3）や指名委

員会等設置会社における監査委員会（監査委員会が選定する監査委員が調査を行う。会405条）と大きく異なる点である。

　また，各監査役は，監査役会の決定にかかわりなく，違法行為差止請求権（会385条1項）の行使もできる。違法行為差止請求権の行使を判断するうえで，その判断の前提となる情報を収集する調査権限の有無が重要である。その意味で，調査権限の独立性も備えた監査役の独任制は，監査役が有する強力な権限を下支えする制度であるといえる。

> **関連問題　監査役の独立性**　　会社法上，監査役の任期が取締役の任期と異なる理由はどのようか。

Q-76　会計監査人の職務と権限

　株式会社において，会計監査人の職務と権限はどのようか。また，会計監査人設置会社とはどのような会社か。

[解説]

1. 総　説

　会計に関する専門知識を有する会計監査人が，計算書類を監査することにより，会計の適正化を図る趣旨である。以下で，会計監査人の職務と権限を説明し，会計監査人設置会社という概念にも言及することとする。

2. 会計監査人の職務と権限

　会計監査人とは，計算書類等の監査，すなわち，会計監査をする者である。会計監査人は，公認会計士または監査法人でなければならない（会337条1項）。会計監査人に選任された監査法人は，その社員の中から会計監査人の職務を行うべき者を選定し，これを株式会社に通知しなければならない（同条2項。なお，欠格事由について，同条3項を参照）。員数については特に法定されていない。会計監査人の任期は，選任後1年以内に終了する事業年度のうち最終のものに関する定時株主総会の終結の時までとする（会338条1項）。会計監査人は，定時株主総会（同条1項）において別段の決議がされなかったときは，当該定時株主総会において再任されたものとみなされる（同条2項）。

会計監査人の権限は，①計算書類等の監査，②会計監査報告，③会計帳簿の閲覧等，④子会社調査権である。①計算書類等の監査について。計算書類（会435条2項）およびその附属明細書，臨時計算書類（会441条1項）ならびに連結計算書類（会444条1項）を監査することである（会396条1項前段）。②会計監査報告について。会計監査人が，法務省令で定めるところにより，会計監査報告を作成しなければならない（会396条1項後段，会社則110条，計規126条）。③会計帳簿の閲覧等について。会計監査人は，いつでも，会計帳簿またはこれに関する資料にかかる閲覧および謄写をし，または取締役および会計参与ならびに支配人その他の使用人に対し，会計に関する報告を求めることができる（会396条2項）。なお，指名委員会等設置会社の場合，「執行役」に対しても報告を求めることができる（同条6項）。④子会社調査権について。会計監査人は，その職務を行うため必要があるときは，会計監査人設置会社の子会社に対して会計に関する報告を求め，または会計監査人設置会社もしくはその子会社の業務および財産の状況の調査をすることができる（同条3項）。なお，子会社は，正当な理由があるときは，同項の報告または調査を拒むことができる（同条4項）。なお，株式会社と会計監査人との関係は，委任に関する規定に従う（会330条）。つまり，会計監査人は，その職務を行うことについて会社に対して善管注意義務を負うことになる。そのため，会社に対する責任（会423条）や第三者に対する責任（会429条）を負うことがある。

3.　会計監査人設置会社

　大会社と監査等委員会設置会社・指名委員会等設置会社では，会計監査人を置くことが必要である（会327条5項・328条1項・同条2項）。大会社において会計監査人の設置が義務づけられるのは，大会社の経済規模との関係からその計算関係が複雑になるため，専門家である会計監査人により，大会社の計算書類の適正さを確保させる趣旨である。また，監査等委員会設置会社・指名委員会等設置会社において会計監査人の設置が義務づけられるのは，これらの会社における内部統制システムを機能させるために，会計監査人による監査が不可欠と考えられたからである。

> **関連問題**　**会計監査人の選任・解任**　　株式会社において，会計監査人の選任および解任のために必要な手続について述べよ。

Q-77　監査等委員会設置会社

監査等委員会設置会社とはどのような機関構成の株式会社かについて，監査役・監査役会設置会社および指名委員会等設置会社との違いをふまえながら説明せよ。

[解説]

1. 問題の所在

監査等委員会設置会社は平成 26 年（2014 年）会社法改正によって導入された機関構成の株式会社である。株式会社は，定款の定めにより監査等委員会を置くことで，監査等委員会設置会社となることを選択することができる。以下において，監査役・監査役会設置会社および指名委員会等設置会社との相違を中心に説明する。

2. 監査等委員会設置会社の機関構成

監査等委員会設置会社には株主総会，取締役会，代表取締役，会計監査人，監査等委員会を置かなければならないが（会 2 条 11 号の 2・327 条 1 項 3 号 5 項・362 条 3 項），監査役は置いてはならない（会 327 条 4 項）。

監査等委員会は取締役会の中に置かれ，監査等委員である取締役全員で組織される（会 399 条の 2 第 1 項・同条 2 項）。

監査等委員である取締役は 3 人以上で，監査等委員の過半数は社外取締役でなければならない（会 331 条 6 項）。

会計参与の設置は任意である（会 326 条 2 項）。

3. 監査役・監査役会設置会社との違い

監査等委員会設置会社は監査役・監査役会設置会社と異なり，監査役・監査役会は置かれず，取締役会の中に監査等委員会が置かれる。

監査等委員会設置会社においては，取締役の選任は，監査等委員である取締役とそれ以外の取締役とを区別してしなければならない（会 329 条 2 項）。監査等委員以外の取締役の任期は 1 年であるが，監査等委員である取締役の任期は 2 年で，定款または株主総会決議をもっても短縮することができない（会 332 条 1 項・同条 3 項・同条 4 項）。

監査等委員会設置会社の取締役会の権限は次のとおりである。すなわち，取締役の職務の執行の監督ならびに代表取締役の選定および解職の権限は監査役・監査役会設置会社と同様であるが，監査等委員会設置会社の取締役会は，①経営の基本方針の決定，②監査等委員会の職務の執行のために必要なものとして法務省令（会社則110条の4第1項）で定める事項の決定，③内部統制について法務省令（会社則110条の4第2項）で定める体制の整備に関する決定を職務権限としている（会399条の2第1項）。そして，①重要な財産の処分および譲受け，②多額の借財，③支配人その他の重要な使用人の選任および解任，④支店その他の重要な組織の設置，変更および廃止，⑤募集社債に関する事項（会676条1号，会社則110条の5），⑥定款の定めによる取締役の会社に対する責任の免除（会423条1項・426条1項），その他重要な業務執行の決定は取締役会で行わなければならず，原則として，他の取締役に委任することができない。

　ただし，監査等委員会設置会社の取締役の過半数が社外取締役である場合，または，定款の定めがある場合には，当該会社の取締役会はその決議によって，法の定める一定の事項を除く重要な業務執行の決定を，取締役に大幅に委任することができる（会399条の2第4項・同条5項・同条6項）。このような委任を行えば，株式会社の業務の決定と執行を取締役が行い，取締役会はもっぱら取締役の職務の執行を監督する形となり，会社業務の執行と監督が分離するいわゆるモニタリング・モデルが実現することになる。

　監査等委員会設置会社において監査役・監査役会の機能を果たすのは，監査等委員会である。監査等委員会は，①取締役の職務の執行の監査および監査報告を作成し，②株主総会に提出する会計監査人の選任および解任ならびに会計監査人を再任しないことに関する議案の内容を決定し，③監査等委員以外の取締役の選任等（会342条の2第4項）および監査等委員以外の取締役の報酬等（会361条6項）について監査等委員会の意見の決定等を行う（会399条の2第3項）。監査等委員は取締役であることから，いわゆる妥当性監査の権限も有する。計算書類等の監査についても，監査役会に代わって監査等委員会がこれを行う（会436条2項）。

　監査等委員である取締役は，監査等委員会設置会社もしくはその子会社の業務執行取締役もしくは支配人その他の使用人または当該子会社の会計参与もしくは執行役を兼ねることができない（会331条3項）。

4. 指名委員会等設置会社との違い

　監査等委員会設置会社と指名委員会等設置会社との違いは，取締役会の中に監査等委員会が置かれるか，指名委員会・監査委員会・報酬委員会（以下「指名委員会等」という）が置かれるかである。それに伴い，監査等委員である取締役は，株主総会で他の取締役と区別して選任されるが，指名委員会等の委員である取締役は，株主総会では他の取締役とは区別されずに選任され，取締役会で各委員会の委員として選定される（会400条2項）。

　指名委員会等設置会社の取締役会は，①指名委員会等の委員の選定・解職（会400条2項・401条1項），②執行役の選任・解任（会402条2項・403条1項），③経営の基本方針の決定，④監査委員会の職務の執行のために必要なものとして法務省令（会社則112条1項）で定める事項の決定，⑤執行役が2人以上である場合における執行役の職務の分掌等に関する事項の決定，⑥執行役による取締役会招集請求（会417条2項）を受ける取締役の決定，⑦内部統制について法務省令（会社則112条2項）で定める体制の整備に関する決定，⑧執行役等の職務の執行の監督を職務権限としている（会416条1項）。そして，指名委員会等設置会社は，③～⑦の職務の執行を取締役に委任することができないが（会416条3項），当該会社の取締役会はその決議によって，法の定める一定の事項を除く業務執行の決定を，取締役に大幅に委任することができる（会416条4項）。

　監査等委員会設置会社において株式会社の業務を執行するのは取締役であり（会348条1項），株式会社を代表するのは代表取締役であるが（会349条4項），指名委員会等設置会社においては，取締役は原則として株式会社の業務を執行することができず（会415条），株式会社を代表してその業務を執行するのは執行役である（会418条2号・420条）。

Q-78　指名委員会等設置会社

　指名委員会等設置会社とはどのような機関構成の株式会社かについて，監査役・監査役会設置会社および監査等委員会設置会社との違いをふまえながら説明せよ。

[解説]

1. 問題の所在

　指名委員会等設置会社は，委員会等設置会社として平成14年（2002年）商法改正によって導入された機関構成の株式会社であり，その後，改正を経て現在の名称に変更されている。指名委員会等設置会社の導入は，企業の国際的競争力確保のため，会社業務の執行と監督を分離し，取締役会の監督機能を大幅に強化して，いわゆるモニタリング・モデルを実現することを目的としている。株式会社は，定款の定めにより指名委員会等を置くことで，指名委員会等設置会社となることを選択することができる。以下において，監査役・監査役会設置会社および監査等委員会設置会社との相違を中心に説明する。

2. 指名委員会等設置会社の機関構成

　指名委員会等設置会社には株主総会，取締役会，執行役，会計監査人，指名委員会等を置かなければならないが（会2条12号・27条1項4号5項・362条2項3号），監査役および監査等委員会は置いてはならない（会327条4項・同条6項）。

　指名委員会等は取締役会の中に置かれ，各委員会の委員は3人以上で，各委員会の委員の過半数は，社外取締役でなければならない（会400条1項・同条3項）。

　会計参与の設置は任意である（会326条2項）。

3. 監査役・監査役会設置会社との違い

　指名委員会等設置会社は監査役・監査役会設置会社と異なり，監査役・監査役会は置かれず，取締役会の中に指名委員会・監査委員会・報酬委員会の三委員会が置かれる。

　監査役・監査役会設置会社の取締役の任期は，原則として，2年であるが（会332条1項），指名委員会等設置会社の取締役の任期は1年である（会332条6項）。

　指名委員会等設置会社の取締役会は，①指名委員会等の委員の選定・解職（会400条2項・401条1項），②執行役の選任・解任（会402条2項・403条1項），③経営の基本方針の決定，④監査委員会の職務の執行のために必要なものとして法務省令（会社則112条1項）で定める事項の決定，⑤執行役が2人以上である場合における執行役の職務の分掌等に関する事項の決定，⑥執行役による取締役会招集請求（会417条2項）を受ける取締役の決定，⑦内部統制について法務省令（会社則112条2項）で定める体制の整備に関する決定，⑧執行役等の職務の執行の監督

を職務権限としている（会416条1項）。

そして，指名委員会等設置会社は，③〜⑦の職務の執行を取締役に委任することができないが（会416条3項），当該会社の取締役会はその決議によって，法の定める一定の事項を除く業務執行の決定を，執行役に大幅に委任することができる（同条4項）。このような委任を行えば，株式会社の執行を執行役が行い，取締役会はもっぱら取締役の職務の執行を監督する形となり，会社業務の執行と監督が分離するいわゆるモニタリング・モデルが実現することになる。

監査役・監査役会設置会社において株式会社の業務を執行するのは取締役であり（会348条1項），株式会社を代表するのは代表取締役であるが（会349条4項），指名委員会等設置会社においては，取締役は原則として株式会社の業務を執行することができず（会415条），株式会社を代表してその業務を執行するのは執行役である（会418条2号・420条）。

指名委員会等設置会社において監査役・監査役会の機能を果たすのは，監査委員会である。監査委員会は，①執行役等の職務の執行の監査および監査報告を作成し，②株主総会に提出する会計監査人の選任および解任ならびに会計監査人を再任しないことに関する議案の内容の決定を行う（会404条2項）。監査委員は取締役であることから，いわゆる妥当性監査の権限も有する。計算書類等の監査についても，監査役会に代わって監査委員会がこれを行う（会436条2項）。

指名委員会等設置会社の取締役は，当該指名委員会等設置会社の支配人その他の使用人を兼ねることができない（会331条4項）。監査委員である取締役は，当該指名委員会等設置会社もしくはその子会社の執行役もしくは業務執行取締役または指名委員会設置会社の子会社の会計参与しくは支配人その他の使用人を兼ねることができない（会400条4項）。

4. 監査等委員会設置会社との違い

指名委員会等設置会社では，監査等委員会設置会社にはない，指名委員会および報酬委員会が置かれる。他方，監査等委員会設置会社における監査等委員会には，取締役の選任等や報酬の決定にかかわる権限が認められている（会342条の2・344条の2・361条5項6項・399条の2第3項3号）。

指名委員会等設置会社では，取締役会から執行役に対する業務執行の決定の大幅な委任が当然の前提として認められているのに対して，監査等委員会設置会社においては，原則として，重要な業務執行の決定を取締役に委任することができ

ない旨が定められている（会399条の13第4項）。

指名委員会等設置会社においては，取締役は原則として株式会社の業務を執行することができず（会415条），株式会社を代表してその業務を執行するのは執行役である（会418条2号・420条）が，監査等委員会設置会社において株式会社の業務を執行するのは取締役であり（会348条1項），株式会社を代表するのは代表取締役である（会349条4項）。

> **関連問題** **指名委員会等設置会社における3委員会**　指名委員会等設置会社における指名委員会・監査委員会・報酬委員会の3委員会それぞれの権限と取締役会との関係を説明せよ。

Q-79　指名委員会等設置会社の執行役

指名委員会等設置会社における執行役と代表執行役はどのような者か。さらに，その職務と権限および義務と責任に関して述べよ。

[解説]

1.　問題の所在

指名委員会等設置会社には，他の機関構成の株式会社にはない，執行役という役員を1人または2人以上置かなければならない（会402条1項）。執行役とはどのような者か，さらに，その職務と権限および義務と責任について，以下に説明する。

2.　執行役と代表執行役

執行役は，取締役会の決議によって選任・解任される（会402条2項・403条）。執行役の資格等は取締役と同様である（会402条4項・331条1項・331条の2）。株式会社は，執行役が株主でなければならない旨を定款で定めることができず（会402条5項），執行役は取締役を兼ねることができるが（会402条6項），監査委員を兼ねることはできない（会400条4項）。

取締役会は，執行役の中から代表執行役を選定しなければならない。この場合において，執行役が1人のときは，その者が代表執行役に選定されたものとされる（会420条）。

3. 職務と権限

　執行役の職務は，①取締役会の決議によって委任を受けた株式会社の業務の執行の決定，②株式会社の業務の執行である（会 418 条）。指名委員会等設置会社においては，株式会社の業務執行権限は取締役にはなく（会 415 条），執行役にその権限がある。

　株式会社の代表は代表執行役が行い，代表執行役が，株式会社の業務に関する一切の裁判上または裁判外の行為をする権限を有し，その権限に加えた制限は，善意の第三者に対抗することができない（会 420 条・349 条 4 項・同条 5 項。421 条参照）。

4. 義務と責任

　指名委員会等設置会社と執行役との関係は委任関係であることから（会 402 条 3 項），執行役は株式会社に対し善管注意義務を負い（民 644 条），また，取締役と同様に忠実義務が課されている（会 419 条 2 項・355 条）。

　さらに，具体的義務として，執行役は，株式会社に著しい損害を及ぼすおそれのある事実を発見したときは，直ちに，当該事実を監査委員に報告しなければならない旨が定められており（会 419 条 1 項），また，執行役が競業取引や利益相反取引をしようとするときは，当該取引につき重要な事実を開示し，取締役会の承認を受け，当該取引後，遅滞なく当該取引について重要な事実を取締役会に報告しなければならない旨が定められている（会 419 条 2 項・356 条・365 条 2 項）。

　執行役が，故意または・過失によりその任務を怠ったとき，株式会社が損害を被った場合には，その損害を賠償する義務を負う（会 423 条 1 項）。執行役が競業取引規制に違反して取引をしたときは，当該取引によって執行役または第三者が得た利益の額は，株式会社の損害の額と推定される（会 356 条 1 項 1 号・365 条・423 条 2 項）。執行役の利益相反取引によって，株式会社に損害が生じたときは，利益相反取引を行うにつき株式会社の承認を受けた執行役および株式会社が当該取引を行うことを決定した執行役は，その任務を行ったものと推定される（会 356 条 1 項 2 号 3 号・419 条 2 項・423 条 3 項）。自己のためにした利益相反取引にかかる執行役の株式会社に対する損害賠償責任は，無過失責任である（会 428 条 1 項）。

　執行役の株式会社に対する会社法上の損害賠償責任は，総株主の同意がなければ免除されない（会 424 条）。ただし，株主総会の特別決議やあらかじめ定款に定めたうえで取締役会の決議をもって，執行役の損害賠償責任額から一定の最低責

任限度額を控除して得た額を限度として，執行役の損害賠償責任の一部を免除することができる（会425条・426条。ただし，会428条2項）。

執行役がその職務を行うについて悪意または重大な過失があったときは，当該執行役は，これによって第三者に生じた損害を賠償する責任を負う（会429条1項）。また，執行役の新株発行等に際する重要な事項について虚偽の通知や記載，計算書類等の記載する重要な事項についての虚偽の記載，虚偽の登記，虚偽の公告により第三者に生じた損害については，執行役が無過失を証明しない限り，賠償する責任を負う（会429条2項1号）。

役員等（取締役，会計参与，執行役または会計監査人）が株式会社または第三者に生じた損害を賠償する責任を負う場合において，他の役員等も当該損害を賠償する責任を負うときは，連帯責任を負う（会430条）。

コラム7-1　コーポレートガバナンス・コードにおける社外取締役

1. コーポレートガバナンス・コードにおけるガバナンスの意義

コーポレートガバナンス・コードは，「コーポレート・ガバナンス」とは，会社が，株主をはじめ顧客・従業員・地域社会等の立場をふまえたうえで，透明・公正かつ迅速・果断な意思決定を行うための仕組みを意味するとし，上場会社による迅速・果断な意思決定を促すことを大きな目的として掲げている。

そして，上場会社の意思決定のうちには，外部環境の変化その他の事情により，結果として会社に損害を生じさせる場合がありうるが，その場合，経営陣・取締役が損害賠償責任を負うか否かの判断に際しては，その意思決定の時点における意思決定過程の合理性が重要な考慮要素になるところ，本コードはこの合理性を担保することに寄与するとしている（基本原則4　考え方）。

上場会社の経営陣による適切なリスクテイクを後押しし，迅速かつ果断な意思決定をバックアップして，「いわゆる攻めのガバナンス」を実現するために重要な役割を担うことを期待されているのが独立社外取締役である。

本コードは，プライム市場の上場会社は，資質を十分に備えた独立社外取締役を少なくとも3分の1（その他の市場の上場会社においては2名）以上選任すべきとする。さらに，上場会社が，業種・規模・事業特性・機関設計などを総合的に勘案して，過半数の独立社外取締役を選任する必要があると考えるときには，それに応じた人数の独立社外取締役を選任すべきとする（原則4-8）。そして，独立社外取締役だけによる会合

を開催するなど，独立した客観的な立場に基づく情報交換・認識共有を図るべきとする（補充原則4-8①）。

2. コーポレートガバナンス・コードにおける独立社外取締役

社外取締役については，会社法に定義が置かれているが（会2条15号），本コードでは独立社外取締役とされている。ここでいう独立性の基準は，一般株主と利益相反が生じるおそれのない社外取締役であることである（東京証券取引所 有価証券上場規程436条の2）。これはミニマムスタンダードであり，取締役会は，独立社外取締役となる者の独立性をその実質面において担保する独立性判断基準を制定すべきとされ，また，取締役会は，率直・活発で建設的な検討への貢献が期待できる人物を独立社外取締役として選定するよう務めるべきとする（原則4-9）。社外取締役が機能するか否かは，当該人物の資質にかかるところが大きい。

3. 独立社外取締役に期待される役割

本コードは，独立社外取締役に果たすことが期待される役割・責務として，①経営の方針や経営改善について，自らの知見に基づき，会社の持続的な成長，中長期的な企業価値の向上のため助言すること，②経営陣の選解任などを通じ，経営の監督を行うこと，③会社と経営陣・支配株主等との間の利益相反を監督すること，④少数株主，ステーク・ホルダーの意見を取締役会に適切に反映させることを挙げる（原則4-7）。

CGSガイドライン（コラム1-2参照）は，独立社外取締役の果たすべき役割の具体的例として，経営戦略・計画の策定にあたって，中長期的な企業価値向上を意識した内容か，過度なリスク回避はないか，見通しが合理的かなどの面から質問をすること，作成した経営戦略・計画の成果につき経営陣に質問をし，経営陣を適切に評価すること，役員報酬の決定，MBOや支配株主による買収への対応，支配株主との取引，敵対的買収への対応（買収防衛），企業不祥事への対応などにあたり生じうる経営陣と支配株主等との利益相反について，独立的・客観的な立場からその妥当性を判断することなどを挙げている。

上記1で示した攻めのガバナンスの関係では，経営判断には通常は幅広い裁量の余地があるところ，経営陣が誠実に行った経営上の判断が，結果的に会社に損害をもたらしたという場合に，代表訴訟を提起され，経営陣の善管注意義務違反の有無が争われる場合がある。このような事態を避けようと，経営陣がリスク回避的な方向に偏るおそれがある。

判例上は，取締役会の意思決定・判断の前提となった事実にかかる情報の収集・分析・検討に関して不注意な誤りがなく，意思決定・判断の過程および内容に著しく不合理な点がなければ，善管注意義務違反は問われないとするいわゆる経営判断の原則

が確立している。取締役会による経営上の意思決定・判断に際して、利害中立的・客観的な立場から独立社外取締役が関与して、その役割を十分に果たすことが期待されている。

コラム 7-2　コーポレートガバナンス・コードと ESG・SDGs

1. コーポレートガバナンス・コードのサステナビリティ課題

　令和 3 年（2021 年）6 月の最新のコード改訂版は、上場会社は ESG（環境 [Environment]，社会 [Social]，ガバナンス [Governance]），SDGs（持続可能な開発目標，Sustainable Development Goals）などのサステナビリティ（企業の持続可能性）の課題に対応すべきとする。

　本コードは、ステーク・ホルダーとの適切な協働にかかる基本原則 2 の考え方において、中長期的な企業価値の向上に向け、サステナビリティ（ESG 要素を含む中長期的な持続可能性）が重要な経営課題であるとの意識の高まっている中、上場会社は、サステナビリティ課題への積極的・能動的な対応を進めることが重要であるとする。

　すなわち、上場会社は、社会・環境問題等のサステナビリティ課題に適切な対応を行うべきとし（原則 2-3），取締役会は、気候変動などの地球環境問題への配慮、人権の尊重、従業員の健康・労働環境への配慮や公正・適切な処遇、取引先との公正・適切な取引、自然災害等への危機管理などのサステナビリティ課題への対応は、リスクの減少のみならず収益機会にもつながる重要な経営課題であると認識し、積極的・能動的に取り組むように検討を深めるべきとする（補充原則 2-3 ①）。

　さらに、上場会社は、経営戦略の開示にあたって、自社のサステナビリティについての取組みを適切に開示するべきとし（補充原則 3-1 ③），取締役会は、中長期的な企業価値の向上の観点から、自社のサステナビリティをめぐる取組みについて基本的な方針を策定すべきとする（補充原則 4-2 ②）。

　上場会社は、東京証券取引所へ提出すべき「コーポレート・ガバナンスに関する報告書」中にサステナビリティについての取組みについて記載をすることを要する。

2. 上場企業のサステナビリティ課題への対応

　SDGs は、世界共通の目標として国連総会で採択された、貧困問題、格差問題、差別問題、気候変動、生物多様性などの持続可能な社会の実現のため解決すべき諸課題に関するものである。

　また、ESG では、気候変動、地球環境問題等の課題、経営理念、倫理観、従業員のモラル・モチベーション、消費者との関係、取引先との関係などの課題、企業倫理、

社会倫理の遵守，企業価値向上の戦略の課題などが問われるが，これらの ESG 要素を重視する企業への投資や ESG 要素を考慮する投資を ESG 投資といい，近年活発化し，拡大している。これについては，パフォーマンスを下げない限りで，ESG 投資は受託者責任と矛盾しないとする認識が共通化しつつあるとされ，また，企業価値の向上と資金調達コストの低下に資するとの見解が示されるようになっているという（湯山智教編著『ESG 投資とパフォーマンス――SDGs・持続可能な社会に向けた投資はどうあるべきか』16 頁，19 ～ 20 頁（金融財政事情研究会，2020 年））。

　本コードにおいては，サステナビリティ課題への対応は，リスクの減少のみならず収益機会にもつながる重要な経営課題であるとされ，それは企業の中長期的な企業価値向上につながるものとして位置づけられている。しかし，サステナビリティ課題に関する取組みは，少なくとも短期的にはコスト要因となり，企業収益を低下させる可能性がある。これは短期的な企業価値の向上を求める機関投資家，ファンドの意向とは必ずしも合致しない事柄である。

　コーポレートガバナンス・コードおよび日本版スチュワードシップ・コードの経済的側面からみた理論的基礎をなすものとして，経済産業省から平成 26 年（2014 年）8 月に公表された「伊藤レポート「持続的成長への競争力とインセンティブ～企業と投資家の望ましい関係構築～」プロジェクト最終報告書」（座長　伊藤邦雄教授）が挙げられる。本レポートは，わが国経済の持続的な成長のためには，日本企業の長期的な企業価値の向上が必要であるとして，日本企業は労働配分にも配慮しながら，資本コストを上回る ROE の継続的実現により資本効率を最大限に高め，他の先進諸国の企業に見劣りする ROE 等の経済指標を高める必要があることを指摘している。

　今日，グローバルに活動する企業は，ESG の課題などを意識した経営をしなければならないと指摘され（武井一浩編著『コーポレートガバナンス・コードの実践〔第 3 版〕』131 頁（日経 BP，2021 年）），ESG 要素は，機関投資家にとってリスクとリターンに潜在的に影響を及ぼす要素として考慮されるべきと指摘される（参照，伊藤レポート 2.0（2017 年 10 月）3.4）。ESG 課題などに配慮した企業活動は中長期的な企業価値の向上につながる可能性を持つといってよいだろう。

8

会社の計算

Q-80　計算書類の確定

　株式会社における各事業年度にかかる計算書類の確定手続（決算手続）は，会計監査人の有無によって異なっている。取締役会設置会社において，①会計監査人が設置されていない監査役設置会社の場合と②会計監査人が設置されている監査役設置会社の場合における計算書類の確定手続について，事業報告に関する手続と比較しながら，説明せよ（なお，連結計算書類は作成しないものとする）。

[解説]

1. 問題の所在

　取締役会設置会社においては，定時株主総会で計算書類の承認を求める前に，監査役・会計監査人等による監査を受け，また，取締役会による承認を受ける必要がある。本問では，計算書類が確定するに至るまでの手続について説明を求められている。

2. 計算書類等の作成

　株式会社は，定款所定の事業年度の終了後，各事業年度にかかる計算書類・事業報告およびこれらの附属明細書等を作成しなければならない（会435条2項）。会計監査人設置会社においては，さらに連結計算書類を作成することができる。一定の要件に該当する大会社には，連結計算書類の作成が義務づけられる（会444条1項・同条3項）。

3. 計算書類等の監査

　(1)　監査役設置会社　　　監査等委員会設置会社および指名委員会等設置会社を除いた取締役会設置会社は，原則的に監査役を置かなければならない（会327条2項）。監査役設置会社（監査役の監査を会計に限定する会社も含まれるが，監査は計算書類に限られる。会389条1項）は，計算書類・事業報告およびこれらの附属明細書について，監査役の監査を受けなければならない（会436条1項）。

　監査役は，会社の作成部署から計算書類等を受領後，監査報告を作成する。計算書類等の監査報告の内容は，計算書類等が会社の財産・損益の状況をすべての重要な点において適正に表示しているか否かの意見等である（計規122条）。事業

報告等の監査報告の内容は，当該会社の状況を正しく示しているか，取締役に不正行為等の重要事実があるか，内部統制システムは相当かなどである（会社則129条1項）。

(2) **会計監査人設置会社**　　会計監査人設置会社においては，①計算書類とその附属明細書は，監査役（監査等委員会設置会社にあっては監査等委員会，指名委員会等設置会社にあっては監査委員会）および会計監査人，②事業報告とその附属明細書は，監査役，監査等委員会，監査委員会による監査を受けなければならない（会436条2項）。

計算書類等の監査は，会計監査人を中心に行われる。会計監査人は，計算書類等の会計監査報告を作成する。その内容は，計算書類等が会社の財産・損益の状況をすべての重要な点において適正に表示しているか否かの意見等である。この意見は，無限定適正意見，除外事項を付した限定付適正意見，不適正意見，意見なしに分けられる（計規126条1項）。

次いで，会計監査人から会計監査報告の通知を受け，各監査役は監査報告を作成する（計規127条）。監査役は，会計監査人の監査の方法または結果を相当でないと認めたときは，その旨とその理由を監査報告中に記す必要がある（同条2号）。監査役会設置会社では，各監査役の作成した監査報告に基づき監査役会監査報告を作成し，意見を異にする監査役は，自分の監査報告の内容を付記することができる（計規128条1項・同条2項）。監査等委員会設置会社および指名委員会等設置会社では，計算書類と会計監査報告を受け取った監査等委員会・監査委員会が，監査報告を作成する。意見を異にする監査等委員・監査委員は，その意見を付記することができる（計規128条の2第1項・129条1項）。

事業報告の監査については，監査役による監査の後，監査役会を設置している会社にあっては，各監査役の作成した監査報告に基づき監査役会監査報告を作成し（会社則130条1項・同条2項），監査等委員会設置会社・指名委員会等設置会社にあっては，監査等委員会・監査委員会が事業報告にかかる監査報告を作成する（会社則130条の2・131条）。

4. 取締役会の承認

取締役会設置会社においては，監査役等の監査と会計監査人の監査を受けた後に，計算書類と事業報告およびこれらの附属明細書について，取締役会の承認を受ける必要がある（会436条3項）。

5. 計算書類の確定

　取締役会設置会社においては，定時株主総会の招集の通知に際して，取締役会の承認を受けた計算書類，事業報告と監査報告および会計監査報告を提供する（会437条）。

　会計監査人設置会社以外の会社においては，取締役は，計算書類および事業報告を定時株主総会に提出して（会438条1項），計算書類については株主総会の承認を受け（同条2項），事業報告についてはその内容を報告する（同条3項）。株主総会における承認によって，計算書類は確定する。なお，剰余金処分案の決議はこれとは別である。

　会計監査人設置会社においては，取締役会の承認を受けた計算書類が法令および定款に従い当該株式会社の財産および損益の状況を正しく表示しているものとして所定の要件を満たす場合（会計監査報告で「無限定適正意見」とされ，かつ，監査役，監査役会，監査等委員会，監査委員会の監査報告に相当でないとする意見の付記がない場合など（会社則116条5号，計規135条））には，計算書類について株主総会の承認を求める必要はなく，報告すれば足り，取締役会の承認だけで確定する（439条，承認特則規定）。

> **関連問題　資本金・準備金の減少・増加**　株式会社が資本金または準備金を減少させる場合および増加させる場合に必要な手続について説明せよ。

Q-81　剰余金の配当

　株式会社による剰余金の配当に関して，会社法上，会社債権者の保護はどのように図られているかについて説明せよ。

（参照：会計試平成6年）

［解説］

1. 問題の所在

　株式会社の株主に対する剰余金の配当は，会社の債権者からみれば，自己の債権にかかる唯一の担保である会社財産を社外に流出させる行為の意味を持つ。本問では，剰余金の配当にあたって，会社法が，会社債権者の保護のために設けている制度に関する説明が求められている。

2. 剰余金の配当に際しての会社債権者保護

(1) **会社債権者の保護** 株式会社は，株主に対して剰余金の配当をすることができる（会453条）。株式会社の株主にとって，剰余金の配当を受ける権利は基本的な株主権の一つである（会105条1項1号）。しかし，株式会社が会社財産を株主への分配によって無制限に会社外に流出させることは，会社債権者の利益を損なう。そこで，会社法は，株主と会社債権者の利害を調整するため，剰余金の配当に関する規制を置いている。

(2) **剰余金の配当に関する規制** 会社法は，厳格な企業会計の原則と手続に従って剰余金の算出を行うことを要求するが，より具体的に，①剰余金の額の算出にあたっては，資産の額から資本金および準備金の合計額を控除するものとし（会446条），②会社の純資産額が300万円を下回るときには配当できないとする（会458条）。これらの規制は資本維持の意味を有する。また，③剰余金の配当にあたっては，その行為により株主に対して交付する金銭等（「金銭等」とは金銭その他の財産をいう。会151条1項）の帳簿価格の総額は，当該行為の効力が生じる日における分配可能額を超えてはならないとし（会461条1項8号・同条2項），さらに，取締役等の剰余金の配当等にかかる責任に関する規定（会462条）および期末の欠損填補義務の規定（会465条）を置く。会社法は，これらの仕組みにより債権者保護を図っている。

　分配可能額は基本的に最終事業年度の末日の貸借対照表における計数から出発して計算を開始し，剰余金の額が計算の起点となる（会461条2項1号）。剰余金の額の計算の出発点は，最終事業年度の末日における，その他資本剰余金とその他利益剰余金の合計額である（会446条）。

3. 違法な剰余金の配当に関する責任

(1) **株主および業務執行取締役等の責任** 上記の分配可能額規制に違反して会社が配当をした場合には，これにより金銭等の交付を受けた株主およびそれに関する職務を行った業務執行者等は，会社に対し，連帯して，株主が交付を受けた金銭等を支払う義務を負う（会462条1項柱書・同6号）。ここで業務執行者とは，業務執行取締役（指名委員会等設置会社にあっては執行役）およびその他業務執行取締役の業務執行に職務上関与した者（会社則116条15号，計規159条8号）をいう。ただし，業務執行者およびその他の者の責任は過失責任である（会462条2項）。

会社法462条1項は，会社は，株主に対して，その善意・悪意を問わずに，交付を受けた金銭等の返還を求めることができるとするが，多数の株主から，違法な剰余金の配当について金銭の返還を求めることは実際には困難である。業務執行者等の責任は，株主の責任を代替する意味を有し，会社債権者の保護に資する。

　業務執行者等は，上記責任を履行すると，連帯債務者間の求償権（民442条）または会社の請求権の代位取得（民500条）によって，株主に対して求償権を取得するが，善意の株主は，この業務執行者等からの求償に応ずる義務を負わない（会463条1項）。

　(2) 会社債権者の株主に対する求償権　　会社債権者は，(1)の返済義務を負う株主に対して，その善意・悪意を問わずに，配当により交付を受けた金銭等を，直接自らに支払わせることができる（会463条2項）。

　(3) 期末における欠損填補責任　　会社が，剰余金の配当を，前期の計算書類の承認時から当期の計算書類の承認時までの間に行った場合に，当期の事業年度にかかる計算書類が定時株主総会において承認を受けたときに欠損が生じているとき（分配可能額がマイナスであるとき）は，剰余金の配当に関する職務を行った業務執行者は，定時株主総会（または分配特則規定（会459条1項）の適用がある場合においては取締役会（会436条3項））において剰余金配当が決定された場合などを除いて，会社に対し，連帯して，その欠損の額（欠損額と配当により社外に払出された額のいずれか少ない額）を支払う義務を負う（会465条1項10号）。ただし，この業務執行者の責任は過失責任である。

　上記の場合に業務執行者の責任が除外されている理由は，剰余金の配当は1事業年度内に何回でも行うことが可能とされているが，業務執行者が責任負担をおそれて剰余金の配当に過度に消極的にならないように，1事業年度に1回は業務執行者が責任を問われる懸念なしに配当を行える機会を設けることにある（江頭憲治郎『株式会社法〔第8版〕』716頁注2（有斐閣，2021年））。

　A株式会社は，数年前から引き続きB株式会社の発行済株式総数の100分の5に相当する株式を保有している。A会社はB会社に対して，同社の営業時間内に，近日中に開催される株主総会における剰余金の配当議案の賛否の判断材料とするためであることを示して，B会社の総勘定元帳・現金出納帳・仕訳帳の閲覧を請求した。A会社の業務の一部がB会社の業務と実質的に競合関係にあるといえるとき，B会社は，A会社による帳簿閲覧請求を拒むことができるか。

（参照：会計試令和元年）

[解説]

1. 会計帳簿およびその開示に関する規制

　株式会社は，会計帳簿を作成しなければならず（会432条1項），その株主または親会社社員による適法な請求が行われたときは，会計帳簿およびこれに関する資料の閲覧または謄写に応じなければならない（会433条1項・同条3項）。何が会計帳簿およびこれに関する資料にあたるかは，一般に公正妥当と認められる企業会計の慣行に従って判断される（会431条参照）。

　会計帳簿に含まれるものとして，主要簿（日記帳・仕訳帳・総勘定元帳）および補助簿（現金出納帳などの補助記入帳，および商品有高帳などの補助元帳）が挙げられる。そして，会計帳簿に関する資料とは，多数説によれば，会計帳簿の作成の元となった資料，その他会計帳簿を実質的に補充する資料であると解されている。ただし，会社の経理の状況を示す一切の資料・帳簿を指すと解する説も有力に主張されている。

　会計帳簿の閲覧謄写請求権を行使することができるのは，株主の場合は，総株主の議決権の100分の3以上または発行済株式の100分の3以上を有する者である（会433条1項柱書前段）。親会社社員の場合には株式・持分の保有要件はない。ただし，親会社社員が会計帳簿の閲覧謄写請求権を行使するには，あらかじめ裁判所の許可を得ておかなければならない（同条3項）。

　閲覧謄写の請求をする際には，請求の理由を会社（親会社社員のときは裁判所）に明らかにする（同条1項柱書後段・同条3項後段）。請求の理由が法定の拒絶事由に該当するときに限り，会社（または裁判所）は株主の請求を拒むことができる（同

条2項・同条4項）。ちなみに本問では，拒絶事由の一つであるところの，「請求者が当該株式会社の業務と実質的に競争関係にある事業を営み，又はこれに従事するものであるとき」（同条2項3号）に該当するか否かが問われている。

法定の拒絶事由の中には，請求の目的を問題とするものがある（同条2項1号・同2号・同4号参照）。このことに関連して，請求者は請求の理由を明らかにする際，自己の請求の目的を，その目的にふさわしい開示対象資料とともに，具体的に明らかにする必要がある。ただし，請求の理由を根拠づける事実が客観的に存在することの立証までは，求められない（最判平成16・7・1民集58巻5号1214頁［判百73]）。

2. A会社の請求に対し，B会社は正当な拒絶事由を有するか

B会社の株主であるA会社は，会計帳簿閲覧謄写請求権の持株要件を満たし，株主の権利（議決権）の行使に関する調査を目的に，これに関連する資料を指定して閲覧を請求した。しかし，B会社は，法定の拒絶事由に該当すること，すなわち，A会社が，B会社の業務と実質的に競争関係にある事業を営むものであること（433条2項3号）を挙げて，A会社の請求を拒むことができると考えられる。

もっとも，A会社の請求は，B会社の配当議案の当否に関する調査のためにするというのであるから，A会社としては，閲覧によって得られる情報を，B会社との競業関係において優位に立つために利用するつもりがないことを主張して，B会社による拒絶を覆せないものだろうか？　しかし，判例（最決平成21・1・15民集63巻1号1頁［判百74]）は，請求者が会社との間で客観的に競業関係にあるとき，閲覧謄写によって知りえた事実を自己の競業に利用しないといった主観的意図は問題にならないとし，請求時の当該請求者の意図が，拒絶事由の有無の判定にあたり一切考慮されない旨を明らかにしている。これは，主観的意図の存否の立証は一般に困難であり，また，情報が開示された後にこれが流用される危険性を否定することができないことによるものである。

9

社　債

Q-83　株式の発行と社債の発行の違い

　株式会社の資金調達手段として，資金の借入れ，株式の発行および社債の発行が挙げられるが，このうち，株式の発行と社債の発行との相違はどのような点にあるか。

[解説]

1.　株式会社の資金調達手段としての株式および社債

　(1)　株式会社の資金調達　　会社がその事業活動に必要な資金を調達する方法として，内部資金の利用と外部からの資金調達の2つの方法がある。内部資金の利用とは，会社が事業活動を通して得た利益を会社の内部に留保しておき，この資金を利用することを指す。外部からの資金調達の方法には，銀行等の金融機関から資金を借入れる方法（間接金融という），および会社自身が直接に投資者に対して株式や社債を発行して資金を調達する方法（直接金融という）とがある。企業は，事業資金に充てる短期の借入には銀行融資を利用し，中・長期の資金調達には株式または社債の発行を利用する場合が多い。

　(2)　募集株式と募集社債の発行　　募集株式または募集社債の申込みの勧誘が，不特定・多数の者に対してなされ，金融商品取引法上の有価証券の募集（金商2条3項）に該当し，その発行開示規制の対象となり，金融庁へ有価証券届出書（金商4条・5条）等の提出や，取得を勧誘するにあたり法定事項を記載した目論見書を作成し交付する（金商13条・15条）ことが必要となる（コラム4-1参照）のが公募であり，このような金融商品取引法上の発行開示規制の適用がないのが私募である。

　株式および社債はともに，証券発行の有無にかかわりなく，金融商品取引法の規制対象である「有価証券」に該当する（金商2条1項5号・同9号・同条2項前段）。今日，株式，社債のペーパーレス化が進んでいるが，ペーパーレスの株式・社債にかかる権利の保有，譲渡，質入れは，「社債，株式等の振替に関する法律」の定める仕組みによって行われることになる。株式，社債の発行にあたり，発行会社が同法の適用を決定した場合には，同法上，これらの株式，社債は，振替株式，振替社債と呼ばれて，証券を発行することができなくなる。

　募集株式の公募増資と募集社債の公募発行（公募債の発行）は，通常は，元引受証券会社が募集株式・社債のすべてを引き受け（株式については総数引受け，社債に

ついては総額引受けという），株式の払込金額の全額，または社債の総額を払い込み，その後これを一般投資家に売り捌く方法（金商2条6項1号，買取引受け）が共通してとられている。

2. 株式と社債の相違

(1) 株主の地位と権利　　株式会社の株主は，会社の構成員（社員）である。株主は，剰余金の配当請求権，残余財産分配請求権（会105条）等の自益権，および会社の経営に関与し，またこれを是正する権利（共益権）を有している。共益権には，株主総会における議決権や各種の会社・役員に対して訴えの提起をする権利などがある。株主は，会社に対して出資額の返還を求めることはできず，通常は株主が投下資本を回収するには，当該株式を他に譲渡することによる。株主は，会社が経営の悪化により倒産するといった事態に至ったとき，有限責任の原則により，会社の債務について，出資額を超えて債務を負担することはない。反面，株主は投下資本を回収できなくなるリスクを負担する。

(2) 社債権者の地位と権利　　社債権者が有する権利は，募集社債の償還時期が到来したとき，元金の償還（返済）を受けるとともに，それまでの期間，約定で定められた内容の利息の支払いを受けるという債権者としての権利である。当該社債が市場で売買されるものであれば，社債権者は償還期限前にそれを売却して投下資本を回収することが可能であるが，上場社債の例は限られている。

　社債には，発行会社の経営悪化により償還不能となるデフォルト・リスクがある。発行会社にとっても，多数の社債権者に個別に対処するには困難を伴う。そこで，社債権者保護のため，社債管理者，社債管理補助者の制度，および社債権者集会制度が設けられている。

　募集社債の発行にあたり，原則的に社債管理者を設置することが必要である（会702条）。社債管理者は，社債権者のため，弁済の受領，債権の保全その他の社債の管理を行うことを発行会社から委託される者である（会702条本文）。社債管理者の設置が義務づけられない場合に，社債の管理の補助を行うことを委託される者が社債管理補助者である（会676条8号の2・714条の2）。社債管理補助者は，社債権者が社債権者集会を通じて社債の管理を円滑に行えるように補助する。

　社債権者集会は，社債権者によって組織されるものである。社債権者集会の決議事項は，社債にかかる支払猶予，その債務の不履行により生じた責任の免除・和解の決議等（会706条1項）のほか，発行会社の資本金・準備金の減少・組織変

更・合併等の場合における社債権者の異議申立て（会740条1項）等の事項である。

Q-84　社債管理者の責任

　社債発行会社が社債の償還を怠る2か月前に，当該社債発行会社の社債管理者が，当該社債管理者の債権にかかる債務について，当該社債発行会社から担保の供与を受けた場合，社債管理者は，社債権者に対し，損害を賠償する責任を負うか。なお，当該社債管理者が誠実に行うべき社債の管理を怠らなかったことまたは当該損害が当該行為によって生じたものでないことを証明できないものとする。

（参照：会計試平成26年）

[解説]

1. 社債管理者

　社債管理者は，銀行，信託銀行およびこれらに準ずる機関（信用金庫，保険会社等）であることを資格要件とし（会703条，会社則170条），社債権者のための弁済の受領その他，社債権者の保護を目的とする法定の権限を有している（会705条1項。社債権者集会の承認を必要とする場合：会706条1項）。

　社債発行会社は，原則として社債管理者を置かなければならない（会702条本文）。ただし，各社債の金額が1億円以上，または，ある種類の社債の総額を当該種類の各社債の最低金額で除して得た数（当該種類の社債権者の最大数）が50未満のときは，社債発行会社に対する社債権者の交渉力が担保されていると考えられ，社債権者の保護に欠けることがないとして，社債管理者の設置が免除される（同条但書，会社則169条）。なお，その場合でも，担保付社債のときを除いて，社債発行会社は，社債管理補助者を置いて社債の管理の補助を行わせることができる（会714条の2）。

2. 社債管理者の義務と責任

　社債管理者は，社債の管理に関し，社債管理委託契約（委任契約）に基づき社債発行会社に対して善管注意義務（民644条）を負うだけでなく，会社法上，個々の社債権者に対しても一定の義務，すなわち公平誠実義務（会704条1項）と善管注意義務（同条2項）を負う。ここに公平誠実義務とは，社債管理者の利益相反を回

避しなければならないという義務である。すなわち，社債管理者が社債発行会社との間で融資等の取引をしているために，社債管理者が社債発行会社の債権者として有する利益（自己への弁済の確保）と，社債権者の利益代表者としての責務（社債権者への弁済の確保）とが衝突するおそれがある場合，社債管理者は，自己の利益ではなく，あくまでも社債権者の利益を優先しなければならないということである。

　社債管理者が会社法または社債権者集会の決議に違反する行為をしたことにより，社債権者が損害を被ったならば，社債管理者は連帯してその損害を賠償する責任を負う（会710条）。

　さらに，①「社債発行会社が社債の償還若しくは利息の支払を怠り，若しくは社債発行会社について支払の停止があった後又はその前三箇月以内」に，②社債管理者が，会社法で定められた4つの行為（会710条2項1～4号）のいずれかをしたならば，③社債管理者が誠実にすべき社債の管理を怠らなかったこと，または損害が当該行為により生じたものでないことを立証しない限り，社債管理者は，社債権者が被った損害を賠償すべき責任を負う（同条2項）。本問では，この会社法710条2項所定の責任の有無が問題となっている。

3. 検 討

　本問で社債管理者は，①社債発行会社が社債の償還を怠る2か月前に，②当該社債管理者の債権にかかる債務について，社債発行会社から担保の供与を受けたというのであるから，損害賠償責任を生じさせる4つの行為のうちの1つ（会710条2項1号）をしたことになる。しかも，③当該社債管理者は，帰責事由（任務懈怠）の不存在も，行為と損害との間の因果関係の不存在も証明することができないというのであるから，社債権者に対する賠償責任を免れないことになる。

　[参考判例] 名古屋高判平成21・5・28判時2073号42頁 [判百80]

　| 関連問題 | **社債管理者・社債管理補助者**　社債管理者と社債管理補助者の職務の違い，およびそれぞれの義務と責任の異同に関して説明せよ。

10

企業買収と企業再編

Q-85 　会社分割と事業譲渡

　Ａ株式会社は，その事業の一部を分離して子会社であるＢ株式会社とすることを計画しているが，その場合の方法としては，どのようなものがあるか。

（参照：旧司法試昭和49年）

［解説］

1.　問題の所在

　株式会社は，成長部門の法人化，不採算部門の譲渡，事業再編などを目的として，その事業の一部を切り離すことがある。そのような場合，株式会社は会社分割や事業譲渡といった方法によってその目的を達することができる。以下では，Ａ会社が，その事業の一部を分離して子会社であるＢ会社とする場合にとりうる手段として，会社分割と事業譲渡を利用した場合について説明する。

2.　会 社 分 割

　会社分割には，吸収分割と新設分割がある。吸収分割とは，株式会社がその事業に関して有する権利義務の全部または一部を分割後，他の会社に承継させることをいい，新設分割とは，1または2以上の株式会社がその事業に関して有する権利義務の全部または一部を分割により設立する会社に承継させることをいう（会2条29号・同30号）。

　Ａ会社が，その事業の一部を分離して子会社であるＢ会社とする場合には，Ａ会社が新設分割を行うことによって実現することができる。

　新設分割を行う場合，Ａ会社はまず，新設分割計画を作成しなければならない（会762条1項）。新設分割計画には，新設分割設立株式会社であるＢ会社の目的，商号，本店所在地，発行可能株式総数，Ｂ会社が新設分割により新設分割株式会社であるＡ会社から承継する資産，債務，雇用契約その他の権利義務，Ｂ会社が新設分割に際してＡ会社に対して交付するＡ会社から承継する権利義務に代わるＢ会社の株式の数など，法定の事項を定めなければならない（会763条1項）。

　Ａ会社は，取締役会の承認を得たうえ（会362条4項），株主総会の特別決議によって，新設分割計画の承認を受けなければならない（会804条1項・309条2項12号）。Ａ会社は，新設分割計画の承認に先立ち，当該株主総会の日の2週間前の日からＢ会社の成立の日後6か月を経過する日までの間，新設分割計画の内容その

他法務省令（会社則205条）で定める事項を記載した書面または電磁的記録をその本店に備え置き，株主および債権者の閲覧等に供しなければならない（会803条）。

A会社の新設分割について，新設分割計画を承認する株主総会に先立って当該新設分割に反対する旨をA会社に通知し，かつ，当該株主総会において当該新設分割に反対した株主は，A会社に対し，自己の有する株式を公正な価格で買い取ることを請求することができる（会806条1項1号・同条2項1号。反対株主の株式買取請求）。

A会社の債権者のうち，新設分割後，A会社に対して債務の履行を請求することができない債権者は，A会社に対し，新設分割について異議を述べることができる（会810条1項2号・同条2項）。債権者が異議を述べることができる場合には，A会社は，一定の事項を官報に公告し，かつ，知れている債権者には各別にこれを催告しなければならない（同条2項）。債権者が定められた期間内に異議を述べたときは，A会社は，当該債権者に対し，弁済し，もしくは相当の担保を提供し，または当該債権者に弁済を受けさせることを目的として信託会社等に相当の財産を信託しなければならない（同条5項。債権者の異議申述）。

B会社は，設立登記の日に成立し，その日に新設分割計画の定めに従い，A会社の権利義務を承継し（会49条・764条1項），A会社はその対価としてB会社の株式を取得する。新設分割に手続によって，A会社の事業に関する権利義務は包括的にB会社に承継される（同項）。A会社は新設分割の効力が発生する日の前日までに，株主総会決議，反対株主の株式買取請求，債権者の異議申述の手続を終えなければならない。

A会社は，B会社の成立の日後遅滞なく，B会社と共同して，新設分割によりB会社が承継したA会社の権利義務その他の新設分割に関する事項として法務省令（会社則209条）で定める事項を記載し，または記録した書面または電磁的記録を作成し，B会社の成立の日から6か月間本店に備え置き，A会社の株主，債権者その他の利害関係者の閲覧等に供さなければならない（会811条1～3項）。

3. 事業譲渡

A会社が，その事業の一部を分離して子会社であるB会社とする場合には，A会社があらかじめ設立したB会社に事業譲渡を行うことによって，あるいはB会社の設立時にA会社がその事業の一部を現物出資することによって実現することができる。

株式会社は，その事業の一部を取締役会の承認により譲渡することができる（会362条4項）。ただし，譲渡の対象が当該株式会社の事業の重要な一部に該当する場合には，特別な手続が要求される。すなわち，A会社がB会社に譲渡する事業の一部が事業の重要な一部に該当する場合には，A会社は事業譲渡契約について取締役会の承認を得たうえ（会362条4項1号），当該事業譲渡契約に定められた効力発生日の前日までに，株主総会の特別決議によって当該行為にかかる契約の承認を受けなければならない（会467条1項2号・309条2項11号）。A会社がB会社を子会社とするために，当該事業譲渡の対価はB会社の株式となる。

A会社の事業譲渡について，当該事業譲渡を承認する株主総会に先立って当該当該事業譲渡に反対する旨をA会社に通知し，かつ，当該株主総会において当該事業譲渡に反対した株主は，A会社に対し，自己の有する株式を公正な価格で買い取ることを請求することができる（会469条1項・同条2項1号）。

B会社は，事業譲渡契約の定めに従い，A会社の事業の一部を取得し，A会社はその対価としてB会社の株式を取得する。事業譲渡は会社分割とは異なり特定承継である。A会社から移転される事業に含まれる権利義務は個別の譲渡契約によってB会社に移転される。A会社は効力発生日の前日までに，株主総会決議，反対株主の株式買取請求の手続を終えなければならない。

A会社は，効力発生日の20日前までに，その株主に対し，事業譲渡をする旨を通知・公告しなければならない（会469条3項・同条4項）。

関連問題 **事 業 譲 渡**　株式会社の事業譲渡に関して，①譲渡対象の事業を構成する権利義務の承継と，合併による権利義務の承継との相違，②事業の譲渡会社が負う競業禁止の義務，および③事業の譲受会社が譲渡会社の商号を続用するときに，譲渡会社の事業によって生じた債務について負う責任について説明せよ。

Q-86　吸 収 合 併

A株式会社はB株式会社を吸収合併しようと考えている。この場合におけるA会社およびB会社それぞれが行うべき法的手続の概要を，その趣旨をふまえながら説明せよ。なお，簡易合併や略式合併は考慮しないこととする。

［解説］

1. 問題の所在

　吸収合併とは，会社が他の会社とする合併であって，合併により消滅する会社の権利義務の全部を合併後存続する会社に承継させるものをいう（会2条27号）。本問をこれにあてはめると，B会社が消滅会社で，A会社が存続会社である。以下では，それぞれの会社が行うべき法的手続の概要を説明する。

2. 存続会社の手続

　吸収合併を行う場合，A会社は，B会社との間で吸収合併契約を締結しなければならない（会748条）。吸収合併契約には，A会社およびB会社の商号および住所，A会社が吸収合併に際してB会社の株主に対して，その株式に代わる金銭等についての事項，当該金銭等の割当てに関する事項（割当比率），吸収合併の効力発生日など，法定の事項を定めなければならない（会749条）。吸収合併は，消滅会社のすべての権利義務を包括的に承継し，消滅会社の株主に存続会社の株式を割り当てるなど対価が発生するため，存続会社の株主の利害に大きくかかわる。

　吸収合併契約は，A会社の取締役会の承認を得て締結されるが（会362条4項），効力発生のためには，株主総会の特別決議によって，吸収合併契約の承認を受けなければならない（会795条1項・309条2項12号）。A会社は，吸収合併契約の株主総会の承認に先立ち，当該株主総会の日の2週間前の日から効力発生日後6か月を経過する日までの間，吸収合併契約の内容その他法務省令（会社則191条）で定める事項を記載した書面または電磁的記録をその本店に備え置き，株主および債権者の閲覧等に供しなければならない（会794条1項・同条2項1号・同条3項）。

　吸収合併も株主総会の多数決で承認されるため，吸収合併に反対する少数派株主も，吸収合併の効力発生によって，強制的にその地位に変更がもたらされる。そこで，少数派株主にその選択により株式会社から投下資本を回収し，離脱する権利が与えられている。すなわち，A会社の吸収合併について，吸収合併契約を承認する株主総会に先立って当該吸収合併に反対する旨をA会社に通知し，かつ，当該株主総会において当該吸収合併に反対した株主は，A会社に対し，自己の有する株式を公正な価格で買い取ることを請求することができる（会797条1項・同条2項1号。反対株主の株式買取請求）。

　また，吸収合併によりB会社の債権債務がA会社に承継されるため，A会社の債権者についても，その利害に大きな影響を受けることになる。そこで，債権者

に異議申述権が与えられている。すなわち，A会社の債権者は，A会社に対し，吸収合併について異議を述べることができる（会799条1項1号）。債権者が異議を述べることができる場合には，A会社は，一定の事項を官報に公告し，かつ，知れている債権者には各別にこれを催告しなければならない（会799条2項）。債権者が定められた期間内に異議を述べたときは，A会社は，当該債権者に対し，弁済し，もしくは相当の担保を提供し，または当該債権者に弁済を受けさせることを目的として信託会社等に相当の財産を信託しなければならない（会799条5項。債権者の異議申述）。

　A会社は，効力発生日に，B会社の権利義務を包括的に承継し，B会社は，解散し消滅する（会750条1項・同条2項）。B会社の株主は吸収合併の対価としてA会社の株式を取得する。A会社は吸収合併の効力発生日の前日までに，株主総会決議，反対株主の株式買取請求，債権の異議申述の手続を終えなければならない。

　A会社は，効力発生日後遅滞なく，吸収合併によりA会社が承継したB会社の権利義務その他の吸収合併に関する事項として法務省令（会社則200条）で定める事項を記載し，または記録した書面または電磁的記録を作成し，効力発生日から6か月間本店に備え置き，株主および債権者の閲覧等に供さなければならない（会801条1項・同条3項1号・同条4項）。

3. 消滅会社の手続

　吸収合併契約を締結しなければならないのは，B会社においても同様である（会748条）。吸収合併により，B会社は解散し消滅する。B会社のすべての権利義務は包括的にA会社に承継される。B会社の株主にはA会社の株式などの対価が割り当てられる。したがって，吸収合併はB会社の株主の利害に大きくかかわる。吸収合併契約はB会社においても，その取締役会の承認を得て締結され（会362条4項），株主総会の特別決議によって承認を受けなければならない（会783条1項・309条2項12号）。

　B会社は，吸収合併契約の株主総会の承認に先立ち，当該株主総会の日の2週間前の日から効力発生日後6か月を経過する日までの間，吸収合併契約の内容その他法務省令（会社則182条）で定める事項を記載した書面または電磁的記録をその本店に備え置き，株主および債権者の閲覧等に供しなければならない（会782条1項1号・同条2項1号・同条3項）。

　B会社の吸収合併について，吸収合併契約を承認する株主総会に先立って当該

吸収合併に反対する旨をB会社に通知し，かつ，当該株主総会において当該吸収合併に反対した株主は，A会社に対し，自己の有する株式を公正な価格で買い取ることを請求することができる（会785条1項・同条2項1号）。

　また，B会社の債権者は，B会社に対し，吸収合併について異議を述べることができる（会789条1項1号）。債権者が異議を述べることができる場合には，B会社は，一定の事項を官報に公告し，かつ，知れている債権者には各別にこれを催告しなければならない（同条2項）。債権者が定められた期間内に異議を述べたときは，B会社は，当該債権者に対し，弁済し，もしくは相当の担保を提供し，または当該債権者に弁済を受けさせることを目的として信託会社等に相当の財産を信託しなければならない（同条5項）。

　B会社は吸収合併の効力発生日の前日までに，株主総会決議，反対株主の株式買取請求，債権の異議申述の手続を終えなければならない。

> **関連問題** **簡易合併・略式合併**　　簡易合併および略式合併とはどのようなものかについて説明せよ。

Q-87　合併反対株主の株式買取請求権

　株式会社の合併において，反対株主の株式買取請求権が認められる理由およびその手続について説明せよ。また，会社による反対株主の株式買取りにおける「公正な価格」の意味について説明せよ。

[解説]

1. 問題の所在

　株式会社が合併する場合，消滅会社および存続会社双方の株主に，反対株主の株式買取請求権が認められている（会785条・797条）。以下では，反対株主の株式買取請求権が認められる理由およびその手続について，また，反対株主が株式買取権を行使した場合，会社は「公正な価格」で株式を買い取らなければならないが，その「公正な価格」の意味についても説明する。

2. 反対株主の株式買取請求

　吸収合併をするには，それぞれの当事会社において吸収合併契約につき株主総

会の特別決議による承認を得なければならない（会783条1項・795条1項・309条2項12号）。

　当該吸収合併に反対する少数派株主も承認決議が成立すれば，吸収合併契約に従ってその地位は影響を受けることになる。そこで，少数派株主にその選択により株式会社から投下資本を回収し，離脱する権利が与えられている。すなわち，当該決議に先立ち当該吸収合併に反対する旨を会社に通知し，かつ，当該株主総会において当該吸収合併に反対した株主が反対株主として会社に対して自己の有する株式を公正な価格で買い取ることを請求することができる（会785条1項・同条2項1号・797条1項・同条2項1号）。この請求権は形成権の一種であり，請求によって売買契約が成立したのと同様の法律関係が生じる。株式買取請求をした株主は，当事会社の承諾を得た場合に限り，その株式買取請求を撤回することができる（会785条7項・797条7項）。

　買取価格は株主と会社との協議によって決定され，協議が調ったときは，会社は効力発生日から60日以内にその支払いをしなければならない（会786条1項・798条1項）。株式の価格の決定について，効力発生日から30日以内に協議が調わないときは，株主または当事会社は，その期間の満了の日後30日以内に，裁判所に対し，価格の決定の申立てをすることができる（会786条2項・798条2項）。株式の価格について協議が調わない場合で，効力発生日から60日以内に，裁判所に対する価格決定の申立てが行われないときは，その期間の満了後は，株主はいつでも株式買取請求を撤回することができる（会786条3項・798条3項）。当事会社は，株式の価格の決定があるまでは，株主に対し，当該当事会社が公正な価格と認める額を支払うことができる（会786条5項・798条5項）。株式の買取りは，効力発生日にその効力を生ずる（会786条6項・798条6項）。

3. 「公正な価格」の意味

　会社法制定前は，株式買取請求価格は「（合併）承認ノ決議ナカリセバ其ノ有スベカリシ価格」（旧商408条の3第1項）と定められていたが，会社法では単に「公正な価格」（会785条1項・797条1項）と定められている。

　合併により，シナジーが生じ，合併後の存続会社の企業価値が増加する場合には，合併条件は，そのシナジーの分配を含め公正に定められる必要があり，株式買取請求にかかる「公正な価格」も，シナジーを反映したものである必要がある。他方，企業価値の増加が生じない場合の「公正な価格」は，組織再編がなければ

有したであろう価格（ナカリセバ価格）である。そこで，会社法では株式買取請求
価格については単に「公正な価格」とだけ定められている。

　上述したように，「公正な価格」は，株主と会社との協議によって定められるが，
協議が調わない場合には，裁判所が裁量によって決定することになる。市場価格
のある株式の場合には，原則として，市場価格が「公正な価格」と考えられるが，
市場価格は刻々と変動するものであり，いつの市場価格を基準として「公正な価
格」とするかが問題となる。これが基準日の問題である。

　基準日としては，合併の公表日，承認日，株式買取請求日，株式買取請求期間
満了日，合併の効力発生日が挙げられる。判例によれば，株式につき売買契約が
成立したのと同様の法律関係が生じる時点であり，かつ，株主が会社から離脱す
る意思を明示した時点である株式買取請求日を基準日とすべきであるとされてい
る。

　市場価格のない株式については，従来の裁判例の多くは，複数の評価方法によ
り算出された額を加重平均して得た数値を株式価格としていた。しかし，近時の
裁判例では，インカム方式と総称される，期待リターンをリスクを勘案した割引
率で現在価値に引き直す方式によって評価額を算出する例が主流となっている。

[参考判例]　最決平成 23・4・19 民集 65 巻 3 号 1311 号［判百 84］，最決平成 24・2・
29 民集 66 巻 3 号 1784 頁［判百 85］，大阪地決平成 27・7・16 金判 1478 号 26 頁

関連問題　**債権者異議手続**　　株式会社の合併において，債権者異議手続が認めら
れる理由はどのようか。また，株式会社はこれに関してどのような手続をとる必要
があるか。

Q-88　合併の差止めと無効

　Ａ株式会社とＢ株式会社とは，Ａ会社を存続会社とする吸収合併を計画し，それぞれの株式会社の決議により承認を受けた。①Ａ会社の議決権15％を保有する株主Ｃは，合併に反対の意思を表明していたが，Ａ会社は，Ｃに総会の招集通知を発せず，Ｃの欠席のまま，本件総会決議を行った場合，合併決議の効力発生前に，Ｃは会社法上どのような手段をとることができるか。また，②吸収合併の効力発生後に，Ｃは会社法上どのような手段をとることができるか。なお，本問の合併は，簡易合併にも略式合併にも該当しないこととする。

（参照：会計試平成30年）

[解説]

1.　問題の所在

　Ａ会社の吸収合併手続には，吸収合併承認株主総会につき，Ｃに招集通知を発せず，Ｃの欠席のまま本件総会決議を行ったという瑕疵がある。この瑕疵を事由として，吸収合併の効力発生の前後でＣが会社法上どのような対抗手段をとることができるのかが問題となる。以下では，吸収合併の効力発生の前後でどのような対抗手段があるのかを検討し，本問への適用を検討する。

2.　効力発生前

　吸収合併を承認した株主総会の招集手続等に瑕疵があれば，決議の日から3か月以内に訴えをもってその取消しを請求することができる（会831条1項）。

　また，吸収合併は，その効力発生前であれば差し止めることができる。すなわち，当該吸収合併が法令または定款に違反する場合において，存続会社の株主が不利益を受けるおそれがあるときは，存続会社の株主は，存続会社に対し，吸収合併の差止めを請求することができる（会796条の2）。

　合併の法令違反とは，会社が合併に適用される法令に違反することで，具体的には，①合併契約の内容の法令違反，②合併契約等に関する書面等の備置き・記載に関する法令違反，③合併承認決議の瑕疵など，合併契約承認要件に関する法令違反，④反対株主の株式買取請求手続の不履行，⑤債権者異議手続の不履行，⑥消滅会社の株主に対する株式割当てに関する違法，⑦独占禁止法に違反する合

併，などが差止事由として挙げられる。

他方，合併の定款違反の具体例としては，存続会社がその定款所定の目的の範囲外の事業を営むことになる合併などが考えられる。

実際には存続会社を被告とする差止めの訴えを本案訴訟として，存続会社に一定の行為の不作為を命じるための仮処分命令（民保23条2項）を先行させて申し立てることが多い。

3. 効力発生後

吸収合併の効力発生後は，吸収合併の無効を求めることになる。

吸収合併の無効は，吸収合併の効力発生日から6か月以内に，効力発生日における当事会社の株主等による，存続会社に対する訴えをもってのみ主張することができる（会828条1項7号・同条2項7号・834条7号）。吸収合併の無効原因は，吸収合併手続の瑕疵であり，吸収合併の差止事由である法令違反と大部分が重複する。

なお，差止事由にない無効原因としては，①吸収合併の差止仮処分命令違反，②吸収合併契約にかかる当事会社の意思表示の瑕疵などがある。新株発行の差止事由と無効事由との関係のように，合併の無効事由についても，差止事由に対して制限的に解すべきかという問題がある。合併無効事由と新株発行の無効事由とは相当に性格が異なることから，合併無効事由となる法令違反を，新株発行の無効事由のように事項別に分類することは困難であり，法令違反の影響の重大性，差止請求の機会の有無等から事案ごとに判断するほかないといわれている。

4. 本問への適用

A会社ではCに招集通知を発せず，Cの欠席のまま本件株主総会決議を行っており，このことは，株主総会の招集手続の瑕疵にあたり，本件株主総会決議は取り消しうる決議である（会831条1項1号）。本件総会決議については決議の日から3か月以内であれば訴えをもって決議の取消しを請求することができる。また，合併の効力発生前であれば，Cは，本件株主総会決議の瑕疵を事由として，吸収合併の差止めを請求することができる。また，Cは事前に合併に反対の意思を表明していたところ，株主総会に参加できなかった。このことが原因となって，Cに反対株主の株式買取請求権の行使が認められなかったとすれば，株式買取請求手続の不履行となりうる。この場合には，Cは株式買取請求の不履行を事由とし

て，吸収合併の差止めを請求することができる。

　さらに，合併の効力発生後は，Ｃは吸収合併の効力発生日後6か月以内に，訴えをもって合併の無効を主張することができる。上記の差止事由が無効事由となるか検討する。ＣはＡ社の議決権の15％を有する株式を保有している。Ａ社において株主総会の特別決議により吸収合併を承認するためには，少なくとも議決権を行使できる株主の総議決権の約17％（定足数［議決権を行使できる株主の議決権の2分の1］の2分の3）の賛成を得る必要があるところ（会309条2項本文），議決権の15％を有する株主に少数通知を発せず，この株主が株主総会を欠席のまま決議を行ったことは合併無効原因となる重大な過失であると考えられる。また，Ｃに株式買取請求権行使の機会を与えなかったとすれば，このことも合併無効原因となる重大な過失である。したがって，Ｃは本件吸収合併につき無効の訴えを提起することができるものと考えられる。

Q-89　合併比率の不公正

　上場会社であるＡ株式会社は，Ａ会社を存続会社，その非上場の子会社でＡ会社が85％の株式を保有するＢ株式会社を消滅会社，合併対価としてＢ会社の株式1株につきＡ会社の株式1株を交付する吸収合併を行った。これに対してＡ会社の株主であるＣは，本件合併における合併比率は，Ａ会社の株主にとって著しく不公正なものであると主張して，合併無効を求めて提訴した。合併比率に関してはどのように考えるべきかについて述べよ。

（参照：東京高判平成2・1・31資料版商事77号193頁［判百89］）

[解説]

1. 問題の所在

　本問では，吸収合併の存続会社であるＡ会社の株主Ｃが合併の無効を求めて訴えを提起している。合併の無効は訴えによって主張できるが，Ｃの主張する合併比率の著しい不公正は合併の無効原因になるのかが問題となる。

2. 合併比率

　吸収合併の当事会社が締結する吸収合併契約には，吸収合併存続株式会社が吸収合併に際して株式会社である吸収合併消滅会社の株主に対して，その株式に代

わる株式を交付する場合には，吸収合併消滅株式会社の株主に対する株式の割当てに関する事項を定めなければならない（会749条1項3号）。この吸収合併消滅会社の株主がその有する株式1株に対して，割り当てられる吸収合併存続会社の株式数との比率を合併比率という。合併比率は当事会社の企業価値などを評価して決定されるが，合併比率が一方の当事会社の株主にとって不公正であった場合には，当該株主の利益が害されることになる。

そこで，決定される合併比率の相当性の確保など株主保護のために，会社法は，事前の情報開示（会782条・794条），株主総会の特別決議による合併契約の承認（会783条1項・795条1項・309条2項12号），反対株主の株式買取請求権（会785条・797条），取締役の損害賠償責任（会423条1項・429条1項）など，様々な規定を置いている。

3. 合併無効とその事由

合併無効の訴えもまた，株主保護の制度の一つである。すなわち，吸収合併において，効力発生日における当事会社の株主は，吸収合併の効力発生日から6か月以内に，存続会社に対する訴えをもってのみ当該吸収合併の無効を主張することができる（会828条1項7号・同条2項7号・834条7号）。無効は本来いつでも誰でもどんな方法によっても主張できるはずである。しかし，合併という組織再編行為は，おおよそ，次のような行為である。すなわち，合併により，消滅会社は解散し，その有する権利義務が包括的に存続会社に移転し，消滅会社の株主は存続会社の株主となる。他方，存続会社は，消滅会社の権利義務を包括的に承継する。

このように，合併は，当事会社の株主・債権者に大きな影響を及ぼし，合併の効力発生後は，合併という事実を前提に物事が進行していくことになる。したがって，事後的に合併が無効とされると，合併の効力発生前の会社の利害関係者はもちろん，効力発生後の会社の利害関係者にも大きな影響を及ぼすことになる。そこで，会社法は，無効の原則とは異なり，無効を主張できる者，主張の方法そして主張できる期間を限定している。

合併の無効原因について明文の定めがなく，解釈に委ねられている。一般的には，合併の無効事由は，合併手続の瑕疵であり，合併の差止事由である法令違反と大部分が重複するが，法令違反の影響の重大性，差止請求の機会の有無等から事案ごとに判断するほかないといわれている。

そこで，不公正な合併比率が合併無効原因となるのかが問題となる。これについては，合併比率の著しい不公正は，合併無効の原因となるとする少数説もあるが，合併比率の不公正自体は無効原因とならないとするのが通説的見解である。このような立場に立つと解される裁判例も存在する。もっとも，通説的見解に立っても，合併契約を承認する株主総会において，合併を主導する株主を特別利害関係人とみて，その議決権行使による著しく不当な決議がなされたと評価できる場合には，合併無効の訴えの中で，決議取消事由（会831条1項3号）があることを無効原因として主張できることを認める見解が多い。

4. 本問への適用

上記の通説的見解によれば，Cは合併比率自体の不公正を主張しているため，合併の無効は認められないことになる。Cは，A会社において合併契約を承認した株主総会決議につき，特別利害関係人の議決権行使により，著しく不公正な合併比率による合併承認という不当な決議がなされたことにより当該決議が取り消されるとして，合併無効を主張するべきである。

Q-90 会社分割における買取請求権と公正な価格

A株式会社は上場会社であるが，A会社が持株会社に移行することを目的として，A会社を吸収分割株式会社とし，完全子会社であるB株式会社を吸収分割承継株式会社として，A会社の全事業にかかる権利義務をB会社に承継させる吸収分割を行ったが，これにA会社の株主Cは反対をして，自己の保有する全株式を公正な価格で買い取るよう請求をした。この公正な買取価格についてどのように考えるべきか。

（参照：最決平成23・4・19民集65巻3号1311頁［判百84]）

[解説]

1. 問題の所在

吸収分割に反対する吸収分割株式会社の反対株主は，その保有する株式を公正な価格で買い取ることを請求することができる（会785条）。上場会社の株主がこの株式買取請求権を行使する際には，その株式の市場価格が公正な価格の基準となるが，どの時点の市場価格を算定基準とするかについて，見解が分かれている。

2. 公正な価格

　本問のように，吸収分割株式会社がその全事業にかかる権利義務を吸収分割承継株式会社に承継させる吸収分割を行った場合，吸収分割株式会社は対価として吸収分割承継株式会社の株式を交付される。このとき，吸収分割によりシナジーを生じ，吸収分割承継会社の企業価値が増加することがある。株式買取請求権を行使した場合に，「公正な価格」で買い取ることを請求できるのは，適切な条件のもとでの組織再編による企業価値の増加を適切に反映する価格とする趣旨である。他方，企業価値の増加が生じない場合の「公正な価格」は，組織再編がなければ有したであろう価格（ナカリセバ価格）であると考えられている。

　一般に，特別な資本関係がない会社間において組織再編（独立当事者間の組織再編）が行われる場合には，企業価値が毀損される組織再編が行われるおそれは少なく，組織再編の条件は当事者間の正常な交渉の結果として取り決められ，株主の判断の基礎となる情報開示も適切に行われているのであれば，株主も合理的に支持しているものと考えられる。したがって，株主の合理的判断が妨げられたと認められる特段の事情のない限り，組織再編の条件は公正なものとみることができ，これを前提として「公正な価格」を決定することができる。

　他方，親子関係など特別な資本関係にある会社間において組織再編が行われる場合，親会社が少数株主にとって不利となる組織再編を行うといった利益相反が懸念される。このような場合には，組織再編の条件が公正かどうかの判断が難しく，「公正な価格」の決定は困難である。

3. 算定基準日

　「公正な価格」は，株主と会社との協議によって定められるが，協議が調わない場合には，裁判所が裁量によって決定することになる（会786条）。市場価格のある株式の場合には，原則として，市場価格が「公正な価格」と考えられるが，市場価格は刻々と変動するものであり，いつの市場価格を基準として「公正な価格」とするかが問題となる。これが算定基準日の問題である。

　算定基準日としては，合併の公表日，承認日，株式買取請求日，株式買取請求期間満了日，合併の効力発生日が挙げられる。判例によれば，「会社法782条1項所定の吸収合併等によりシナジーその他の企業価値の増加が生じない場合に，同項所定の消滅株式会社等の反対株主がした株式買取請求にかかる「公正な価格」は，原則として，当該株式買取請求がされた日における，同項所定の吸収合併契

約等を承認する旨の決議がされることがなければその株式が有したであろう価格（ナカリセバ価格）をいうものと解するのが相当である」とされており，株式につき売買契約が成立したのと同様の法律関係が生じる時点であり，かつ，株主が会社から離脱する意思を明示した時点である株式買取請求日を基準日とすべきであるとされている。

4. 本問への適用

本問では，吸収分割株式会社であるA会社は，吸収分割承継会社であるB会社の完全親会社である。A会社とCとの間で株式の買取価格につき協議が調わないときは，裁判所に対し価格決定を申し立てることになるが，裁判所は「公正な価格」の算定の前提となる吸収分割の条件について公正なものであるかどうかを評価しなければならない。裁判所は，組織再編の条件が定められた過程が公正なものかを評価し，それが公正であると認められれば，それを前提として「公正な価格」を決定できる。しかし，そうでない場合には，裁判所はその合理的な裁量により自ら「公正な価格」を決定しなければならない。

【参考判例】 東京高決平成 20・9・12 金判 1301 号 28 頁［判百 87］，最決平成 24・2・29 民集 66 巻 3 号 1784 頁［判百 85］

Q-91 株式交換・株式移転

株式交換および株式移転とはどのようなものか。また，その効果はどのようなものか。

［解説］

1. 問題の所在

株式交換とは株式会社がその発行済株式の全部を他の株式会社または合同会社に取得させることをいい（会 2 条 31 号），株式移転とは 1 または 2 以上の株式会社がその発行済株式の全部を新たに設立する株式会社に取得させることをいう（会 2 条 32 号）。いずれも会社の組織再編であるが，以下では，それらの手続および効果について説明する。

2. 株式交換・株式移転とその手続

　株式会社同士が株式交換を行う場合，その発行済株式の全部を他の株式会社に取得させる会社（株式交換完全子会社）とその発行済株式を取得する会社（株式交換完全親会社）との間で株式交換契約を締結しなければならない（会767条・768条）。株式交換契約は両当事会社の取締役会の承認を得て締結され（会362条4項），原則として，両当事会社の株主総会の特別決議による承認を受けなければならない（会783条1項・795条1項・309条2項12号）。

　両当事会社では株式交換契約の株主総会の承認に先立ち，当該株主総会の日の2週間前の日から効力発生日後6か月を経過する日までの間，株式交換契約の内容その他法務省令（会社則184条・193条）で定める事項を記載した書面または電磁的記録をその本店に備え置き，株主および債権者の閲覧等に供しなければならない（会782条1項・同条2項1号・同条3項・794条1項・同条2項1号・同条3項）。

　また，両当事会社は株式交換契約を承認する株主総会の日までに，反対株主の株式買取請求手続（会785条・797条）および債権者の異議申述手続（会789条・799条）を終えなければならない。株式交換の効力発生後，両当事会社は，株式交換により株式交換完全親会社が取得した株式交換完全子会社の株式の数その他の法務省令（会社則190条）で定める事項を記載し，または記録した書面または電磁的記録を作成し，効力発生日から6か月間その本店に備え置き，株主等者の閲覧等に供しなければならない（会791条1項2号・同条2項～4項・801条3項3号・同条4項・同条6項）。

　株式会社が株式移転を行う場合，その発行済株式の全部を新たに設立する株式会社（株式移転設立完全親会社）に取得させる会社（株式移転完全子会社）は，株式移転計画を作成し，当該株式移転計画について取締役会の承認を得たうえで（会362条4項），原則として，株式移転完全子会社の株主総会の特別決議による承認を受けなければならない（会804条1項・309条2項12号）。

　株式移転完全子会社では株式移転計画の株主総会の承認に先立ち，当該株主総会の日の2週間前の日から株式移転設立完全親会社の成立の日後6か月を経過する日までの間，株式移転計画の内容その他法務省令（会社則206条）で定める事項を記載した書面または電磁的記録をその本店に備え置き，株主等の閲覧等に供しなければならない（会803条1項・同条2項1号・同条3項）。

　また，株式移転完全子会社は，株式移転計画を承認する株主総会の日までに，反対株主の株式買取請求手続（会806条）および債権者の異議申述手続（会810条）

を終えなければならない。株式移転設立完全親会社の成立の日後遅滞なく，株式移転完全子会社は，株式移転設立完全親会社と共同して，株式移転により株式移転設立完全親会社が取得した株式移転完全子会社の株式の数その他の法務省令（会社則 210 条）で定める事項を記載し，または記録した書面または電磁的記録を作成し，株式移転設立完全親会社の成立の日から 6 か月間その本店に備え置き，株主の閲覧等に供しなければならない（会 811 条 1 項 2 号・同条 2 〜 4 項）。

さらに，株式交換の当事会社および株式移転完全子会社の株主は，当該株式交換・株式移転が法令または定款に違反する場合において不利益を受けるおそれがあるときは，当該株式交換・株式移転の差止めを請求することができる（会 784 条の 2・796 条の 2・805 条の 2）。

3. 株式交換・株式移転の効果

株式交換により，株式交換完全親会社は，効力発生日に，株式交換完全子会社の発行済株式の全部を取得する（会 769 条 1 項）。他方，株式交換完全子会社の株主は，効力発生日に，株式交換契約の定めに従い，その株式に代わる金銭等の割当てを受け，その金銭等が株式交換完全親会社の株式であるときは，株式交換完全親会社の株主となる（会 768 条 1 項 2 号参照）。

また，株式移転により，株式移転設立完全親会社は，その成立日に，株式移転完全子会社の発行済株式の全部を取得する（会 774 条 1 項）。他方，株式移転完全子会社の株主は，株式移転設立完全親会社の成立の日に，株式移転計画の定めに従い，その株式に代わる当該株式移転設立完全親会社の株式の割当てを受け，株式移転設立完全親会社の株主となる（会 773 条 1 項 5 号参照）。

> **関連問題** **株式交付** 会社法上の株式交付とはどのようなものか。また，その効果はどのようか。

Q-92　株式交換契約の不当性

　A株式会社は，B株式会社（A会社はその株式の75％を保有）との間でB会社を完全子会社とする旨の株式交換契約を締結して，A，B両会社の定時株主総会において本件株式交換契約の承認を受けようと考えていた。本件株式交換比率は，B会社株主に対しB会社株式10株につきA会社株式1株を交付する（1：0.1）というものであるが，B会社の株主であるCは，B会社株主に対しB会社株式10株につきA会社株式3株を交付すべきであって妥当性を欠くから，本件株式交換契約は不当であると考えている。Cが，①本件株式交換契約を承認するA会社での株主総会決議が行われた後，本件株式交換契約に基づく株式交換の効力発生前に会社法上とることができる手段はどのようか。また，②本件株式交換契約に基づく株式交換の効力発生後に会社法上とることができる手段はどのようか。

（参照：司法予備試平成25年）

[解説]

1. 問題の所在

　本問においては，株式交換に際して，株式交換契約に定められた株式交換比率を不当であると考える株式交換完全子会社の株主が，株式交換の効力発生日の前後にとりうる手段とその成否が問題となる。

2. 効力発生前の手段

　株式交換の効力発生前は，株式交換比率を不当と考える株式交換完全子会社の株主は，会社法上，以下の手段をとることができる。

　(1)　**株式交換差止めの訴え**　　株式交換完全子会社の株主は，当該株式交換が法令または定款に違反する場合において，不利益を受けるおそれがあるときは，株式交換完全子会社に対して株式交換をやめることを請求することができる（会784条の2第1号）。

　(2)　**反対株主の株式買取請求**　　株式交換をする場合には，株式交換契約を承認する株主総会に先だって当該株式交換に反対する旨を株式交換完全子会社に対し通知し，かつ，当該株主総会において当該株式交換に反対した株主（反対株主），株式交換完全子会社に対し，自己の有する株式を公正な価格で買い取るこ

とを請求することができる（会785条1項・同条2項1号）。

3. 効力発生後の手段

株式交換の効力発生後は，株式交換比率を不当と考える株式交換完全子会社の株主は，会社法上，以下の手段をとることができる。

　(1) **株式交換無効の訴え**　　株式交換完全子会社の株主は，株式交換の効力が生じた日から6か月以内に訴えをもって株式交換の無効を主張することができる（会828条1項11号・同条2項11号）。被告は，株式交換完全親会社と株式交換完全子会社の双方である（会834条11号）。

　(2) **取締役の責任追及**　　株式交換完全子会社の株主は，株主代表訴訟（会847条）により株式交換完全子会社の取締役に対して会社に対する損害賠償責任を，あるいは，第三者として損害賠償責任を追及することができる（会423条1項・429条1項）。

4. 本問への適用

　(1) **株式交換差止めの訴え**　　株式交換差止請求権は，法令または定款に違反する場合に限定されており，株式交換比率の不公正は差止事由とはならないと解されている。このように株式交換比率の不公正が，差止事由とされなかった理由は，差止めが仮処分で争われることから短期間で裁判所が判断しなければならないという事情があるといわれている。

　したがって，B会社の株主Cは，本件株式交換につき株式交換比率の不公正を理由に差止請求をしても認められない。

　(2) **反対株主の株式買取請求**　　B会社の株主Cは，B会社の株主総会に先立ち，本件株式交換に反対する旨をB会社に対し通知し，かつ，株式交換契約を承認するB会社の株主総会において本件株式交換に反対して議決権を行使することで，自己の有するB会社株式を公正な価格で買い取ることをB会社に請求することができる。

　(3) **株式交換無効の訴え**　　B会社の株主Cは，本件株式交換の効力発生日後6か月以内に，A会社およびB会社に対して株式交換無効の訴えを提起することができる。ただし，無効原因については明文の定めがないため，解釈に委ねられており，一般的には，株式交換手続の重大な瑕疵が無効原因にあたるとされている。そして，株式交換比率の不公正自体は無効原因にはあたらないと理解さ

れている。もっとも，株式交換を主導する株主を特別利害関係人とみて，株式交換契約を承認する株主総会において不公正な株式交換比率が認められた場合には，著しく不当な決議がなされたことを原因として決議を取り消すことができ（会831条1項3号），当該決議の取消しを無効原因と主張することができると主張されている。この立場によれば，本件株式交換に関する訴えにおいて主張する無効原因は，株式交換比率の不公正自体ではなく，B会社の本件株式交換契約承認のための株主総会において，特別利害関係人であるA会社が議決権を行使したことにより，著しく不当な決議がなされたことより株主総会決議が取り消されるとして，本件株式交換の無効を主張するべきである。

（4）**取締役の責任**　　B会社の株主Cは，株式交換により，A会社の株主となる。しかし，株式交換によりB会社の株主でなくなったCも引き続きA会社の株式を保有するときは，B会社に対し，B会社の取締役のB会社に対する責任を追及する訴えの提起を請求することができ，この請求の日から60日以内にB会社が責任追及の訴えを提起しないときは，CがB会社のために取締役の会社に対する責任を追及する訴えを提起することができる（会847条の2第1項・同条6項。同条8項参照）。したがって，本件株式交換によってB会社が損害を被る場合に，B会社の取締役の職務の執行に，悪意または過失による善管注意義務あるいは忠実義務違反が認められるときには，CがB会社の取締役の会社に対する責任を追及することができる（会423条1項）。

会社法は，取締役がその職務を行うについて悪意また重過失があったときは，当該取締役は，これによって第三者に生じた損害を賠償する責任を負う旨を定めている（会429条1項）。この第三者には株主も該当すると考えられるが，会社が損害を被った結果，株主が損害を被るといういわゆる株主の間接損害について，取締役の第三者に対する責任を追及することができるのかについては議論がある。多数説は，株主の間接損害については，株主は，取締役に対して直接の損害賠償責任は認めず，代表訴訟を通じた取締役の会社に対する責任の追及のみを認めるとしている。また，裁判例にも，特段の事情のない限り，株主は取締役に対して会社法429条1項による損害賠償を請求することは認められないとするものがある。

上記の多数説に従えば，CはB会社の取締役に対して会社法上の対第三者責任を追及することはできない。

【**参考判例**】　東京高判平成17・1・18金判1209号10頁

Q-93　キャッシュ・アウトにおける売買価格

　Ａ株式会社は，上場会社であるＢ株式会社の株式の公開買付けを計画し，専門業者の算定に基づいた一般に妥当と解される公開買付け価格により全株式の公開買付けを行うこと，および，公開買付けにより90％以上の株式を取得したときには，取得できなかった株式につき本件公開買付価格と同額で売渡請求をすることを公表して，公開買付けを行った。その結果，Ｂ会社株式90％以上を取得したＡ会社は，Ｂ会社の残余株主に株式売渡しを請求することとしたが，株主Ｃは，この売買価格を不服として，裁判所に売買価格決定の申立てをした。この売買価格はどのように考えるべきか。

（参照：最決平成28・7・1民集70巻6号1445頁［判百86］）

[解説]

1. 問題の所在

　キャッシュ・アウトとは，一般に，多数派株主が，金銭を対価として，少数株主からその保有する株式を取得する行為をいう。公開買付けを行う場合には，公開買付けを行う公開買付者が，公開買付けの対象会社を完全子会社化することを目的とする場合がある。公開買付者が，公開買付後，対象会社に残留する残余株主に対して，キャッシュ・アウトを利用することがある。特別支配株主の株式等売渡請求もキャッシュ・アウトの手段となる。

　Ａ会社がＢ会社株式90％以上を取得した場合，Ａ会社は，Ｂ会社の特別支配株主になる（会179条1項本文括弧書）。株式会社の特別支配株主（例：株式会社の総株主の議決権の10分の9以上を有する当該株式会社以外の者）は，当該株式会社の株主の全員に対し，その有する当該株式会社の株式の全部を当該特別支配株主に売り渡すことを請求することができる（同条1項本文。特別支配株主の株式等売渡請求）。その趣旨は，特別支配株主（例：90％の議決権を保有）が，残り10％の議決権を有する株主からすべて株式を譲り受けて，100％の議決権を保有することにある。特別支配株主の株式等売渡請求の特徴は，通知または公告（会179条の4第1項1号）により，個々の売渡株主の承諾を要しないで法律上当然に，特別支配株主と売渡株主との間に売渡株式についての売買契約が成立したのと同様の法律関係が生じる点にある（同条3項。なお，最決平成29・8・30民集71巻6号1000頁［判百83］参照）。つまり，少数株主は特別支配株主への売渡しが強制されるのである。このため，

売渡株式等の売買価格が少数株主の保護の観点から重要である。

2. 売渡株式等の売買価格

　特別支配株主の株式等売渡請求における「売買価格」（会179条の8第1項）を，裁判所は，どのように決定すべきなのかが問題となる。この点について，全部取得条項付種類株式の「取得の価格」（会172条1項）の決定方法が参考となる。

　全部取得条項付種類株式の「取得の価格」に関する最高裁決定は，「多数株主が株式会社の株式等の公開買付けを行い，その後に当該株式会社の株式を全部取得条項付種類株式とし，当該株式会社が同株式の全部を取得する取引において，独立した第三者委員会や専門家の意見を聴くなど多数株主等と少数株主との間の利益相反関係の存在により意思決定過程が恣意的になることを排除するための措置が講じられ，公開買付けに応募しなかった株主の保有する上記株式も公開買付けにかかる買付け等の価格と同額で取得する旨が明示されているなど一般に公正と認められる手続により上記公開買付けが行われ，その後に当該株式会社が上記買付け等の価格と同額で全部取得条項付種類株式を取得した場合には，上記取引の基礎となった事情に予期しない変動が生じたと認めるに足りる特段の事情がない限り，裁判所は，上記株式の取得価格を上記公開買付けにおける買付け等の価格と同額とするのが相当である」（前掲最決平成28・7・1）とした。なぜなら，上記のような一般に公正と認められる手続により公開買付けが行われた場合には，上記公開買付けにかかる買付け等の価格は，残余株主から残存株式を買い取ることを前提として多数株主等と少数株主との利害が適切に調整された結果が反映されたものと考えられるからである。

　また，特別支配株主の株式等売渡請求における「売買価格」（会179条の8第1項）が問題となった裁判例（東京高決平成31・2・27金判1564号14頁）も，上記の最高裁決定をふまえて，公開買付けに応募しなかった株主の保有する株式も公開買付けにかかる買付け等の価格と同額で取得する旨が明示されているなど，一般に公正と認められる手続により経営統合の手段たる公開買付けが行われ，その後に公開買付けにかかる買付け価格と同額で株式売渡請求がされた場合には，原則として，裁判所は，株式売渡請求にかかる株式の売買価格を公開買付けにかかる買付価格と同額とするのが相当であるとした。

　つまり，あらかじめ，公開買付けに応募しなかった株主の保有する株式も公開買付けにかかる買付け等の価格と同額で取得する旨が明示されているなど一般に

公正と認められる手続により公開買付けが行われた場合には，当該公開買付けの価格は，残余株主から残存株式を買取ることを前提として多数株主等と少数株主との利害が適切に調整された結果が反映されたものと評価できるからである。

3. 本問へのあてはめ

　本問において，A株式会社は，上場会社であるB株式会社の株式の公開買付けを計画し，専門業者の算定に基づいた一般に妥当と解される公開買付価格により全株式の公開買付けを行うこと，および，公開買付けにより90％以上の株式を取得したときには，取得できなかった株式につき本件公開買付価格と同額で売渡請求をすることを公表して，公開買付けを行っている。これにより，一般に公正と認められる手続により公開買付けが行われたと評価できるので，公開買付け後の特別支配株主の株式等売渡請求における「売買価格」について，裁判所は，公開買付価格を売買価格として決定すれば足りる。

Q-94　発行差止仮処分命令違反の新株発行

　A株式会社は取締役会において，第三者割当ての方法でB株式会社に１万株の新株発行をする旨を決議したが，A会社議決権の10％にあたる株式を保有する株主Cは，裁判所に対して新株発行差止めの仮処分を申し立て，仮処分命令を得た。そのうえで，Cは，本件新株発行は，現在の取締役会の方針に反対する株主の持株比率を減少させ，A会社の支配権確立を目的としており，Cは不利益を受けるとして，新株発行差止請求の訴えを提起した。しかし，A会社は，本件新株発行を行い，B会社から新株払込金の支払いを受けた。Cは，新株発行無効の訴えを提起して，本件新株発行の無効を主張できるか。なお，新株発行無効の訴えの提訴期間は遵守しているものとする。

（参照：最判平成 5・12・16 民集 47 巻 10 号 5423 頁 [判百 99]）

[解説]

1. 問題の所在

　本問の前提として，新株発行差止請求権（会210条）と新株発行無効の訴え（会828条１項２号）はどのような関係にあるのか，ということが問題となる。

　新株発行差止請求権は，新株発行の無効原因とはなりえない程度の瑕疵がある

のにすぎない場合であっても，法定の差止事由（会210条1号・同2号）に該当すれば，新株発行により不利益を受けるおそれのある個々の株主がその差止めを求めることができる権利である。新株発行差止請求権については，会社法上，①訴えによってのみ行使すべきことを定めた規定や，②新株発行差止請求権に関する勝訴判決が第三者に対しても効力を有することを定めた規定はない。そのため，株主は訴訟外でも新株発行差止請求権を行使することができるし，株主が新株発行差止請求権を訴訟によって行使して，勝訴判決を得たとしても，その判決は，会社の当該新株発行の権限を対世的に制約するものでもない。

　他方，新株発行無効の訴えは，新株発行の全体を通じてその効力に影響を及ぼすような法令または定款の違反がある場合に，その無効を一体として画一的に確定するための会社法上の訴えとして創設されたものである。そのため，①新株発行の無効は訴えによってのみ主張することができること（会828条1項本文），②出訴期間が制限されていること（同条1項2号），③原告適格も制限されていること（同条2項2号），④新株発行を無効とする判決は第三者に対しても効力を有すること（会839条）という特徴がある。このような違いがある両制度の関係をどのように理解するかによって，発行差止仮処分命令違反の新株発行の効力も異なってくるのである。

2. 新株発行差止仮処分命令の性質

　新株発行差止請求権にかかる訴えを本案とする差止仮処分に関しては，会社法その他の法令に特段の規定は存在しないから，この仮処分命令の効力は，仮処分の一般原則によることになる。そのため，株主が新株発行差止請求権を行使しても，その効力は個々の株主と会社との間の債権債務を形成するにとどまることになる。そのため，新株発行差止請求権にかかる訴えを本案とする仮処分命令の効力も，会社に当該株主に対する不作為義務を課するにとどまるものとなる（前掲最判平成5・12・16参照）。

3. 新株発行差止仮処分命令違反と新株発行無効の訴えの無効原因

　まず，新株発行差止請求権と新株発行無効の訴えはどのような関係にあるのか，という点である。新株発行を事後的に無効とすることについては取引の安全を考慮する必要があるが，新株発行を事前に差し止めることについてはそのような必要がない。この点が，無効原因と差止事由の差違を生むことになる。すなわち，新

株発行差止請求権の差止事由となる法令定款違反等の中には，新株発行の無効原因とならない差止事由があるのである。このような理解をすれば，株主の新株発行差止請求権と株主の新株発行無効の訴えに関する提訴権は，いずれも新株発行について会社に対する監督是正を行うという目的のため株主に認められた共益権として位置づけることができる（前掲最判平成5・12・16参照）。

　次に，新株発行差止仮処分命令違反が新株発行無効の訴えの無効原因になるのか，についてである。会社法210条に規定する新株発行差止請求の制度は，会社が法令もしくは定款に違反し，または著しく不公正な方法によって新株を発行することにより従来の株主が不利益を受けるおそれがある場合に，右新株の発行を差し止めることによって，株主の利益の保護を図る趣旨で設けられたものであり，会社法201条3項・4項は，新株発行差止請求の制度の実効性を担保するため，払込期日の2週間前に新株の発行に関する事項を株主に通知または公告することを会社に義務づけ，もって株主に新株発行差止めの仮処分命令を得る機会を与えていると解される。

　この仮処分命令に違反したことが新株発行の効力に影響がないとすれば，差止請求権を株主の権利として特に認め，しかも仮処分命令を得る機会を株主に与えることによって差止請求権の実効性を担保しようとした法の趣旨が没却されてしまうことになる（前掲最判平成5・12・16参照）。そのため，新株発行差止仮処分命令違反が新株発行無効の訴えの無効原因になると解することができる。

4. 本問へのあてはめ

　本問において，株主Cが申し立てた会社法210条に基づく新株発行差止請求訴訟を本案とする新株発行差止めの仮処分命令を無視して，A会社は本件新株発行を行っている。ここで，新株発行差止めの仮処分命令を無視した新株発行の効力が問題となる。

　前述のように，会社法210条に基づく新株発行差止請求訴訟を本案とする新株発行差止めの仮処分命令があるにもかかわらず，あえて右仮処分命令に違反して新株発行がされた場合には，右仮処分命令違反は，会社法828条1項1号に規定する新株発行無効の訴えの無効原因となるものと解する。この仮処分命令に違反したことが新株発行の効力に影響がないとすれば，差止請求権を株主の権利として特に認め，しかも仮処分命令を得る機会を株主に与えることによって差止請求権の実効性を担保しようとした法の趣旨が没却されてしまうことになる。したが

って，Cは，新株発行無効の訴えを提起して，本件新株発行の無効を主張できると解される。

Q-95　平時の買収防衛策としての新株予約権の発行

　上場会社のA株式会社は，将来現れるかもしれない敵対的買収者に対して経営権を維持することを目的に，事前の防衛策として，3年以内に敵対的買収者が出現した場合に，1株あたり2個の新株予約権を現在の全株主に無償で付与することを内容とする新株予約権の発行を計画している。会社から付与される新株予約権には，①譲渡制限が付され，かつ，②譲渡承認は行われないことが定められている。この新株予約権の発行にはどのような問題点があるか。

（参照：東京高決平成17・6・15金判1219号8頁［判百A42］（ニレコ事件））

［解説］
1.　総　説

　敵対的企業買収は，買収対象となる企業の現経営者が同意していない買収である。敵対的企業買収について，会社法は，これを禁止する政策を採用しているわけではない。なぜなら，敵対的企業買収により，買収対象となった企業経営者が交代することによって適切な企業経営がなされ，当該企業の企業価値が増加することがありうるからである。

　他方，濫用的な敵対的企業買収は，対象企業の企業価値を低下させる（もちろん，何をもって「濫用的な」敵対的企業買収とするのか，という認定は，非常に困難な問題である）。そのため，濫用的な敵対的企業買収に対する対抗手段の適否が問題となる。

　支配権に争いのある段階で買収防衛策を導入すれば，その動機は，経営者の保身のためである，という推認が働く。そのため，当該買収防衛策の効力は否定される傾向がある（Q-96参照）。そこで，支配権に争いのない段階（平時）に，買収防衛策を導入することが考えられた。ここで，平時の買収防衛策として，株式に随伴性のない新株予約権を発行することの可否が問題となるのである。

2.　新株予約権の株式譲渡にかかる随伴性

　まず，新株予約権は，当然に，株式譲渡により随伴して譲渡されるのか，とい

うことが問題となる（新株予約権の株式譲渡にかかる随伴性）。新株予約権は，新株予約権者が有する会社に対する債権の一種である。株式と新株予約権は性質が異なるため，株主が有する新株予約権が，株主が譲渡する株式に，当然に随伴して譲渡されるものでない。次に，新株予約権が株式の譲渡に随伴するスキームを作ることは，会社法上，可能か，ということが問題となる。

　新株予約権が株式の譲渡に随伴するスキームを作ることは，会社法上，できないと解されている。そもそも，新株予約権が株式の譲渡に随伴するスキームは，事実上，新株予約権も株式の譲渡と同時に取得しない限り，当該株式の譲渡による取得ができないことを意味する。そのため，新株予約権が株式の譲渡に随伴するスキームは，株式の譲渡を実質的に制限することになる。これは，会社法が規定する株式の譲渡制限方法（会107条2項・108条1項4号参照）とは異なる譲渡制限方法を創設するものである，と評価できる。このような評価を前提にすれば，新株予約権が株式の譲渡に随伴するスキームを作ることは，会社法上，できないと解されることになるのである。

　上記のように解されることから，本問における平時の買収防衛策も，新株予約権が株式の譲渡に随伴しないことを前提とせざるをえない。新株予約権が自由に譲渡されるならば，買収防衛策として機能しなくなる（買収者が本問の新株予約権を取得することを想起して欲しい）。このような背景から，本問のように会社から付与される新株予約権には，①譲渡制限が付され，かつ，②譲渡承認は行われないことを定める方法が採用される余地があるのである。つまり，本問の買収防衛策の特徴は，ある時点での株主全員に新株予約権を付与するが，付与された新株予約権は譲渡することができない点にある。上記のように新株予約権が株式の譲渡に随伴することはないし，本問の買収防衛策では，新株予約権に譲渡制限が付されているので，株式を譲渡しても，1株式に2個割り当てられた新株予約権は一緒に譲渡することができないことになる。

　上記の議論を前提に，本問の買収防衛策が導入された場合の既存株主の状況を確認することとする。まず，株式を譲渡しても新株予約権は随伴しないから，新株予約権を有しない新株主は，防衛策が発動されると，3分の1程度株価が下落する可能性があるため，（損をすることが明白なので）誰もが株式を譲り受けることを避ける（これは，新株主の「不利益」で，既存株主の「不利益」ではないことに注意）。次に，既存株主は，株式を譲り受ける人がいなくなるため，株式の値下がりのリスクとともに，売却益（キャピタルゲイン）を得る機会を失うことになる。本問の

買収防衛策は，上記のような「既存株主に受忍させるべきでない損害が生じるおそれがあるから，著しく不公正な方法によるもの」（前掲東京高決平成17・6・15参照）と評価することができる。

3. 本問へのあてはめ

前述のように，本問の買収防衛策の特徴は，ある時点での株主全員に新株予約権を付与するが，付与された新株予約権は譲渡することができない点にある。株式を譲渡しても新株予約権は随伴しないから，新株予約権を有しない新株主は，防衛策が発動されると，3分の1程度株価が下落する可能性があるため，誰もが株式を譲り受けることを避けることになる。そして，既存株主は，保有株式の値下がりのリスクとともに，株式を譲り受ける人がいなくなるため，売却益（キャピタルゲイン）を得る機会を失うことになる。つまり，本問の買収防衛策は，株式の譲渡に随伴して，会社から付与された新株予約権を譲渡できない以上，既存株主に不利益を与える制度であると評価できる。したがって，本問の買収防衛策による新株予約権の発行は，「著しく不公正な方法」（会247条2号）に該当すると解される。

Q-96 **有事導入型買収防衛策としての新株予約権の発行：その1**

Ａ株式会社（以下，「Ａ会社」）は，かねてＢ株式会社（以下，「Ｂ会社」）の株式を大量に取得し，Ｂ会社の経営支配権をめぐりＢ会社経営者と争っていた。Ａ会社が公開買付けを開始したところ，Ｂ会社取締役会は，新株予約権4,000個を発行して現経営者を強く支持しているＣ株式会社（以下，「Ｃ会社」）に割り当てる旨を決議した。本件新株予約権の発行はＣ会社にＢ会社の経営支配権を確保させることを主要な目的としており，新株予約権が行使された場合には，Ａ会社の持株比率は34％から17％に低下する。Ａ会社は，著しく不公正な方法による新株予約権の発行であるとして，裁判所に対して発行の差止めを求めようと考えているが，この主張は認められるか。

（参照：東京高決平成17・3・23金判1214号6頁［判百97］（ライブドア対ニッポン放送事件））

［解説］

1. 総　説

　本問は，有事導入型買収防衛策として，新株予約権を発行した事例である。会社の経営支配権に現に争いが生じている場面において，株式の敵対的買収によって経営支配権を争う特定の株主の持株比率を低下させ，現経営者の経営支配権を維持・確保することを主要な目的として新株予約権が発行された場合,「著しく不公正な方法」（会247条2号）による新株予約権の発行に該当するのか，ということが論点となる。このことは，会社の支配権争いがある場合に，誰がその支配権の帰属を決めるのか，という問題につながるのである。

2. 機関権限の分配に関する考え方

　判例（前掲東京高決平成17・3・23）は，機関権限の分配について「商法上，取締役の選任・解任は株主総会の専決事項であり（254条1項・257条1項［筆者注：会329条1項・339条1項]），取締役は株主の資本多数決によって選任される執行機関といわざるをえないから，被選任者たる取締役に，選任者たる株主構成の変更を主要な目的とする新株等の発行をすることを一般的に許容することは，商法が機関権限の分配を定めた法意に明らかに反するものである。この理は，現経営者が，自己あるいはこれを支持して事実上の影響力を及ぼしている特定の第三者の経営方針が敵対的買収者の経営方針より合理的であると信じた場合であっても同様に妥当するものであり，誰を経営者としてどのような事業構成の方針で会社を経営させるかは，株主総会における取締役選任を通じて株主が資本多数決によって決すべき問題というべきである。したがって，現経営者が自己の信じる事業構成の方針を維持するために，株主構成を変更すること自体を主要な目的として新株等を発行することは原則として許されないというべきである」とする。つまり，会社の支配権争いがある場合に，株主がその支配権の帰属を決めるという理解をしているのである。

3. 新株予約権と主要目的ルールとの関係性について

　主要目的ルールとは，会社の経営支配権に現に争いが生じている場面において，株式の敵対的買収によって経営支配権を争う特定の株主の持株比率を低下させ，現経営者の経営支配権を維持・確保することを主要な目的とする新株発行は，原則として，不公正発行（会210条2号）になる，とする下級審裁判例（東京地決平成

元・7・25 判時 1317 号 28 頁）の法理である。この判例法理が新株予約権の場合にも適用されるのか，ということが問題となる。

　会社の経営支配権に現に争いが生じている場面において，株式の敵対的買収によって経営支配権を争う特定の株主の持株比率を低下させ，現経営者の経営支配権を維持・確保することを主要な目的として新株予約権の発行がされた場合も，原則として，会社法 247 条 2 号の「著しく不公正な方法」による新株予約権の発行に該当するものと解すべきである（前掲東京高決平成 17・3・23）。その理由は前述のとおり，取締役は株主の資本多数決によって選任される執行機関であるから，被選任者たる取締役に，選任者たる株主構成の変更を主要な目的とする新株予約権の発行をすることは認められず，誰を経営者としてどのような事業構成の方針で会社を経営させるかは，株主総会における取締役選任を通じて株主が資本多数決によって決すべき問題であるからである。

　もっとも，経営支配権の維持・確保を主要な目的とする新株予約権発行が許されないのは，取締役は会社の所有者たる株主の信認に基礎を置くものであるから，買収者が株式を高値で買い取らせるために買収を行っているなど株主全体の利益の保護という観点から新株予約権の発行を正当化する特段の事情がある場合には，例外的に，経営支配権の維持・確保を主要な目的とする発行も不公正発行に該当しないと解すべきである（前掲東京高決平成 17・3・23）。

4. 本問へのあてはめ

　本問の場合，買収者が株式を高値で買い取らせるために買収を行っているなど株主全体の利益の保護という観点から新株予約権の発行を正当化する特段の事情があることは，問題文から伺い知ることはできない。したがって，会社の経営支配権に現に争いが生じている場面において，株式の敵対的買収によって経営支配権を争う特定の株主である A 会社の持株比率を低下させ，B 会社の現経営者の経営支配権を維持・確保することを主要な目的として，B 会社が新株予約権を発行しているので，A 会社は，著しく不公正な方法による新株予約権の発行であることを根拠として，B 会社による新株予約権の発行の差止めを求める主張は認められる。

有事導入型買収防衛策としての新株予約権の発行：その２

　Ａ株式会社（以下，「Ａ会社」）の筆頭株主であるアメリカのファンドＢが公開買付けを開始したところ，Ａ会社がこれに対抗して，Ｂの持株比率を低下させる目的で，全株主に対して株式１株につき３個の割合で新株予約権を割り当て，Ｂ以外の株主は新株予約権を行使できるが，Ｂはこれを行使できず，Ａ会社は現金を交付してＢの新株予約権を取得できる，との条項が付された本件新株予約権の無償割当てによる買収防衛策を策定して，株主総会の議決に付すことを決定した。これに対して，Ｂは，会社法109条１項の株主平等の原則は，新株予約権の無償割当ての場合にも適用されると主張して，株主総会に先立ち，本件新株予約権無償割当ての差止めを求めようと考えているが，この主張はどのように評価すべきか。

（参照：最決平成19・8・7民集61巻5号2215頁［判百98]

（ブルドックソース対スティール・パートナーズ事件））

[解説]

1. **総　説**

　近時，事前警告型買収防衛策として，新株予約権の無償割当てが一般に利用されている。その理由は，①会社の経営支配権に現に争いが生じている場面において，有事導入型買収防衛策としての新株予約権の発行する場合，当該発行が，特定の株主の持株比率を低下させ，現経営者の経営支配権を維持・確保することが主要な目的で行われているとすれば，当該発行は「著しく不公正な方法」（会247条2号）による新株予約権の発行に該当すること（Q-96参照），②支配権に争いのない段階（平時）に，買収防衛策として，新株予約権の発行をする場合には，株式の譲渡に随伴して，会社から付与された新株予約権を譲渡できない以上，既存株主に不利益を与える制度となり，やはり，当該発行は「著しく不公正な方法」（会247条2号）による新株予約権の発行に該当すること（Q-95参照）に求められる。

　このような理解を前提にすると，会社の経営支配権に現に争いが生じている場面において，有事導入型買収防衛策としての新株予約権の無償割当ては認められるのか，という問題が生じる。また，仮に認められるとすれば，どのような要件を満たすべきなのか，ということも問題となる。

2. 新株予約権無償割当ての差止請求権

そもそも，新株予約権無償割当ての差止めについては，明文の規定がない（会社法247条は，「募集新株予約権の発行をやめることの請求」に関する規定であることに留意）。しかし，募集新株予約権の発行の差止めと同様に，新株予約権無償割当ての場合にも，行使条件の設定如何によっては，既存株主が不利益を被ることもありうる。そのため，会社法247条は，新株予約権無償割当ての差止めについて類推適用されるべきである。

3. 本問における買収防衛策の特徴

本問における買収防衛策である本件新株予約権無償割当ては，①買収者であるBは新株予約権を行使できないという差別的行使条件が付されていること，②A会社は現金を交付してBの新株予約権を取得できるとの条項が付されていること，③買収防衛策である本件新株予約権の無償割当てについて，株主総会の議決に付すことである。

そもそも，新株予約権は株式と異なり，債権の一種である。しかし，新株予約権が行使されると株式が交付されることから，株主平等の原則（会109条1項）の趣旨は，新株予約権無償割当ての場合についても及ぶと解される。そうであるならば，新株予約権を行使できないという差別的行使条件が付されていること（上記①）は，株主平等の原則に反するようにもみえる。しかし，「個々の株主の利益は，一般的には，会社の存立，発展なしには考えられないものであるから，特定の株主による経営支配権の取得に伴い，会社の存立，発展が阻害されるおそれが生ずるなど，会社の企業価値がき損され，会社の利益ひいては株主の共同の利益が害されることになるような場合には，その防止のために当該株主を差別的に取り扱ったとしても，当該取扱いが衡平の理念に反し，相当性を欠くものでない限り，これを直ちに同原則の趣旨に反するものということはできない」（前掲最決平成19・8・7）と解される。つまり，本件新株予約権の無償割当てが，会社の企業価値の毀損等を防止するために必要であり，かつ，上記の防止手段として相当であれば，株主平等の原則の趣旨に反しないことになるのである。

問題は，誰が，Bによる経営支配権の取得によって，A会社の企業価値が毀損され，A会社の利益ひいては株主の共同の利益が害されると判断するのか，ということである。この点については，株式会社の帰趨は株主が判断すべきであるから，「会社の利益ひいては株主の共同の利益が害されることになるか否かについ

ては，最終的には，会社の利益の帰属主体である株主自身により判断されるべき
ものであるところ，株主総会の手続が適正を欠くものであったとか，判断の前提
とされた事実が実際には存在しなかったり，虚偽であったなど，判断の正当性を
失わせるような重大な瑕疵が存在しない限り，当該判断が尊重されるべきであ
る」（前掲最決平成 19・8・7）と考えられる。したがって，本件新株予約権無償割当
ては，株主総会による勧告的決議が適法に成立すれば，株主平等原則の趣旨に反
するものではない。

　次に，本件新株予約権無償割当てが法令（会 109 条 1 項）違反（会 247 条 1 号）に
該当しないとしても，「著しく不公正な方法」（同条 2 号）に該当する可能性はある。
この点については，①本件新株予約権無償割当ては，特定の株主による経営支配
権の取得の可能性が現に生じたため，株主総会において企業価値の毀損を防ぎ，
当該企業の利益ひいては株主の共同の利益の侵害を防ぐためには多額の支出をし
てもこれを採用する必要があると判断して，緊急の事態に対処するための措置で
あること，②特定の株主に割り当てられた本件新株予約権に対してはその価値に
見合う対価が支払われることから，本件新株予約権無償割当てを著しく不公正な
方法によるものということはできない，と解される（前掲最決平成 19・8・7）。

　したがって，株主総会が，上記の特定の株主による経営支配権の取得により，
会社の企業価値が毀損され，会社の利益ひいては株主の共同の利益が害されると
判断した場合には，特定の株主に対する経済的保障があれば，会社の経営支配権
に現に争いが生じている場面において，有事導入型買収防衛策としての新株予約
権の無償割当ては認められることになる。

4. 本問へのあてはめ

　上記のように，特定の株主による経営支配権の取得により，A 会社の企業価値
が毀損され，A 会社の利益ひいては株主の共同の利益が害されることになるか否
かについては，最終的には，A 会社の利益の帰属主体である A 会社の株主自身に
より判断されるべきものである。本問では，差止請求時点で，A 会社の株主総会
が開催されていない。そのため，B による本件新株予約権無償割当てに対する差
止めの可否は，株主総会の勧告的決議の後でなければ判断することができないと
解する。

コラム 10-1　公開買付規制

1.　公開買付けの意義

　「公開買付け」とは，不特定かつ多数の者に対し，公告により株券等の買付け等の申込みまたは売付け等の申込みの勧誘を行い，取引所金融商品市場外で株券等の買付け等を行うことをいう（金商27条の2第6項）。公開買付けは，対象会社に対する支配権の獲得または強化という目的で行われる。

　そもそも，公開買付けは，投資者の立場からみれば，公開買付けを行う者が有価証券を買い付けることにより，投資者を市場から離脱させる行為である。そのため，特殊な販売圧力が生じる募集・売出しの局面とは反対に，公開買付けにおいては，有価証券を売却させようとする圧力が投資者である対象会社の株主に生じる（附合契約性）。そのため，金融商品取引法は，市場における取引に関する開示制度とは別に，公開買付けに関する情報の開示規制と，公開買付けにおける投資者間の公平な取扱いを確保するための実体規制を用意しているのである。

2.　公開買付けの類型

　公開買付けには，公開買付けの実施主体を基準として，①「発行者以外による公開買付け」（金商27条の2以下）と②「発行者による公開買付け」（金商27条の22の2以下）がある。発行者以外による公開買付けとは，発行者以外の者が，発行者の株主等に対し，公告により株券等の買付け等の申込みまたは売付け等の申込みの勧誘を行い，取引所金融商品市場外で株券等の買付け等を行うことをいう。

　「株券等」とは，「株券，新株予約権付社債券その他の有価証券で政令で定めるもの」である（金商27条の2第1項本文，金商令6条1項）。公開買付制度は会社支配権の変動に着目した規制であることから，株券はもちろん，新株予約権証券や新株予約権付社債権など会社の議決権に関連するものも規制対象とする趣旨である。「買付け等」とは，「株券等の買付けその他の有償の譲受け」である（金商27条の2第1項本文）。上場株券等の当該上場株券等の発行者による取引所金融商品市場外における買付け等は，公開買付けによらなければならないと定められている（金商27条22の2第1項1号）。また，同様の趣旨から，上場株券等の発行者が外国会社である場合に，多数の者が当該買付け等に関する事項を知りうる状態に置かれる方法（例：新聞や雑誌に掲載する方法）により多数の者に知らせて行う買付け等も，公開買付けによらなければならない（同2号）。

3. 開示規制の概要

公開買付けにおける開示規制には，①公開買付開始公告，②公開買付説明書の交付のような投資者に対して直接情報が開示される類型と，③公開買付届出書・④公開買付報告書の提出および公衆縦覧のように投資者に対して間接的に情報が開示される類型がある。

まず，投資者に対して直接情報が開示される類型についてである。①公開買付開始公告（金商27条の3第2項括弧書）とは，公開買付けを行おうとする者が，電子公告（EDINET）または時事に関する事項を掲載する日刊新聞紙（産業および経済に関する事項を全般的に報道する日刊新聞紙を含む）への掲載のいずれかの方法によって，当該公開買付けについて，その目的，買付け等の価格，買付予定の株券等の数，買付け等の期間その他の内閣府令で定める事項を，広く一般の人に知らせるものである（金商27条の3第1項，金商令9条の3第1項）。

また，②公開買付説明書とは，公開買付者が，公開買付届出書に記載すべき事項で，内閣府令で定めるものおよび公益または投資者保護のため必要かつ適当なものとして内閣府令で定める事項を記載した書類である（金商27条の9第1項，他社株府令24条1項・同条2項）。

次に，投資者に対して間接的に情報が開示される類型についてである。③公開買付届出書（金商27条の3第2項括弧書）とは，公開買付者が，当該公開買付開始公告を行った日に，⑦買付け等の価格，④買付予定の株券等の数，⑦買付け等の期間などを記載した，内閣総理大臣に提出をしなければならない書類等である。④公開買付報告書とは，公開買付けの内容および買付け等の結果を記載した，内閣総理大臣に提出すべき書類である（金商27条の13第2項，他社株府令31条・第六号様式）。

4. 公開買付けにおける実体的規制

公開買付けは附合契約的な性質を有するため，開示規制のみでは，公開買付者と投資家間や投資者間の実質的平等性の確保を図ることができないから，実体的な規制も用意されている。その例として，①買付条件の均一性や②別途買付けの禁止が挙げられる。

①買付条件の均一性とは，公開買付けにおいて，すべての応募株主等を平等に取り扱うために，買付価格や，有価証券その他金銭以外のものをもって買付け等の対価とする場合における交換比率は，すべての応募株主等について，均一の条件によらなければならない，とする制度である（金商27条の2第3項，金商令8条2項・同条3項）。また，②別途買付けの禁止とは，投資者である株主間の平等を図るために，公開買付者等は，公開買付期間中においては，公開買付けによらないで当該公開買付けにかかる株券等の発行者の株券等の買付け等を行ってはならない，という制度である（金商27条の5）。

コラム10-2　公開買付けの実例

1.　総　説

　公開買付けは，既述のように，対象会社に対する支配権の獲得または強化という目的で行われる（制度の詳細は，**コラム10-1**「公開買付規制」を参照）。ある公開買付けの実施について，対象会社の経営陣による賛同が得られていれば，公開買付けは友好的に実施されるのが通常である。もっとも，公開買付者以外の者が，対象会社の支配権の獲得等に参入した場合には，対象会社の支配権をめぐる法的紛争も生じる（後述2参照）。

　他方，対象会社の経営陣から事前に賛同を得ていない公開買付けが行われることもある。つまり，敵対的な企業買収の手段として，公開買付けが利用されるのである。この場合には，敵対的企業買収の防衛手段の利用にかかる法的適否が争われるのである。これにより，公開買付け自体の成否も影響を受けることになる。ここでは，設問で取り扱った敵対的企業買収の防衛手段にかかる適法性が争われた事案における公開買付けの実例を概観することとする。

2.　ライブドア対ニッポン放送事件（東京高決平成17・3・23金判1214号6頁〔判百97〕）

　本件において，株式会社フジテレビジョン（以下「フジテレビ」）が，株式会社ニッポン放送（以下，「ニッポン放送」）に対して行った公開買付けは，次のようなものであった。

　すなわち，「フジテレビは，平成17年（2005年）1月17日，債務者の経営権を獲得することを目的とし，債務者（筆者注：ニッポン放送）のすべての発行済株式（債務者の保有する自己株式は除く。）の取得を目指して，証券取引法に定める公開買付けを開始することを決定した（以下「本件公開買付け」という。）。本件公開買付けにおいては，買付予定株式数をフジテレビの既保有分を含めて債務者の発行済株式総数の50％となる1233万5341株（ただし，応募株券の総数が買付予定株式数を超えたときは，応募株券の全部を買い付ける。），買付価格を1株5950円，買付期間を平成17年1月18日から同年2月21日までとしていた」（前掲東京高決平成17・3・23）というものである。また，ニッポン放送は，平成17年1月17日開催の取締役会において本件公開買付けに賛同することを決議し，同日付けの「公開買付けの賛同に関するお知らせ」と題する書面を公表している（前掲東京高決平成17・3・23）。したがって，本件公開買付けは，友好的な公開買付けに分類できる。

　もっとも，東京高決平成17・3・23によれば，「債権者（筆者注：株式会社ライブドア）は，債務者の発行済株式総数の約5.4％（175万6760株）を保有していたが，本件公開買付け期間中である平成17年2月8日に，東京証券取引所のToSTNeT-1を利用し

た取引によって，株式会社ライブドア・パートナーズを通じて，債務者の発行済株式総数の約 29.6％に相当する株式 972 万 0270 株を買い付け（以下「本件 ToSTNeT 取引」という。），その結果，債権者及び株式会社ライブドア・パートナーズ（以下「債権者等」という。）は，債務者の発行済株式総数の約 35.0％の割合の普通株式を保有する株主となった」とされる。

本件公開買付け期間中に行われた本件 ToSTNeT 取引によって，ニッポン放送の支配権をめぐる争いが発生することになる。このため，**Q-96** で検討した新株予約権の発行の法的適否が問題となるのである。

3. ブルドックソース対スティール・パートナーズ事件（最決平成 19・8・7 民集 61 巻 5 号 2215 頁［判百 98］）

Q-97 における公開買付けは，スティール・パートナーズがそのすべての持分を有している，アメリカ合衆国デラウェア州法に基づき設立された有限責任会社（以下，「A 社」）が，ブルドックソース株式会社（以下，「ブルドックソース」）を対象会社とした公開買付けであった。

この公開買付けは，最決平成 19・8・7 によれば，「A は，（筆者注：平成 19 年［2007年］）5 月 18 日，相手方の発行済株式のすべてを取得することを目的として，相手方の株式の公開買付け（以下「本件公開買付け」という。）を行う旨の公告をし，公開買付開始届出書を関東財務局長に提出した。当初，本件公開買付けの買付期間は同日から 6 月 28 日まで，買付価格は 1 株 1584 円とされていたが，6 月 15 日，買付期間は 8 月 10 日までに変更され，買付価格も 1 株 1700 円に引き上げられた。なお，上記の当初の買付価格は，相手方株式の本件公開買付け開始前の複数の期間における各平均市場価格に抗告人（筆者注：スティール・パートナーズ）において適切と考える約 12.82％から約 18.56％までのプレミアムを加算したものとなっている」というものであった。

本件公開買付けは，対象会社の経営陣から事前に賛同を得ていない公開買付けであるため，ブルドックソースから意見表明報告書が提出され，これに対して，A から対質問回答報告書（以下「本件回答報告書」）も提出されている（前掲最決平成 19・8・7 参照）。

本件回答報告書の記載内容は，「①抗告人は日本において会社を経営したことはなく，現在その予定もないこと，②抗告人が現在のところ相手方を自ら経営するつもりはないこと，③相手方の企業価値を向上させることができる提案等を，どのようにして経営陣に提供できるかということについて想定しているものはないこと，④抗告人は相手方の支配権を取得した場合における事業計画や経営計画を現在のところ有していないこと，⑤相手方の日常的な業務を自ら運営する意図を有していないため，相手方の行う製造販売事業にかかる質問について回答する必要はないことなどが記載され，投下資本の回収方針については具体的な記載がなかった」（前掲最決平成 19・8・

7）というものであった。

　これを受けて，ブルドックソースの取締役会は，「本件公開買付けは，相手方の企業価値をき損し，相手方の利益ひいては株主の共同の利益を害するものと判断し，本件公開買付けに反対することを決議した」（前掲最決平成19・8・7）。このような経緯から，Q-97 で検討した敵対的企業買収防衛手段の法的適否が問題となるのである。

コラム 10-3　大量保有報告制度

1.　大量保有報告制度の意義

　大量保有報告制度とは，①金融商品取引所に上場されている株式などの「株券等保有割合」が100分の5を超えて保有する者（大量保有者）に大量保有報告書を提出させて，その保有目的やその状況を開示させ（金商27条の23第1項），②上記①の後に，大量保有者の「株券等保有割合」が100分の1以上増減した場合に変更報告書を提出させて，保有状況の変動を開示させる（金商27条の25第1項），というものである。このような大量保有報告制度の趣旨は，上場されている株式などの保有割合が一定数を超えると会社支配関係や市場の需給関係に影響を与える可能性があることから，大量保有者に対して，投資者の投資判断に関する情報を提供させることにある。

2.　株券等保有割合について

　ある株券等について，その「株券等保有割合」が100分の5を超えて保有する者は大量保有者となり，大量保有者となった日から5日以内に，内閣総理大臣に大量保有報告書を提出しなければならない（金商27条の23第1項）。

　規制の趣旨は，形式的に株券を所有している者を開示することではなく，当該株券にかかる投資判断や株主権の行使について意思決定を為しうる者を開示することにある。このため，対象となる有価証券は，会社支配権に関連するものとなる。すなわち，議決権のある株式はもちろん，将来における権利行使により議決権株式を取得できる新株予約権のように将来議決権が発生する可能性のある有価証券（潜在株式）を含める必要がある。

　「株券等保有割合」（金商27条の23第4項）を概括的に説明すれば，発行済株式総数に保有する潜在株式を加算した数を分母とし，保有株券等の総数を分子として計算される（大量保有府令・第一号様式参照）。「株券等保有割合」は，開示の迅速性確保の観点から，公開買付けにおける「株券等所有割合」（金商27条の2第8項）と異なり，議決権の数ではなく，株券等の数を基準とする（金商27条の23第4項）。「100分の5」という基準は，会社の支配関係や市場の需給に影響を与える影響を勘案して設定された数

値である。

3. 一般報告と特例報告について

　大量保有報告制度には，一般報告と特例報告がある。ある株券等の保有者で当該株券等にかかるその株券等保有割合が100分の5を超えるもの（大量保有者）は，内閣府令で定めるところにより，株券等保有割合に関する事項，取得資金に関する事項，保有の目的その他の内閣府令で定める事項を記載した報告書（以下「大量保有報告書」という）を大量保有者となった日から5日以内に，内閣総理大臣に提出しなければならない（金商27条の23第1項本文）。ただし，保有株券等の総数に増加がない場合等においては，上記の報告義務は生じない（金商27条の23第1項但書，大量保有府令3条）。

　大量保有報告書には，「株券等保有割合に関する事項，取得資金に関する事項，保有の目的その他の内閣府令で定める事項」について記載する（金商27条の23第1項本文，大量保有府令2条，第一号様式）。本節において留意すべき第一号様式の記載事項は，①保有目的，②重要提案行為等，③保有株券等の取得資金である。

　機関投資家は，日常の営業活動として反復継続的に株券等の売買を行っていることから，取引の都度に，大量保有にかかる詳細な開示を求めた場合には，その事務負担が過大となるおそれがある。そこで，特例報告では，「基準日」（金商27条の26第3項）という概念を基に，大量保有報告書・変更報告書の提出期限や提出頻度等を一定程度緩和している。

　特例報告制度の骨子は，①特例対象株券等（金商27条の26第1項括弧書）について大量保有報告書を提出する場合には，株券等保有割合が初めて100分の5を超えることとなった基準日における当該株券等の保有状況に関する事項を記載した大量保有報告書を，当該基準日から5日以内に，内閣総理大臣に提出すること（金商27条の26第1項），②大量保有報告書の提出にかかる基準日（例：1月15日）後の基準日（例：1月31日）における株券等保有割合が当該大量保有報告書に記載された株券等保有割合より100分の1以上増減した等の事由で，特例対象株券等について変更報告書を提出する場合には，当該後の基準日（例：1月31日）から5日以内に，内閣総理大臣に提出すること（金商27条の26第2項）である。

コラム 10-4　MBO における一般株主の保護

1. 問題の所在：なぜ，MBO における一般株主の保護が必要なのか

　MBO（Management Buyout）とは，現在の経営者が全部または一部の資金を出資し，事業の継続を前提として一般株主から対象会社の株式を取得することをいう（経済産

業省「公正な M&A の在り方に関する指針——企業価値の向上と株主利益の確保に向けて」4 頁
（2019 年 6 月 28 日）。以下「経産省指針」とする）。

　MBO において，MBO を行う経営者と，一般株主の間には，潜在的な利益相反があ
る。なぜなら，MBO を行う経営者は，対象会社の株価が低ければ低いほど MBO に
かかるコストを低減できるが，MBO に応じる一般株主にとっては，対象会社の株価
は高ければ高いほど利益になるからである。

　また，MBO の場合，公開買付けの実施後，残存株主をキャッシュ・アウトして，対
象会社の全株式を取得する二段階買収が行われる可能性が高い。このため，① MBO
を行う経営者が，株価を高める情報を開示しないことや株価を低下させる情報を開示
することなどの懸念，または，②一般株主が，不当に安価な買付価格であるにもかか
わらず，公開買付けに応じざるをえないことなどの懸念が生じる。このような懸念を
払拭するために，次のような措置が用意されている。

2. 公正性担保措置

　公正性担保措置として，上記の経産省指針（19 頁以下）は，①独立した特別委員会
の設置，②外部専門家の独立した専門的助言等の取得，③他の買収者による買収提案
の機会の確保（マーケット・チェック），④マジョリティ・オブ・マイノリティ条件の設
定，⑤一般株主への情報提供の充実とプロセスの透明性の向上，⑥強圧性の排除を挙
げる。

　特別委員会（上記①）は，対象会社および一般株主の利益を図る立場に立って当該
MBO の是非や取引条件の妥当性，手続の公正性について検討および判断を行うもの
である（経産省指針 19 頁以下）。

　外部専門家の独立した専門的助言等の取得（上記②）とは，MBO における手続の公
正性や取引条件の妥当性について検討・判断過程を経るうえで，法務アドバイザーか
らの助言や第三者評価機関等からの株式価値算定書等を取得することである（経産省
指針 29 頁以下）。

　他の買収者による買収提案の機会の確保（マーケット・チェック。上記③）は，他の潜
在的な買収者による対抗的な買収提案が行われる機会を確保すること（マーケット・チ
ェック）により，当初の買収提案よりも条件のよい対抗提案を行う対抗提案者の存否
の確認を通じて，対象会社の価値や取引条件の妥当性に関する重要な参考情報が得ら
れるなど，一般株主の保護に資するものである（経産省指針 35 頁以下）。

　マジョリティ・オブ・マイノリティ条件の設定（上記④）は，一般株主（買収者と重
要な利害関係を共通にしない株主）が保有する株式の過半数の支持を得ることを MBO の
成立の前提条件とするものである（経産省指針 40 頁以下）。

一般株主への情報提供の充実とプロセスの透明性の向上（上記⑤）は，MBO においては，買収者と一般株主との間に大きな情報の非対称性が存在することや構造的な利益相反の問題があることから，一般株主による取引条件の妥当性等についての判断に資する重要な判断材料を提供することや，対象会社の取締役会や特別委員会による検討・交渉プロセスなどを事後的に開示することにより，一般株主による適切な判断の機会を確保するものである（経産省指針41頁以下）。

　強圧性の排除（上記⑥）は，MBO が公開買付けにより行われる場合において，公開買付け後にスクイーズ・アウトを行う場合の価格は公開買付価格と同一の価格を基準にするなど強圧性が生じないような措置をとり，一般株主が公開買付けに応募するか否かについて適切に判断を行う機会を確保するものである（経産省指針45頁以下）。

　上記のような公正性担保措置を採用したか否かは，MBO に関する取締役の善管注意義務違反の有無の認定に影響を及ぼすことになる。

3.　金融商品取引法による開示規制

　公開買付届出書には，公開買付者が対象者の役員，対象者の役員の依頼に基づき当該公開買付けを行う者であって対象者の役員と利益を共通にする者または対象者を子会社とする会社その他の法人である場合において，「買付価格の公正性を担保するためのその他の措置を講じているときは，その具体的内容も記載すること」が求められている（他社株買付府令第二号様式・記載上の注意（6）f）。

　また，買付け等の価格の算定にあたり参考とした第三者による評価書，意見書その他これらに類するものがある場合には，その写しを公開買付届出書に添付することも求められている（他社株買付府令13条1号8号）。

11

持分会社

Q-98　持分会社の社員

　各種の持分会社それぞれの社員の責任について，株式会社の株主の責任との異同をふまえて説明せよ。

[解説]

1.　株式会社の株主の責任

　株式会社は大規模な共同事業を営むのに適した企業形態として考え出されたものであり，そのためには広く多くの者から資本出資を募ることができる必要がある。そこで，出資者である株主のリスクを軽減するため，会社法は，株主の責任は，その有する株式の引受価額を限度とするとして（会104条），会社が負う債務について債権者に対して出資額を超えて責任を負わない（有限責任）としている。この株主有限責任の原則の裏返しとして，会社債権者の保護は会社法の重要な理念の一つとされ，会社法は，会社財産を唯一の担保とする会社債権者保護のために，株式会社の剰余金の配当に関して厳格な規制を置く（Q-81参照）。

　また，すべての株式会社に対して公衆に対する貸借対照表の開示を義務づけ（会440条1項），実質的な債権者保護の確保を図っている。これに加えて，会社法は，自己株式取得，資本の減少等に伴う払戻しに関する払戻規制や合併等の場合における債権者保護手続等を定めており，これらも一般的に会社債権者保護のために機能している。

2.　持分会社の社員の責任

　(1)　**持分会社の社員の特色**　　持分会社は，少人数の信頼関係にある社員間の人的な結合を想定しており，同族会社に使われることも多い。社員相互間には組合的な契約関係が存在し，会社の対内関係においては組合的な取扱いが認められ，会社の内部的規律は広く定款自治に委ねられている。この点は，会社の外部的関係だけでなく，会社の内部的関係についても，広く規定の強行法規性が認められている株式会社の場合とは大きく異なっている。

　持分会社は，その対外的関係からみると，社員の全員が無限責任社員として会社債権者に対して直接的に責任を負う合名会社と無限責任社員のほかに有限責任社員がいる合資会社，および株式会社の株主と同様に，全社員が間接的に有限責任を負うにとどまる合同会社があり，持分会社の種類ごとにそれぞれ社員の会社

債権者に対する責任に違いがある。

(2) 持分会社の社員の責任　　合名会社においては，すべての社員は会社の負う債務について債権者に対して直接的に無限の人的責任を負う無限責任社員であり（会576条2項），持分会社の債務について連帯して債権者に弁済する責任を負う（会580条1項）。合資会社の社員には無限責任社員と有限責任社員とがいる（会576条3項）。無限責任社員の責任は合名会社の場合と同様であるが，有限責任社員の責任は，定款に記載された出資の価額（会576条1項6号）を限度として，すでに会社に出資した価額分を控除された額について，会社の債務を弁済する責任を負う（会580条2項）。無限責任社員の場合には，労務等の出資も可能であるが，有限責任社員の出資は金銭等（金銭および現物出資財産。会151条1項）に限られている（会576条1項6号）。

合同会社においては，社員の全員が有限責任社員であって（会576条4項），会社の債権者に対して有限責任しか負わない（会580条2項）。その責任は加入時点で出資の全額払込みをすることにとどまり（会578条・604条3項），会社債権者に対して直接責任を負うものではない。株式会社の株主の場合と同様である。そのため，会社法は，合同会社については，出資を金銭等に限り（会576条1項6号），その全額払込みを要求し，会社債権者に計算書類の閲覧・謄写請求権を認め（会625条），利益配当にかかる規制を設ける（会628条）など，会社債権者保護のための規定を置く。

(3) 物的会社と人的会社　　株式会社の取引相手方は，自己の債権の引き当てとして，会社の財産のみを当てにするほかない。これに対して，合名会社は全社員が無限責任社員で，それが社員の人的信用にある点で相違する。そこで株式会社は物的会社と呼ばれ，合名会社は人的会社と呼ばれる。合名会社は人的会社の典型である。持分会社はすべて人的会社というわけではなく，合資会社は人的会社とされるが，合同会社は物的会社に分類される。

[参考判例]　①最判昭和62・1・22判時1223号136頁［判百77］，②最判令和元・12・24民集73巻5号457頁［判百78］

関連問題　**社員の出資**　　各種の持分会社のそれぞれにおいて，会社の成立時に社員となる者ができる出資の内容について説明せよ。また，出資を確保するために，会社法はどのような規制をしているかについて説明せよ。（参照：司法試験昭和39年）

　会社法上，各種の持分会社のそれぞれにおいて，業務を執行する社員（業務執行社員）と会社を代表する社員（代表社員）はどのように定められているか。株式会社の場合との比較をふまえて説明せよ。

[解説]

1. 株式会社における代表者と業務執行者

　株式会社は，多くの投資家から資金を集めて，これら投資家から経営を委託された経営者が大規模な経営を行うのに適した企業形態である。それは，出資者（所有者）である株主以外の者が会社を経営するという企業形態であり，企業の所有と経営とが分離しているのが原則である。会社法は，多くは小規模な会社である非公開会社を除き，取締役が株主でなければならない旨を定款で定めることはできない（会331条2項）。

　取締役会非設置会社においては，各取締役は業務執行権限を有し（会348条1項），代表権限を有する（会349条1項）。取締役が2人以上いる場合にも各自が代表権を有するが，その中から代表取締役を定めてもよい（会349条2項・同条3項）。

　取締役会設置会社においては，取締役会は，取締役の中から代表取締役を選定しなければならない（会362条3項）。代表取締役は当然に会社の業務執行権を有し，それ以外の取締役であって，取締役会の決議によって会社の業務を執行する取締役として選定された者（業務執行取締役）が当該会社の業務を執行する（会363条1項）。業務執行取締役には専務取締役・常務取締役等の肩書きを付される場合もあり，これらの者は，行為が対外的行為にも及ぶときには，その範囲で会社を代理する権限を有する場合が多い。

　指名委員会等設置会社においては，執行役が業務執行者であり（会418条2号），執行役の中から選定された代表執行役が会社を代表する（会420条1項）。

2. 持分会社における業務執行社員

　持分会社にあっては，株式会社におけるのとは異なり，企業の所有と経営とは分離していない。持分会社においては，定款に別段の定めがある場合を除き，無限責任社員か有限責任社員かを問わず，すべての社員が業務執行権限を有する（会590条1項）。社員が2人以上いる場合には，会社の業務は社員の過半数をもっ

て決するが（同条2項），会社の常務は各社員が単独で行うことができる（同条3項）。

　上記のように，定款の定めによって，一部の社員のみを業務執行社員と定めることができる（会590条1項）。定款により業務執行社員を定めた場合に，業務執行社員が2人以上いるときは，過半数をもって決するが，会社の常務は単独で業務を執行できる（会591条1項2項・590条3項）。業務執行社員を定款により定めた場合には，原則として，業務執行社員は正当な事由がなければ，辞任することができず（会591条4項），他方，正当な事由がある場合に限り，他の社員の全員一致によって解任することができる（同条5項）。

　法人が業務を執行する社員である場合には，当該法人は，持分会社の業務執行の職務を行うべき者を選任し，その者の氏名・住所を他の社員に通知しなければならない（会598条1項）。さらに，法人が会社を代表する社員となる場合には，当該社員の職務を行う者の氏名等は登記すべき事項となる（会912条7号ほか）。

3. 持分会社における代表社員

　業務執行権限を有する社員は，原則的に持分会社の代表権限を有する。業務執行社員が2人以上ある場合には，各自持分会社を代表することになる（会599条1項・同条2項）。ただし，他に持分会社を代表する社員（代表社員）その他持分会社を代表する者（会598条1項参照）を定めることができ（会599条1項但書），定款によりまたは定款の定めに基づく社員の互選により，業務執行社員の中から会社を代表する社員を定めることができる（同条3項）。この場合には，選定された代表社員以外の業務執行社員は代表権を有さないことになる。

　[参考判例]　最判昭和61・3・13民集40巻2号229頁［判百79］

　[関連問題]　**業務執行社員と持分会社との関係**　　業務執行社員は持分会社に対してどのような義務と責任を負うかに関して説明せよ。

Q-100　持分の譲渡

持分会社における社員の持分の譲渡にかかる手続に関して，会社法はどのように定めているか。

[解説]

1. 持分の譲渡の意義

持分会社において，現在の社員がその有する持分の全部または一部を，①社員でない者に譲渡した場合には，譲受人は当該持分会社に新たに加入することになり，譲渡人は，会社から退社することになるか，あるいは，その社員としての地位に変更はないが，その持分が減少し，②当該持分会社の他の社員に譲渡するときには，譲渡人である社員は，会社から退社することになるか，あるいは，その地位には変動なくその持分が減少し，譲受人である社員の持分が増加することになる。

2. 持分の譲渡の要件

持分の譲渡に関する合意は当事者間の契約で可能である。しかし，定款で別段の定めのない限り，他の社員の全員の承諾がなければ，持分の全部または一部を他人に譲渡することはできないのが原則であり，他の社員全員による承諾は持分の譲渡の効力要件である（会585条1項）。ただし，定款で別段の定めのない限り，業務を執行しない有限責任社員の持分は，業務執行社員の全員の承諾だけで譲渡できる（同条2項・同条3項）。このような違いは，無限責任社員および業務執行社員の持分の譲渡は，社員全員に影響を及ぼす可能性があるのに対して，有限責任社員の変動は無限責任社員の負う責任に影響を及ぼさないためである。

そこで，全社員が無限責任社員の合名会社の場合，および譲渡人が合資会社の無限責任社員または業務執行社員である場合には，社員全員の承諾が必要となり，譲渡人が業務執行社員でない合資会社の有限責任社員または全社員が有限責任社員である合同会社の社員である場合には，持分の譲渡は業務執行社員全員の承諾でよいことになる。

上記の要件は，持分会社の広範な定款自治に従い，定款の規定によって緩和することも厳格化することも可能である（会585条4項）。他の社員の同意を不要としたり，社員の過半数の承諾で足りるとすることもできる。

合資会社の有限責任社員が持分の全部を無限責任社員に譲渡した場合には，持分会社において，両方の社員の地位を兼ねることはできないと考えられるので，譲受人である無限責任社員の持分がその分増加すると解される。これと同様に，無限責任社員が持分の全部を有限責任社員に譲渡した場合には，譲受人である有限責任社員の地位に変動はなく，有限責任社員のままであると解される。これらにおいて，結果として，合資会社の有限責任社員の退社により，社員が無限責任社員のみとなった場合には，合名会社となる定款の変更をなしたものとみなされ（会639条1項），無限責任社員の退社により，社員が有限責任社員のみとなった場合には，合同会社となる定款の変更をなしたものみなされる（同条2項・640条2項）。このような事態を避けて合資会社として存続するためには，持分の譲渡の承諾に際して，社員間で事前に取り決めを行っておく必要がある。

3. 持分の譲渡の成立

　社員の持分が譲渡される場合，社員の退社あるいは新加入，または社員の有する持分の増減が生じることになる。社員の氏名・名称等および出資の価額等は定款の記載事項であるから定款の変更が必要となる（会576条1項4号・同6号）。定款変更には，別段の定めがある場合を除いて，総社員の同意が必要であるが（会637条），業務執行社員でない有限責任社員の持分の譲渡に伴い定款の変更を生ずるときは，その持分の譲渡による定款の変更は，業務を執行する社員全員の同意によってすることができるとされている（会585条3項）。この場合には，業務を執行する社員全員の同意により，持分譲渡の効力を生じるとともに，定款の変更が成立することになる。

4. 持分譲渡による社員の責任

　合名会社および合資会社にあっては，社員の変動について善意の第三者に対抗するためには，変更登記が必要となる（会908条・909条・912条5号・913条5号）。合同会社にあっては，社員の氏名等は登記事項ではないので，持分の譲渡にあたって変更登記は不要である。

　持分の全部を譲渡した社員は，変更登記の前に生じた会社の債務について，従前の責任の範囲内で弁済の責任を負う（会586条1項）。これは退社の場合（会612条1項）と同様である。合資会社の有限責任社員が持分の一部を無限責任社員に譲渡して出資の減額をした場合には，変更登記前に生じた会社の債務について，

従前の責任の範囲内で弁済の責任を負う（会583条2項）。合同会社の社員は，加入時点で出資の全額の払込みをしているので（会578条），このような会社債権者保護の特別な責任を負うことはない。

持分の譲受けにより会社に新たに加入した社員は，加入社員として，その加入前に生じた持分会社の債務についても，これを弁済する責任を負う（会605条）。

株式会社と異なり，持分会社自らが社員の持分を譲り受けることはできない（会587条1項）。持分会社が自社の持分を取得した場合には，当該持分は取得したときに消滅する（同条2項）。

> **関連問題** **持分会社における損益分配等**　合名会社および合資会社における損益分配に関して説明せよ。また，合同会社における利益配当規制に関して説明せよ。

索 引

---------------- 事 項 索 引 ----------------

判 例 索 引

【編著者・執筆者紹介】

川村　正幸（かわむら　まさゆき）【編者】

一橋大学名誉教授　博士（法学）

[Q 設問, Q-1〜5, 8, 23, 53, 80, 81, 83, 98〜100 解説, 関連問題, コラム 1-1, 1-2, 3-1, 7-1, 7-2 執筆]

芳賀　良（はが　りょう）【編者】

横浜国立大学大学院国際社会科学研究院教授

[Q-6, 7, 16, 17, 51, 52, 73〜76, 93〜97 解説, コラム 4-1, 10-1〜10-4 執筆]

吉田　正之（よしだ　まさゆき）

新潟大学人文社会科学系法学系列（法学部）教授

[Q-62, 63, 70, 71, 77〜79, 85〜92 解説執筆]

品谷　篤哉（しなたに　とくや）

立命館大学法学部教授

[Q-38〜48, 65〜67 解説執筆]

山田　剛志（やまだ　つよし）

成城大学法学部教授　博士（法学）

[Q-18, 49, 50, 58〜61, 68, 69, 72 解説執筆]

酒井　太郎（さかい　たろう）

一橋大学大学院法学研究科教授

[Q-15, 24〜27, 32, 33, 64, 82, 84 解説執筆]

尾関　幸美（おぜき　ゆきみ）

中央大学法科大学院教授　博士（法学）

[Q-12〜14, 19〜22 解説, コラム 4-2 執筆]

吉行　幾真（よしゆき　いくま）

神奈川大学法学部教授

[Q-9〜11, 28〜31, 34〜37, 54〜57 解説執筆]

コア・ゼミナール 会社法

2023 年 4 月 25 日Ⓒ　　　　　　　　　　初 版 発 行

編著者　川 村 正 幸　　　　発行者　森 平 敏 孝
　　　　芳 賀　　良　　　　　印刷者　篠 倉 奈緒美
　　　　　　　　　　　　　　製本者　小 西 惠 介

【発行】　　　　　株式会社　新世社
〒151-0051　　　東京都渋谷区千駄ヶ谷 1 丁目 3 番 25 号
編 集 ☎(03)5474-8818㈹　　　サイエンスビル
【発売】　　　　　株式会社　サイエンス社
〒151-0051　　　東京都渋谷区千駄ヶ谷 1 丁目 3 番 25 号
営 業 ☎(03)5474-8500㈹　　　振替 00170-7-2387
FAX ☎(03)5474-8900

印刷　㈱ディグ　　　　　製本　㈱ブックアート
　　　　　　　《検印省略》

ISBN978-4-88384-361-9
PRINTED IN JAPAN

サイエンス社・新世社のホームページのご案内
https://www.saiensu.co.jp
ご意見・ご要望は
shin@saiensu.co.jp まで.